小微金融（第二版）

俞　滨　史真真　主　编
周冲冲　应诚炜　副主编

浙江工商大学出版社
ZHEJIANG GONGSHANG UNIVERSITY PRESS
·杭州·

图书在版编目（CIP）数据

小微金融 / 俞滨，史真真主编；周冲冲，应诚炜副
主编 . — 2 版 . — 杭州：浙江工商大学出版社，2023.8
ISBN 978-7-5178-5427-2

Ⅰ . ①小… Ⅱ . ①俞… ②史… ③周… ④应… Ⅲ .
①中小企业—金融—研究 Ⅳ . ① F279.243

中国国家版本馆 CIP 数据核字（2023）第 059205 号

小微金融（第二版）
XIAOWEI JINRONG（DI-ER BAN）

俞　滨　史真真　主　编
周冲冲　应诚炜　副主编

责任编辑	沈敏丽
责任校对	夏湘娣
封面设计	朱嘉怡
责任印制	包建辉
出版发行	浙江工商大学出版社

（杭州市教工路 198 号　邮政编码 310012）

（E-mail：zjgsupress@163.com）

（网址：http://www.zjgsupress.com）

电话：0571-88904980，88831806（传真）

排　版	杭州浙信文化传播有限公司
印　刷	杭州宏雅印刷有限公司
开　本	787mm×1092mm　1/16
印　张	19
字　数	315 千
版 印 次	2023 年 8 月第 2 版　2023 年 8 月第 7 次印刷
书　号	ISBN 978-7-5178-5427-2
定　价	59.80 元

- 中国特色高水平专业群核心课程"小微金融"配套教材
- 高等职业教育财经商贸类"岗课赛证"融通新形态一体化教材
- 高等职业教育产教融合校企合作精品教材
- 浙江省优势特色专业核心课程"小微金融"配套教材
- 浙江省首批课程思政教学研究项目"讲好百年大党的'三农'故事——高职涉农专业课程思政资源库建设"配套教材

第二版前言

    小微金融主要是指专门向小型和微型企业及中低收入阶层提供小额度的可持续的金融产品和服务的活动。小微金融起源于小额信贷，发展于微型金融，创新于数字普惠金融。2016 年，国际社会首次在数字普惠金融领域推出的高级别指引性文件《G20 数字普惠金融高级原则》中多次提到在数字普惠金融发展过程中的公平性、非歧视性等关键词，敦促金融服务提供商创新数字金融服务、普及数字技术基础知识和金融知识，提升服务对象的可理解性和可使用性。在我国，小微企业作为国民经济的基础细胞，具有"56789"的典型特征，即贡献了 50% 以上的税收、60% 以上的 GDP、70% 左右的技术创新、80% 的就业岗位、90% 以上的企业数量，是大众创业、万众创新的重要载体，小微活，就业旺，经济兴。小微金融是小微企业发展的"源头活水"，不少金融机构早已开始大力布局和耕耘小微企业金融服务领域。在职业教育提质培优、高质量发展的关键时期，在金融改革纵深推进，金融科技异军突起的转型时期，为了培养德技并修且能够不断适应时代变迁的高素质技术技能型金融应用人才，增强职业教育的适应性，破除就业供需不匹配的隔阂，教材的编撰要更加聚焦于行业变革和岗位素养。为此，我们在《小微金融》第一版的基础上，以传递社会主义核心价值观为导向，秉承知识传授和价值引领互相彰显的理念，追踪行业前沿，全面构建小微金融知识体系，多元融入小微金融业务动态，持续更新小微金融典型案例，特推出《小微金融（第二版）》，以期为我国新时代小微金融从业人员的素质提升和人才培养贡献力量。

    与第一版相比，第二版在以下几个方面有了新的改进：

    一是编写内容由原先的 6 个部分扩展到了 8 个部分。包括第 1 章小微金融概述、第 2 章小微金融服务对象、第 3 章小微金融服务机构、第 4 章小微金融产品、第 5 章小微金融技术、第 6 章小微金融营销、第 7 章小微金融创新、第 8 章国际小微金融。这使新版教材整体结构更加完整，各部分之间衔接更加紧密。属于中国特色高水平专业群核心课程配套教材、浙江省优势特色专业核心课程配套教材。

二是编写团队阵容更加强大。编写团队人数由第一版时的2人扩展到了7人，团队分工更加明确，编写质量明显提高。另外，还聘请行业专家对新版教材做了细致的指导，融入了很多当前实际岗位所需的专业知识，使得新版教材更加贴近行业一线，贴近最新的实际操作。属于高等职业教育产教融合校企合作精品教材、高等职业教育财经商贸类"岗课赛证"融通新形态一体化教材。

三是编写形式更加新颖。新版教材采用新型立体化教材编写形式，添加了很多新的素材，如知识链接、短视频、动画等，更加符合当下学生的阅读习惯，在形式上更加具有时代特征，更加容易被年轻人所接受。属于高等职业教育在线开放课程新形态教材。

四是课程思政元素贯穿整本教材。在每一章的开头和结尾部分都有思政元素的体现，同时尽量避免课程思政的生搬硬套，尽可能使思政元素能够自然融入教材编写内容，进而融入课程教学。属于浙江省首批课程思政教学研究项目配套教材。

《小微金融（第二版）》主要适用于高等学校金融类专业与非金融类专业在校生的培养，也可以供从事小微金融的专业人员及对小微金融有浓厚兴趣的非专业人员使用。本教材在征询高职教育专家与行业专家对小微金融当下发展焦点与未来发展趋势的分析把握的基础上，构建了以上8个章节的系统知识体系。本教材在具体编写过程中主要突出以下特色：第一，有机融入思政教学。强化思想政治教育和职业道德教育，以培养具有高尚品德、良好素养、精湛技能并且能够适应瞬息万变的金融市场的应用型人才。第二，内容系统翔实。确保易学、够用、实用、可拓展，突出讲、学、练一体的思想，满足不同地域、不同层次、不同人群的需求。第三，注重实用性、提升趣味性。思维导图的构建，便于迅速学懂弄通；拓展资料丰富，展现形式多元，具有较强的可读性和思维提升性；深度运用信息化技术，能有效满足读者自主学习的需要。第四，前沿性和实时性较强，深刻关注小微金融领域的新趋势、新发展、新变化，并实现多元化展现。第五，符合认知规律，章节内部布局合理。每章都有不同层次的学习目标。整体框架有机融入引导案例、知识链接、案例剖析、实训探究及课后习题，体现了知识、技能、素质培养三位一体的教学理念，实现"学、做、践"相结合，知行合一打造融会贯通，凸显价值引领。

本教材共 8 章，由浙江金融职业学院金融管理学院俞滨提出编写大纲，各章执笔人分别是：第 1 章小微金融概述和第 7 章小微金融创新，由浙江金融职业学院金融管理学院史真真编写；第 2 章小微金融服务对象，由浙江金融职业学院金融管理学院俞滨编写；第 3 章小微金融服务机构，由浙江金融职业学院会计学院颜路路编写；第 4 章小微金融产品，由浙江金融职业学院金融管理学院葛东方编写；第 5 章小微金融技术，由浙江金融职业学院金融管理学院周冲冲编写；第 6 章小微金融营销，由浙江金融职业学院金融管理学院应诚炜编写；第 8 章国际小微金融，由浙江金融职业学院金融管理学院赵兰编写。各章初稿完成之后，由俞滨、史真真进行统稿和校对，最终由俞滨审查定稿。

本教材在编写过程中，参考了国内外现存的各种有关小微金融的文献资料，包括教材、专著、硕博论文、期刊、报纸等，也查阅了大量机构网站，包括政府机构、小微金融机构、专业培训机构与国外一些研究机构的网站。其中的大部分都已在脚注或者资料来源中有所说明，对于那些因来源辗转，我们参考或引用而又未能明确标明出处的资料与文献，我们谨对其作者表示深切的歉意。

本教材在编写过程中，得到了浙江金融职业学院领导，以及浙江金融职业学院金融管理学院、教务处、学生处、科研处、合作发展处等的大力支持，得到了浙江金融职业学院农村金融专业同事的无私帮助，也得到了绍兴银行吴晶晶、萧山农商银行李磊、诸暨联合村镇银行俞杨龙等行业专家的悉心指导，浙江工商大学出版社沈敏丽为本书的出版耗费了大量的精力和时间，在此深表谢意！

我国小微金融机构众多，小微金融产品更新很快，小微金融发展日新月异，经营环境、经营理念与经营方式也在不断变化，加之金融科技的异军突起、数字技术的普及推广，小微金融变革速度不断加快，在此背景下，加之编者水平有限，书中难免存在疏漏和不足之处，敬请广大专家、读者批评指正。

编　者

2023 年 4 月

第一版前言

　　小微金融主要是指专门向小型和微型企业及中低收入阶层提供小额度的可持续的金融产品和服务的活动。自 20 世纪 70 年代以来，小微经济经历了深刻的变革，这些变革广泛涉及运营理念、经营主体，以及经营方式等各方面。这些变革极大地拓展了小微金融的发展空间，带来了小微金融的变革。目前，尽管不少银行都瞄准了小微企业金融领域，但也有事实证明，其对小微企业信贷的支持存在风险。这考验着银行业风险管控及金融产品的创新能力。从近几年的情况看，国内部分小微企业的贷款不良率呈上升趋势，一些小微企业贷款业务比重较高的银行需要承担更大的风险。据统计，当前中国具有法人资格的中小企业数量有 4000 多万户，占全国企业总数的 99%，贡献了中国 60% 的 GDP、50% 的税收，创造了 80% 的城镇就业机会。全国工商联调查显示，规模以下的小企业，90% 没有与金融机构发生任何借贷关系；小微企业，95% 没有与金融机构发生任何借贷关系。相比中小企业，小微企业为社会创造的价值与其获得的金融资源明显不匹配。正是由于这些原因，小微金融已经越来越受到我国政府与金融机构的重视，但相应的人才培养一直稀缺。为此，我们编写了《小微金融》一书，介绍小微金融相关理论实践知识，剖析实际案例，希望为我国小微金融专门人才的培养贡献一分力量。

　　本教材的内容适用于从事小微金融的专业人员与对小微金融有浓厚兴趣的非专业人员，也适用于以后有志涉猎小微金融业务的金融类专业与非金融类专业在校生。在征询高职教育专家与行业专家对小微金融当下发展焦点与未来发展趋势的分析把握的基础上，确定了以下 6 个专题：小微金融概述、小微金融产品及设计、小微贷款定价、小微贷款风险管理、小微金融营销、小微金融创新。教材在具体编写中突出以下特色：第一，确保内容易学、够用、实用、可拓展，突出讲、学、练一体的思想，满足不同地域、不同层次、不同人群的需求；第二，注重实用性，教材内容语言简洁明了，通俗易懂，漫画、图片、表格丰富，并用资源标注的形式链接资源库中相应的动画、视频、微课、案例等拓展资料，具有很强的可阅读性、趣味性和新颖性，能有效满足学生自主学习的需要，体现信息化在本教材学习过程中的深度应用；第三，关注小微金融领域的新趋势、新发展、新变化，将最新的变化以各种形式展现在教材中；第四，每个专题都设有目标、专题小结、课堂思考与自测题，每个素材后面也都有思考题，每个专题之前也都有资料导入，体现知识、技能、素质培养与学习并重的理念。本教材编写分工如下：专题一和专题二由俞滨编写，专题三由应诚炜编写，专题四和专题五由史真真编写，专题六由周冲冲编写。教材最后由俞滨进行修改和审定。

本教材在编写过程中，参考了国内外现存的各种有关小微金融的文献资料，包括教材、专著、硕博论文、期刊、报纸等，也查阅了大量机构网站，包括政府机构、小微金融机构、专业培训机构与国外一些研究机构的网站。其中的大部分都已在脚注或者资料来源中有所说明，对于那些因来源辗转，我们参考或引用而又未能明确标明出处的资料与文献，我们谨对其作者表示深切的歉意。

本教材在编写过程中，得到了浙江金融职业学院领导和相关部门的大力支持。浙江金融职业学院党委书记周建松教授一直对学院的农村金融专业建设给予关心和支持；浙江金融职业学院金融管理学院院长、小微金融学院院长赵国忻教授对本教材的编写大纲提出了很好的意见与建议；浙江金融职业学院金融管理学院副院长、小微金融学院副院长董瑞丽教授也对本教材编写的逻辑体系与内容安排给予了悉心指导；浙江金融职业学院郁国培、凌海波、钱程、郭延安、郑晓燕、王德英，浙商银行张静，浙江工商大学出版社刘韵，以及浙江金融职业学院金融管理学院的诸位同人为本书的编写和出版提供了许多帮助，再次深表谢意！

我国小微金融机构众多，小微金融产品更新很快，小微金融发展日新月异，经营环境、经营理念与经营方式也在不断变化，加之受到互联网金融的冲击，小微金融变革速度不断加快，在此背景下，加之作者水平有限，书中难免存在疏漏和不足之处，敬请广大专家、读者批评指正。

编　者

2017 年 11 月

目　录

第1章

小微金融概述

学习目标

 知识目标

◎ 了解小微金融的产生与发展

◎ 掌握小微金融的内涵和分类

◎ 熟悉我国小微金融的发展现状

◎ 把握小微金融的发展趋势

 能力目标

◎ 能理解小微金融的特征

◎ 能举例说明小微金融发展理念的转变

◎ 能辨识小微金融的不同类型

◎ 能归纳我国小微金融发展的特征

◎ 能提炼小微金融发展面临的问题和挑战

素养目标

◎ 通过对小微金融发展历程和内涵特征的把握，引导学生弘扬 "以民为本"和"天下为公"的优秀传统

◎ 通过对我国小微金融发展现状和强有力政策支持的探讨，鼓 励学生树立家国情怀，勇担责任使命

◎ 通过对小微金融发展面临的挑战和未来发展趋势的追踪，培 养学生的科学探究精神，拓宽学生的知识视野，倡导爱国意识

思维导图

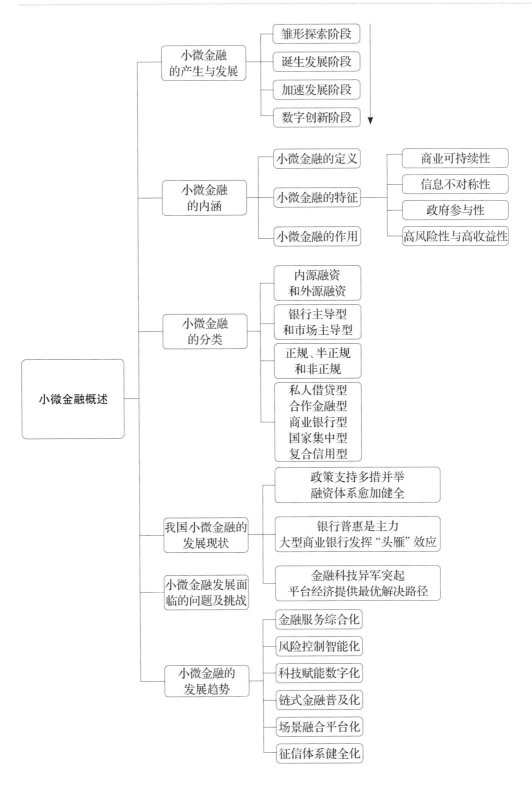

引导案例

格莱珉银行

格莱珉银行（Grameen Bank），即孟加拉乡村银行，最早起源于孟加拉国。1976年，穆罕默德·尤努斯在孟加拉国创立小额贷款，1983年，正式成立格莱珉银行。格莱珉银行模式是一种利用社会压力和连带责任而建立起来的组织形式，因规模大、效益好、运作成功，在国际上被许多发展中国家模仿或借鉴。2006年，尤努斯因成功创办格莱珉银行，荣获诺贝尔和平奖。格莱珉银行模式作为一种成熟的扶贫金融模式，主要特点为：瞄准最贫困的农户，并以贫困家庭中的妇女作为主要目标客户；提供小额短期贷款，按周期还款，整贷零还（这是模式的关键）；不需要抵押和担保人，以5人小组联保代替担保，相互监督，形成内部约束机制；按照一定比例的贷款额收取小组基金和强制储蓄作为风险基金；执行小组会议和中心会议制度，检查项目落实和资金使用情况，办理放、还、存款手续，同时还交流致富信息，传播科技知识，提高贷款人的经营和发展能力。格莱珉银行向贫穷的农村妇女提供担保面额较小的贷款（微型贷款），支持其生活。此模式基于一个观点，即贫穷的人都有未开发的技术。银行同时也接受存款和其他服务。

◎ **你知道吗？**

小微金融的内涵是什么？小微金融的特征和分类有哪些？在漫长的金融演变历史中，小微金融是如何产生，又是如何发展的？其未来的演化趋势又是怎样的？在我国，小微金融是践行普惠金融、实现共同富裕的助推器，其发展瓶颈有哪些，政府又有哪些支持政策呢？本章我们将学习小微金融的产生、发展、内涵、分类，了解我国小微金融的发展现状及面临的问题和挑战，并追踪小微金融发展的最新趋势。

1.1 小微金融的产生与发展

1.1.1 雏形探索阶段：15世纪至20世纪60年代

15世纪，为抵制高利贷业务在意大利的盛行，降低金融服务成本，使低收入群体有机会获取金融服务，意大利于1462年成立了第一家官办的典当行。随后，意大利典当行的小额信贷模式开始在欧洲城市地区广泛推广和应用，这一时期的理念以推进金融服务的均等化为宗旨。到了18世纪，欧洲部分地区开始通过邮政储蓄金融等形式为低收入群体提供储蓄、支付、结算等金融服务。这一时期，爱尔兰的贷款基金模式和德国的社区储蓄银行模式颇具代表性。爱尔兰贷款基金成立于18世纪20年代，起初是一家慈善机构，主要利用社会捐赠向没有抵押的贫困农户提供无息小额信用贷款，运营高峰时每年给20%的爱尔兰家庭提供贷款，之后转型为可吸收存款的金融中介。德国的社区储蓄银行成立于19世纪50年代，与前者不同，其兼具慈善性与可持续发展性，通过吸收存款和自身积累的方式取代高利贷，弥补金融供给不足，满足当地居民的信贷需求。自19世纪开始，非洲、拉丁美洲的许多国家逐步拓宽了国有银行的服务对象，对弱势群体给予金融支持，将小微金融理念上升到国家层面。1895年，印度尼西亚人民信贷银行（BRI）成立，其作为该国最大的普惠金融机构，设立了近9000家分支机构。从1865年起，合作社运动在欧洲和北美地区快速发展，最终发展到发展中国家。20世纪初，拉丁美洲等地也开始出现各式各样的存贷款机构。这些机构以动员储蓄、增加投资、服务农业为目的，实现了现代意义上的小微金融的初期探索。20世纪五六十年代，政策性金融机构和农民合作社努力扩大农业信贷范围。这些机构先获得低息贷款，再以补贴利率贷给借贷户；类似政策使银行由于低利率无法覆盖成本，损失了绝大多数的资本金。

1.1.2 诞生发展阶段：20世纪70年代至80年代

20世纪70年代，当代小额贷款（小微金融）诞生了。一方面，1976年，穆罕默德·尤努斯在孟加拉国创立小额贷款，以专业化的方式为当地穷人（其中绝大多数是妇女）提供不需要任何担保的信用贷款，该小额信贷试验取得了巨大的成功，推动形成了孟加拉乡村银行模式。在接下来30多年的时间里，尤努斯在全球复制这一模式，从而建立了分支机构遍布全球的专业化小微金融机构——格莱珉银行。格莱珉银行是典型的以社会扶贫发展为首要目标的福利主义银行。格莱珉银行模式在世界范围内的广泛认可、推广与应用使得亚洲、非洲和拉丁美洲等地的欠发达国家纷纷跟进。拉丁美洲的行动国际组织、泰国的农业和农村合作社银行及印度的自我就业妇女协会银行等机构相继成立。另一方面，以非政府组织（NGO）为代表的国际性机构在此期间发挥了重要作用。许多国家或组织开始政策性扶持小额信贷：以低利率的方式向贫困人口提供信贷支持。如世界银行扶贫协商小组（CGAP）是一个专业的小额信贷组织，拥有众多国际援助机构和捐助者，致力于为发展中国家的贫困弱势群体提供小额信贷支持，尽管风靡一时，却因贷款收益无法覆盖经营成本，陷入发展瓶颈，并且金融服务主要限于贷款，很少涉及储蓄、保险等其他金融服务，传统小额信贷面临的机遇与挑战并存。20 世纪 80 年代，小额信贷开始转变理念，拓宽内涵，打破传统意义上扶贫金融的观念，不断改革创新，延伸发展空间，追求自身可持续发展，逐步实现了盈亏平衡，由福利主义向制度主义转变。较高的还款率及财务的可持续性，为小额信贷在全球范围内的实践奠定了基础。

1.1.3 加速发展阶段：20 世纪 90 年代至 21 世纪初

自 20 世纪 90 年代开始，越来越多的金融机构加入小微金融的实践，在服务对象、业务领域、覆盖地域等方面不断扩大范围，不仅为贫困人口提供全方位、多层次的金融服务，也开始惠及底层弱势群体。由此，以项目形式运作的非政府组织小额信贷开始转向由正规金融机构开展的可持续小额信贷，传统的扶贫小额信贷也逐步过渡到商业性小额信贷。小微金融发展进入为低收入群体提供全面金融服务的"微型金融"阶段。

微型金融突破了小额信贷的边界，将金融服务的范围由贷款延伸至储蓄、保险、支付、理财、信托等其他金融业务；将金融服务的供给方由正规金融机构拓展至非正规金融机构和个人开展的微型金融服务；将金融服务的对象由贫困群体扩宽至小微企业、低收入人群及偏远地区居民。1990 年中期以后，秘鲁明确小额信贷专业机构、正规金融机构和其

玻利维亚阳光银行

他金融公司均可以经营小微金融业务，并且兼顾福利主义和制度主义，既能像孟加拉乡村银行一样强调扶贫解困，又能像玻利维亚阳光银行一样强调商业化经营，关注盈利和可持续发展。实践证明，贫困人口完全有可能也有力量成为金融机构的服务对象。小微金融逐步走出狭义的扶贫发展空间，从自主分散的微型金融机构向建立包容性普惠金融体系转变，真正进入多样化服务的快速发展时期。

1.1.4 数字创新阶段：21世纪初至今

21世纪以来，互联网、大数据、云计算、人工智能等技术快速发展，并不断应用于金融领域，催生了金融和科技的融合发展，互联网金融应运而生，实现了金融交易的线上化运作，加速了金融机构的智能化转型，涌现了区块链金融、供应链金融、众筹等诸多业态形式创新，不仅拓宽了金融服务路径，而且有效降低了金融交易成本，使得金融摆脱了物理空间的限制，实现了跨界、跨区、跨时交易。2016年，我国担任二十国集团（G20）轮值主席国期间提出《G20数字普惠金融高级原则》，倡导利用数字技术推动普惠金融发展。数字技术与金融服务的不断融合，弥补了小额信贷和微型金融无法触及某些领域、无法实现某些功能的缺陷，推动了小微金融体系的全面革新与发展。在非洲，移动货币账号发展迅猛，极大地提高了非洲地区账户拥有率；在印度，政府通过实施"数字印度项目"，推动各项服务实现"去市场化、无纸化和去现金化支付"，并利用在交易过程中生成的数据，改进面向个人和小微企业的金融服务；在美国，已经形成了数字支付、大数据征信、大数据风控、互联网贷款、智能投顾等完整的数字小微金融链及良好的生态环境。

《2022年世界发展报告》发布，网商银行案例入选

从小微金融的发展历程（见表1-1）可以看出，小微金融起源于小额信贷，发展于微型金融，创新于数字普惠，各个时期内涵不断丰富，对象不断扩大，主体不断丰富，业务不断拓展，形式不断创新，具有典型的时代特征。

表1-1　我国小微金融的发展历程及特征

特征	发展历程			
	公益性 小微信贷阶段	发展性 微型金融阶段	综合性 普惠金融阶段	数字 普惠金融阶段
时间	2000年以前	2000—2005年	2006—2010年	2011年及之后
代表机构	NGO、政府主导型扶贫信贷机构等	农村信用社、中国农业银行等正规金融机构	小额贷款公司、村镇银行、商业银行等	P2P网贷平台、众筹、电商小贷、数字化供应链金融等
资金来源	捐赠资金、财政资金、扶贫贴息贷款等	存款、国家贴息贷款	存款、民营资本等	存款、民营资本、普通大众等
服务对象	农村贫困人口	农村经济主体、个体工商户等	个体工商户、中小微企业等	所有群体包括弱势群体

续表

特征	发展历程			
	公益性 小微信贷阶段	发展性 微型金融阶段	综合性 普惠金融阶段	数字 普惠金融阶段
金融产品	小额信贷	小额信贷、储蓄、结算等基本金融服务	小额信贷及汇款、支付、结算、手机银行、网上银行等金融服务	余额宝、移动支付、P2P网贷、众筹等

1.2 小微金融的内涵

· │知识链接│ ·

人类为摆脱贫困的探索之路
——小微金融的诞生

人类的起源可以追溯到300万年前，其中有文字记载的历史即所谓文明史也超过了5000年。18世纪中叶的工业革命将人类送上了文明的快车道，20世纪更可以说是一个文明普照全球的世纪，不同种族和肤色的人或家庭享受着文明带来的便利、效率、自由、公正、休闲和快乐。但是1979年诺贝尔经济学奖得主舒尔茨在发表获奖感言时说："世界上大多数人是贫困的，所以如果我们懂得了穷人的经济学，也就懂得许多真正重要的经济学原理。"的确，当一些人一掷千金之时，更多的人依旧处于文明的边缘，甚至仅仅是文明的垂涎看客。根据世界银行的报告，世界极度贫困人口数仍有12亿之多。尽管近年来极度贫困率迅速下降，但仍有10多亿人缺乏安全饮水等基本生活条件，每天有7.5亿人挨饿，生活费用不足1.25美元。回首几千年的历史长河，贫困一直是萦绕在人类头顶之上挥之不去的谜团。正因如此，有一种观点认为人类的发展史就是一部反贫困的历史。

几千年来，人类一直没有停下寻找打开贫困谜团的钥匙的脚步。在相当长的一段时间里，人们将贫困的根源归咎于统治阶级或者是富人的压迫和剥削，"起义"或"革命"成为人类历史的舞台上经常上演的大片，"剥夺者被剥夺"被视为摆脱贫困走向富有的有效之路。"二战"后，越来越多的非政治学解释和非革命性选择日益成为人类寻找脱贫之策的主流路径[①]，以刘易斯的"二元经济模式"、舒尔茨的"人力资本"理论、罗斯托的"经济起飞论"等为代表的发展经济学的贫困理论学者，以霍布森、阿瑟·C.庇古、帕累托及阿马蒂亚·森等为代表的福利经济学的贫困理论学者，以奥肯、萨缪尔森等为代表的主流经济学的贫困理论学者，均给出了以经济的或社会的方式和平脱贫的主张和对策，诸如转移支付、负税收、扩大就业等。

19世纪70年代和80年代，在拉丁美洲和南亚，两个学者出身的经济学家所提出的两种对策为人类的脱贫开拓了极大的新的空间。一位是秘鲁著名经济学家赫尔南多·德·索托，他提出"财产所有民主制"，并以此为依据为萨尔瓦多、海地、埃及、墨西哥、菲律宾、加纳、洪都拉斯等国政府提供帮助和建议，为众多贫困人群铺设了一条脱贫之路。《财富》杂志将其列入20世纪90年代影响世界与人类的50位领袖与思想家的榜单，《福布斯》杂志则将其列为重塑人类社会未来的15位创新者之一。美国前总统克林顿称其"或许是最伟大的经济学家"。2002年，他高调入围2002年诺贝尔经济学奖提名。另一位则是诺贝尔和平奖得主尤努斯，1976年，他在孟加拉国创立小额贷款，以专业化的方式为当地穷人，尤其是妇女提供不需要任何担保的信用贷款。接下来的时间里，尤努斯在全球复制这一模式，从而建立了分支机构遍布全球的专业化小微金融机构——格莱珉银行。30多年来，格莱珉银行为全球750万农村女性提供了小微贷款。这位来自孟加拉国的经济学家从此将人类领入一个全新的脱贫领域——小微金融领域。格莱珉银行的诞生无疑是向"嫌贫爱富"的金融圈子投下了一枚重磅炸弹，击碎了金融业用几百年时间建立起来的信用风险管理传统，将金融引向一个新的领域——小微金融领域，也为人类找到了一把破解贫困难题的新钥匙。格莱珉银行的运作模式特别是其小组微贷经验为全球众多国家所借鉴。截至2005年底，约137个国家引入了小微金融模式，小微金融机构有3133个，受益人口数超过1.13亿，其中84%是妇女。而到了2009年，小微金融机构已向全世界10亿—20亿的穷人提供了金融服务。小微金融在人类应对贫困方面的积极作用得到了联合国等国际组织的认可。

---

① 萨缪尔森，诺德豪斯.经济学［M］.萧琛，译.北京：人民邮电出版社，2008.

1.2.1 小微金融的定义

小微金融指的是专门向小型和微型企业及中低收入阶层提供小额度的可持续的金融产品和服务的活动。小微金融有两个特点：一是以小微型企业及贫困或中低收入群体为特定目标客户；二是由于客户有特殊性，所以它会有适合这样一些特定目标阶层客户的金融产品和服务。

1.2.2 小微金融的特征

（1）商业可持续性

商业可持续性是指金融服务提供者能以成本节约的方式，长期、持续地提供产品和服务。从宏观层面看，其指保持小微企业融资业务的发展对经济和社会发展在长期内不会产生负面效应，具有可持续性；从微观层面看，其指小微融资机构提供的金融服务所产生的收入可以覆盖其运营成本和资金成本，以保证其收入大于支出，在不需要外部提供特别资助的条件下实现自我生存和发展。商业可持续性的关键是风险可控且收益覆盖成本。小微企业贷款额度小、户数少、需求差异大，金融机构单户经营成本高，因此金融机构需要形成规模经济，才能真正实现收益覆盖成本。

（2）信息不对称性

小微融资问题存在的根源是信息不对称，即融资交易中的各个主体掌握的信息不完全相同，一些成员拥有其他成员无法拥有的信息，由此造成信息的分布不对称。信息不对称可能发生在交易（签约）前，也可能发生在交易（签约）后，事前的信息不对称会导致逆向选择，事后的

信息不对称

信息不对称会导致道德风险。信息不对称主要有以下几方面的原因：一是小微企业经营信息透明度低；二是信息生成披露机制不畅；三是银行等金融机构风险识别机制失灵。小微企业处于资金需求的长尾，多数小微企业公司治理机制不健全，财务信息不够规范和透明，且没有足够的抵押物，商业银行很难从正规渠道获取小微企业经营的真实信息。即使小微企业获得了授信，由于信息不透明，商业银行贷后管理的成本也很高。

（3）政府参与性

小微融资的商业可持续性及信息不对称都会导致"市场失灵"，即市场会出现无法调节各种供求关系、无法保证资源有效配置的情况。在纯粹的市场机制下，小微企业信贷市场会天然地形成扭曲的资源配置结构，造成小微企业结构性信贷配给和宏观经济运行效率的降低。拥有更强能力（包括资源动员能力、决策能力、规则制定与执行能力、信息收集与处理能力等）的政府介入对信贷市场的资源有效配置具有积极作用。但是市场机制与政府适度介入应该是相互配合的关系，应恰当界定政府与市场发挥作用的有效性边界，找准政府政策着力点，实现与市场和社会的充分互动，形成政策的累积效应。

再贷款再贴现精准助力抗击疫情和经济社会发展

（4）高风险性与高收益性

小微金融具有高风险性。抵押品的不足使得小微企业的借贷活动在多数时候都依赖于企业主的个人信用。另外，我国小微企业多、小、散，核心竞争力不足，平均寿命仅在 3 年左右，且成立 3 年后的小微企业持续正常经营的仅占约 1/3，无形中提升了信贷发放的隐形成本。小微企业较大的不确定性也是小微贷款的主要风险来源。

小微金融具有高收益性。除传统意义上的风险溢价外，由于市场不开放，需求远大于供给，小微贷款的政策溢价是超额收益的源泉。小微企业的贷款利率要远高于基准利率，有的甚至接近或超过银行基准利率的 2 倍，而小额贷款公司、村镇银行的小额贷款利率有时甚至是基准利率的 3—4 倍。

1.2.3 小微金融的作用

小微活，就业旺，经济兴。小微企业作为国民经济的基础细胞，具有"56789"的典型特征，即贡献了 50% 以上的税收、60% 以上的 GDP、70% 左右的技术创新、80% 的就业岗位、90% 以上的企业数量，是大众创业、万众创新的重要载体。因此，小微企业是推动经济增长、促进就业增加、激发创新活力的重要源泉。支持好、发展好小微企业，不仅是应对当前经济挑战，实现稳就业、稳金融、稳外贸、稳外资、稳投资、稳预期的现实需要，也是推动解决发展不平衡不充分的矛盾、促进经济高质量发展的必然要求。

做好小微企业金融服务工作，促进小微企业健康发展，事关经济社会发展全局，具有十分重要的战略意义。小微金融作为小微企业发展的"源头活水"，其功效主要表现在以下几个方面。

（1）助力脱贫致富，实现共同富裕

"小额信贷之父"尤努斯曾说："穷人并不缺乏生存和发展的智慧。穷人之所以穷，是没有得到与之匹配的金融服务。如果能够向穷人提供启动资金的话，他们也能够赚钱。"在我国，广大农村地区是小微金融的主要服务阵地，小微金融扶贫在脱贫攻坚中发挥了"四两拨千斤"的作用。金融机构不断创新突破，激发贫困地区经济发展活力和贫困人口的内生动力，促进贫困地区产业的可持续发展。中国人民银行统计数据显示，2017—2021年，贫困人口及产业精准扶贫贷款累计发放超过6.5万亿元，惠及贫困人口超过9000万人次。小微金融的脱贫致富效应能够有效地缩小城乡差距和收入差距，提升中低收入人群的就业水平，改进全社会收入分配状况，扎实推进共同富裕目标的早日实现。

（2）缓解就业压力，维护社会和谐稳定

作为占据我国实体企业数量90%以上的小微企业，其背后是成千上万的家庭和就业人口。小微企业既是吸纳就业人口的主力军，也是经济活力的重要源泉。市场主体活，经济才能活，推动小微金融使得小微企业都有获得金融服务的机会，从而保证其能够有效地参与到社会的经济发展当中，达到"稳就业、保就业"的目标，进而实现全社会和谐稳定、共享发展。在政府的积极参与下，在政策的有力推动下，为了有效减轻小微企业还本付息的压力，解决小微企业抵押品短缺的问题，中国人民银行采取一系列支持措施，实现多部门强化联动，组织开展银企对接，搭建小微金融数字化转型平台，创新金融产品和服务方式，全流程、多渠道赋能小微市场主体求生存谋发展。截至2021年末，全国共建立包含51.5万家受当年疫情影响较大的行业企业和产业链核心企业名录库，金融机构累计发放贷款8.3万亿元，带动就业3500万人。

（3）依托金融科技，提升金融竞争力

随着以互联网、人工智能、区块链、云计算、大数据为代表的金融科技的迅猛发展，尤其是近年来大数据与深度学习的不断进化，金融服务模式与产品发生重大变革。在全球金融竞争日益激烈的背景下，各国都在加快发展数字普惠金融，并从国家层面制定发展战略。金融科技创新的聚焦点是数字普惠金融，和小微金融的目标不谋而合。

近年来，商业银行向小微金融转型、多层次资本市场的完善、金融政策体系的健全都剑指小微金融的可持续发展，其产品和服务的推陈出新离不开金融科技的有效支撑。金融科技依托下的小微金融发展有利于我国加强国际金融治理的话语权，构建数字普惠金融的长效监管机制和基础设施，进而提高中国金融业的全球竞争力。

 案例剖析

农民贷款难咋解决

一、农民贷款困境

第一，农民抵押物价值有限。按照我国法律，只有拿到耕地经营权证、宅基地上所建房屋房产证的农民，才可以凭借这"两证"去银行抵押贷款。但是通常情况下，农民的土地和房屋即便可以被银行视作抵押物，能够贷到的金额也非常有限。

第二，发展农业项目，一次性投入高，回报周期长。尤其是发展花卉苗木或者经济林果，至少需要三五年的时间才能基本收支相抵，要想赢得利润恐怕需要更长的时间。但是，银行为了确保资金安全，贷款期限通常控制在1年以内，这就给农民还贷带来了难度。

两个问题长期难以解决，容易形成这样的现象：一方面，在银行看来，农民还款能力不足，资金支配存在风险，不是银行眼中的优质客户。另一方面，农民知道去银行贷款难度极高，还款压力很大，只好选择民间借贷来解决燃眉之急。但这些非正规金融机构风险高、利息高，甚至游离于法律监管的灰色地带，对于农民来说，显然不是最优的贷款渠道。

二、国外经验

除了通过降低存款准备金率来释放更多的货币流动性，我们还需要做到真正的"授之以渔"——发展普惠金融。

例一：孟加拉国

孟加拉国经济不太发达，老百姓没钱创业，政府也没钱借给老百姓。尤努斯探索建立了格莱珉银行，很好地解决了老百姓资金需求的难题。这个银行也被叫作"穷人的银行"，它不要抵押物，用老百姓的信用作为抵押，这个看似风险很大的办法到底靠不靠谱呢？

我国小额信贷领域著名学者杜晓山教授认为：

格莱珉银行是一个非常好的案例。它最初的模式是 5 户联保，到 2000 年之前都是妇女小组互相担保，户与户之间具有连带关系。一户不还钱，其他户或替他还钱，或督促他还钱。否则，大家都有连带责任，都要受到新一轮贷款的影响。但是到了 2000 年以后，这种模式发生了改变，它仍然是通过互助小组借钱，但不需要彼此担保，每个人只需要对自己的贷款负责。那么它怎么解决风险问题呢？

银行帮助贷款户学习各种各样的技能，并给予各种各样的支持，让贷款户觉得这个银行对我太好了，我怎么能不还钱呢？当我真正有困难的时候，它不是来催我还钱，而是来跟我讨论，你遇到什么困难，为什么不能还钱。如果恶意不还款，银行要按照规矩来执行。如果是真有困难而不能还钱，那就想办法尽可能地来帮助他。这笔钱不是不还，而是按照暂缓的办法执行。同时，因为贷款户遇到了困难，银行会再借给他一笔新钱，这笔新钱依然按照之前的规则来运作。

孟加拉国的穷人银行，看似用信任做抵押物，但在这份信任背后还有一份来自银行和各大金融机构的社会责任，那就是要为大家提供技能培训和支持，要尽量帮助妇女和农户，使他们能够把项目运作成功，再来还贷。

例二：印度尼西亚

印度尼西亚人民信贷银行采用分类施策的办法，对所有有贷款需求的客户进行详细调查，分成 4 种类型，针对不同情况提供不同的金融服务，很好地解决了农户长期以来遇到的难题。

我国小额信贷领域专家白澄宇认为：

在印尼，BRI 把所有客户，包括农户和一些做小买卖等有借贷需求的群体分成 4 类。

第一类是没有能力也没有抵押品的群体。针对这个群体，银行将提供低息的、无抵押品的贷款。但是，银行会跟政府和其他机构合作，给他们提供强有力的技术支持，帮助他们提高就业和经营能力。因为对于这部分人来说，他们不仅缺钱，也缺技术、缺信息，所以要培养他们自力更生的能力。对于这一群体，侧重点在于能力培养，但也有一些其他的风险保障，贷款的风险总体是可控的。

第二类是没有发展能力，但有抵押品的客户。比如想开展经营活动，有一定流动资金或者固定资产（也就是有抵押物），但缺少相关经验和知识的群体。对于这类客户，BRI 就采取抵押贷款的方式，同时辅以能力培养方面的支持。

第三类是有能力，但是没有抵押品的客户。银行为他们提供一种小额信用贷款，可以根据客户的经营状况及具体收入情况来进行授信，为他们提供无抵押的小额信用贷款。

第四类是既有能力又有抵押品的客户。BRI 对他们采取抵押贷款，额度也可以大一些。

这实际上就是针对不同的群体，来提供不同的贷款、技术和服务。

从印度尼西亚的案例中我们看出，他们引入了一个全新的风险评估维度，就是农民的致富能力。如果你有能力发展，我们都愿意把钱借给你，助你一臂之力；如果你没有能力，我们也愿意把钱借给你，但相关的技能培训由我们来提供。

我国这些年来提倡的"创业"和"创新"，对于孵化民营经济的意义固然重要，农民也理应成为其中的主力军，分享到"双创"的红利。随着我国传统银行和互联网金融平台的长期探索，农民朋友也将享受到越来越多的金融服务，为大家的发展创业提供坚强后盾。

（资料来源：https://www.sohu.com/a/206678272_100010646。）

请思考：

1. 农民贷款难的主要原因是什么？

2. 孟加拉乡村银行和印度尼西亚人民信贷银行是如何有效解决本国农民贷款难的问题的？

1.3 小微金融的分类

1.3.1 按照融资来源分为内源融资和外源融资

内源融资来源于企业内部，主要是小微企业将其在日常经营中的积累投入小微企业的规模扩张，包括留存收益和折旧准备金。内源融资主要具备两种特征：一是小微企业可以对资金自行支配，不受外部环境的影响；二是资金来源于小微企业内部，资金使用具有更高的灵活性。但是仅靠这种方式很难满足小微企业在快速发展阶段对资金的需求，一定程度上阻碍了小微企业的发展。外源融资来源于企业外部，按照是否通过金融机构，可以分为直接融资和间接融资。直接融资是指不通过金融机构筹措资金，常见的形式有股票融资、债券融资和风险投资基金融资。由于小微企业自身的规模限制及财务能力方面的缺陷，很多小微企业都不能满足股票融资的条件，因此采用直接融资方式的小微企业数量有限。间接融资是指通过金融机构来筹措资金，常见的形式有银行贷款、商业信用、民间资金借贷等。（见图 1-1）

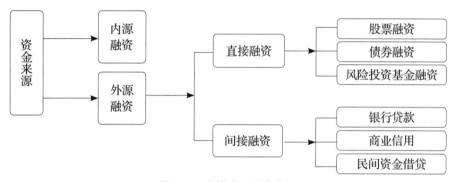

图 1-1 小微企业融资来源

1.3.2 按照融资结构分为银行主导型和市场主导型

银行主导型融资结构是将商业银行作为融资结构的核心，主要采用国家为日本、德国；市场主导型融资结构以股票市场作为融资结构的核心，主要采用国家是美国和英国。相比之下，在日本、德国，商业银行比股票市场在金融体系中发挥着更加重要的作用。我国现有的融资结构呈现动态的发展态势：从静态观点看，我国银行业在金融体系中的地位依旧

北京证券交易所

十分稳固，融资结构中商业银行占据绝对的主导地位，比较接近银行主导型融资结构；从动态观点看，我国目前股票市场发展迅速，北京证券交易所开市，打造服务创新型中小企业的主阵地，注册制改革进入深水区，融资结构正在朝市场主导型小微融资结构倾斜。

1.3.3 按照小微金融机构"正规"与否分为正规金融机构、半正规 金融机构和非正规金融机构

一是正规金融机构，分为银行类金融机构和非银行类金融机构。银行类金融机构包括政策性银行、商业银行、农村合作金融机构和新型金融机构，比如村镇银行、农村资金互助社等；非银行类金融机构包括农产品期货、保险公司等。二是半正规金融机构，包括小额贷款公司、金融科技公司等。三是非正规金融机构，包括典当行、合会等。具体分类情况如图1-2所示。

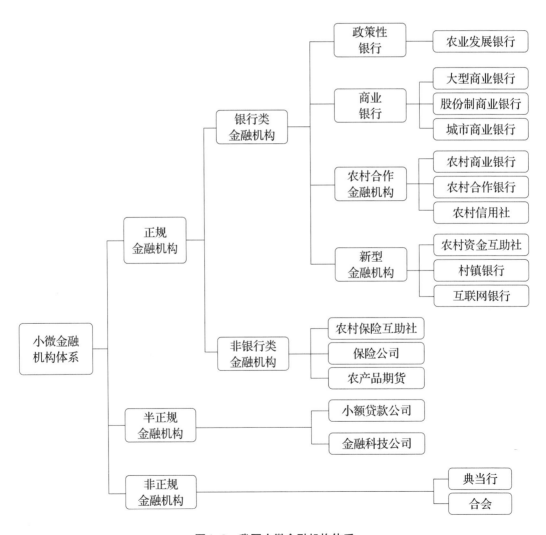

图1-2 我国小微金融机构体系

1.3.4 按照融资性质分为私人借贷型、合作金融型、商业银行型、国家集中型和复合信用型

（1）私人借贷型

私人借贷是小微金融的初步形式和原始形式，既可以是亲友邻居间的无息或低息的民间借贷，也可以是专业借贷者的高利借贷。前一类体现的是互助关系；后一类则是封建社会的高利贷的残余形式，它普遍存在于亚、非、拉发展中国家，而且在发达资本主义国家底层的穷苦劳动人民中间也十分猖獗。目前世界各国都对高利贷采取打击政策。

（2）合作金融型

合作金融型小微金融是指一国小微经济发展的资金需求主要由合作金融制供给的金融类型，主要采用的国家有德国、法国、日本等。

农村信用合作社虽然最初是在资本主义制度下发展起来的金融机构，但是从本质上看，它是群众性的组织，代表并保护社员的利益，受到社员的支持和拥护。综合来看，合作金融组织主要有以下三个特点：

①合作社与其社员之间主要是互助服务关系，不是盈利分红的关系，它的业务活动不是为了追求最大利润和效益，而是为了调剂农村资金，满足社员的生产、生活需要。

②合作社既不是救济机关，也不是股份公司，贷款有借有还，存贷款都有利息，实行商业经营。

③社员地位平等，不受股金限制，实行"一人一票"制度。

目前西欧（除英国外）、北欧、美国、日本等地都有比较发达的合作金融组织，并在农业信贷中起着重要作用。俄罗斯和东欧各国历史上也曾在农村中推行过信用合作运动，但随着国家金融机构的发展，其已过早地结束了合作社的活动。在亚、非、拉发展中国家，由于经济不发达，推行农村信用合作运动并非一帆风顺，但在政府的重视和支持下仍有较大发展。

（3）商业银行型

商业银行型小微金融是指小微金融机构主要由商业银行构成，小额信贷资金主要来源于商业银行，主要采用国家有英国和巴西。商业银行被称为"万能银行"，除发放

工商业贷款外，也对农业发放短期贷款。只要有利润可赚，商业银行并不排斥农业贷款，比如法国农业信贷银行。

（4）国家集中型

国家集中型小微金融是由国家银行或面向农业的国家专业银行提供农业信贷资金的集中型小微金融类型。国家集中型小微金融是高度集中计划经济的产物，其最大特征是国家集中供应农贷资金。大致可分为三种情况：

①政府直接发放农贷。主要应用于某些现代金融机构较不发达的国家。例如，中国历史上在灾荒和战乱之后，为了尽快恢复生产，地方政府经常会对农户进行实物放贷，帮助农户恢复生产；印度政府则有一种对农民直接发放的贷款；加蓬政府曾以实物形式向农民贷放种子和农药；马里政府也向农民发放过农具贷款。

②设立专门农业信贷机构，农业信贷由国家银行统一办理。苏联、东欧国家及20世纪六七十年代的中国均通过中央银行发放农业贷款。贷款对象主要是集体农业组织。某些西方国家、非洲新兴国家，以及1978年至1996年时期的中国，则通过专业银行发放贷款。

③由国家扶助农村信用社。一种是法国式的做法，由国家机构在上层直接领导和管理。另一种是日本式的做法，由政府给予业务指导和资金融通，但不直接管理。

（5）复合信用型

复合信用型小微金融是指一国农贷资金由多种不同性质的金融机构共同提供。采用这种类型的代表国家主要是美国和印度。

在这种模式中，提供农贷资金的金融机构，既有专门的农业金融机构，也有其他金融机构，既有提供中短期信贷资金的金融机构，又有提供长期信贷资金的金融机构。在所有关系上，一般是政府金融机构、私人金融机构和合作金融机构并行。

1.4 我国小微金融的发展现状

小微企业是我国国民经济增长的重要驱动力，在全国实有各类市场主体中占据绝对数量优势。自2016年到2020年间，全国实有各类市场主体从8705.4万户上升到13840.7万户，而小微企业占比也从94.1%增长到96.8%。但是，小微企业日益增长的信贷需求却没有完全被满足，同时，由于缺乏稳健的信用状况、可靠的财务信息及合格的抵押品，小微企业融资具有"短小频急"的特征，普遍面临着融资难、融资贵的问题。

我国小微企业的国民经济贡献度如图1-3所示。

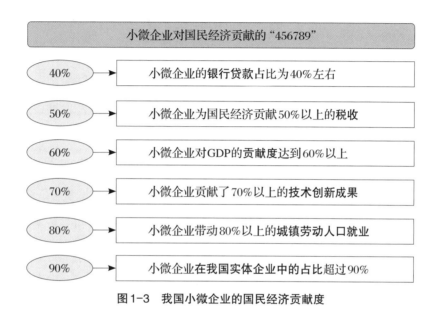

小微企业对国民经济贡献的"456789"

40% → 小微企业的银行贷款占比为40%左右

50% → 小微企业为国民经济贡献50%以上的税收

60% → 小微企业对GDP的贡献度达到60%以上

70% → 小微企业贡献了70%以上的技术创新成果

80% → 小微企业带动80%以上的城镇劳动人口就业

90% → 小微企业在我国实体企业中的占比超过90%

图1-3 我国小微企业的国民经济贡献度

1.4.1 政策支持多措并举，融资体系愈加健全

在宏观经济增速放缓、流动性趋于短缺的大环境下，小微企业群体现金流紧张、外贸订单锐减，其融资难的问题愈演愈烈。针对这一现状，中国人民银行、财政部等部委、监管机构出台了多项举措支持小微企业融资，落实多项惠企纾困政策，鼓励金融机构加大对小微企业的信贷投放力度。从人民银行推出两大创新型货币政策工具，到重点发展首贷户、供应链金融与纯线上信用贷，均显示出监管层引导小微企业融资的决心。在多方的共同努力下，我国小微企业融资取得"量增、面扩、价降、结构优化"的较好成效（见表1-2）。同时，中国人民银行、国家金融监督管理总局加强政策引领，窗口指导与监管"双轮"推动，促使银行转变经营理念，进一步下沉经营重心，使信贷资源更多地投放到小微企业领域。

表1-2 2020年我国小微融资"量增、面扩、价降、结构优化"

	贷款余额	贷款主体	贷款成本	贷款结构
基本情况	普惠小微贷款余额 15.1 万亿元	授信 3228 户，全年增加 530 户	新发放的普惠型小微企业贷款利率 5.88%	单户授信 1000 万元以下的小微企业贷款中，信用贷款占比 20.1%
增长率	同比增长 30.3%	同比增长 19.6%	同比下降 0.82%	同比提高 6.6%

另外，随着我国债券市场、股权市场、票据市场的布局更加健全，资本市场融资功能不断增强：债券市场创新产品不断推出，科创板设立并试点注册制，新三板改革不断深化，北京证券交易所正式成立，私募、区域性股权市场规范发展，票据市场服务实体经济效能进一步增强。2020 年，小微企业专项金融债发行规模共计 3732.8 亿元，同比增长 82%；再贴现余额 5783.7 亿元，同比增长 21.14%，其中小微企业票据 3646.1 亿元。保险业坚持损失补偿、风险管理和资金融通三大功能定位，"减震器"和"稳定器"作用进一步发挥。保险资金运用的政策体系持续优化，保险产品和服务不断创新，形成了涵盖财产保险、保证保险、信用保险、责任保险等的一揽子产品体系，在损失补偿、风险管理和融资增信等方面为小微企业稳定发展提供全方位保障。金融政策体系更加健全，营商环境持续改善，信用体系建设深入推进。征信系统（金融信用信息基础数据库）信息桥梁作用有效发挥，较好地解决了银企之间信息不对称的问题。截至 2020 年末，我国已收录小微企业 3656.1 万户，其中，有信贷记录的为 400.4 万户；为各类放贷机构提供小微企业征信报告查询服务 6945 万次；支持放贷机构向 160.8 万户小微企业提供融资支持。

在连续 3 年对国有大行提出普惠小微企业贷款增速目标之后，2022 年的政府工作报告对此不再量化，更强调引导资金更多流向重点领域和薄弱环节，扩大普惠金融覆盖面。近 4 年我国在小微金融领域已经取得重要成就，普惠型小微企业贷款平均增速超过了 25%，贷款利率累计下降超过了 2 个百分点，未来目标将推动由"量"向"质"转变。

 **案例剖析**

引来金融"活水"　直达小微企业

2020 年 6 月 1 日，两项直达实体经济的货币政策新工具——普惠小微企业贷款延期支持工具和信用贷款支持计划推出，精准指导银行加大对小微企业的服务力度。《人民日报》记者探访多地银行和小微企业，感受新工具的实际成效。

一、企业贷款容易了，银行放贷主动了

在人民银行信用贷款支持计划的支持下，涪陵中银富登村镇银行针对肉牛养殖周期长、垫资大的特点，仅用 3 天时间，就为重庆市涪陵区石达坡肉牛养殖场提供了 30 万元的信用贷款。贵港农信社则主动上门为急需现金购买紧缺原材料的广西贵港市冠德木业有限责任公司即将到期的 700 万元贷款办理了无还本续贷，努力做到"应延尽延"。

二、政策效果直达实体经济与基层民生

1. 市场化——人民银行通过创新货币政策工具对金融机构行为进行激励，但不直接给企业提供资金，也不承担信用风险。

2. 普惠性——只要符合条件的地方法人银行对普惠小微企业办理贷款延期或发放信用贷款，就可以享受支持。

3. 直达性——新工具将货币政策操作与金融机构对普惠小微企业提供的金融支持直接联系，保证了精准调控。

三、扩大政策覆盖面，惠及更多小微企业

随着新工具落地见效，越来越多的金融机构纷纷加大业务调整和科技创新力度，让更多小微企业享受到实惠。如柳州银行创新推出"基业长青贷""纳税 e 贷"等多个信用贷款类产品，并下放审批权限至各分支行，新工具落地至 2020 年 6 月末，累计发放普惠小微信用贷款 630 笔、2.85 亿元，而该行上年信用贷款发放额不足 0.63 亿元。

（资料来源：https://news.xtol.cn/2020/0810/5367428.shtml。）

请思考：

案例中提到了哪两种货币政策新工具？结合小微融资的基本特征，如何有效提升小微金融服务的直达性？

1.4.2　银行普惠是主力，大型商业银行发挥"头雁"效应

一方面，在国家政策支持的层面上，2018 年政府加大了普惠金融建设力度，发布《关于 2018 年推动银行业小微企业金融服务高质量发展的通知》，自此，普惠型小微企业贷款余额高速增长，2018 年到 2020 年，从 9.4 亿元增长至 15.3 亿元，年平均增长率高达 27.6%。另一方面，在商业银行自身发展层面上，2020 年以来，越来越多的大中型企业走向资本市场，减少对银行间接融资的依赖，对公业务呈现出巨大变革，市场聚焦点从"向零售金融转型"转移到"向小微金融转型"，因此各类银行在开拓小微客户群上，分化的客户群定位特征日渐清晰。商业银行纷纷将小微金融作为核心领域，借助金融科技全面重构小微企业信贷业务体系，显著提升了普惠金融服务的覆盖率和可获得性。小微信贷市场中，有大型商业银行、股份制商业银行、城市商业银行、农村金融机构四大参与者。当前，大型商业银行的贡献比例最高，贡献比例为 33.4%；从 2019 年第一季度到 2020 年第二季度，大型商业银行是唯一的贡献比例正增长的参与者，贡献比例增长 3.75%。原因有四：一是政策指示，国务院及银保监会多次颁布政策通知大型商业银行加强普惠金融事业部的建设；二是指标压力，银保监会构建了商业银行小微企业金融服务监管评价体系；三是能力支撑，大型商业银行的资金、业务等实力能支撑起普惠金融建设的重任；四是利率低，大型商业银行的普惠信贷利率远低于银行业平均普惠信贷利率，如 2019 年五大商业银行新发放普惠型小微企业贷款的平均利率为 4.7%，银行业平均普惠信贷利率为 6.7%。商业银行小微融资业务特征如表 1-3 所示。此外，由于农村金融机构数量众多、分散各地，且本就服务于当地小微企业，因此其总体贡献比例也较高，2021 年第一季度的贡献比例为 32.8%。

表1-3 商业银行小微融资业务特征

	大型商业银行	股份制商业银行	城市商业银行	农村金融机构	互联网银行
普惠型小微企业贷款市场份额（2021第一季度）	33.4%	18.0%	14.1%	32.8%	7.8%
客户资质	小微客户主要分布在城市且资质大多比较好	主要分布在城市，资质比起大行客户差一点，但整体不错	主要分布在各城市的相对下沉小微企业	主要是涉农类的小微商户、个体户或农户	地域不限，主要是传统商业银行未覆盖到的小微商户
产品特征	风险控制非常谨慎，控制单户授信额度比较紧	整体类似大行，但相比大行，股份行产品额度更高、放款速度快，利率更高	产品特征与经营模式同农商行差异不大	单户授信额度高，产品利率比起其他传统商业银行最高	全流程线上化，更为小额、分散，放款速度快、产品利率比较高
风险特征	大量的客户数与多年沉淀积累了大量数据，且在外接数据方面具备优势，有更多授信数据参考	风险控制相对宽松，此外部分股份行在技术方面具备优势	在小微企业融资供给方面较依赖信用卡分期，对资金流向把控相对宽松	高度依赖线下尽调，风控成本高，风险相对集中（如商户联保贷款）	大数据风控、数据量大、技术能力强，户均风控成本低
经营表现	规模大，风险表现比较好，资金占用率低	部分银行风险表现相对较高，资金占用率也比较高	逾期、不良表现整体弱于大行、股份行	逾期、不良表现整体弱于大行、股份行	风险表现整体较优

1.4.3 金融科技异军突起，平台经济提供最优解决路径

面对数千万的小微企业主与个体工商户融资难题，一批金融科技公司联合政府部门与商业银行，形成全新的大数据风控与小微企业全生命周期解决方案，共建"银行＋金融科技服务商"产业数字化解决方案。生态合作伙伴拓展与云平台构建，展现出广阔的发展机遇，依托供应链数字化，核心平台信用得以传递到中小微企业。过往企业与企业，企业与消费者之间的交易、支付、物流都在线下进行，小微企业直接将经营

《金融科技（FinTech）发展规划（2019—2021年）》

数据传递给金融机构，信息可信度低，验证成本高。在平台经济背景下，企业与企业、企业与消费者之间的交易及相关配套服务都基于平台展开，信息流、商流、物流、资金流"四流"信息通过平台实现数字化，平台将小微企业"四流"数据加密传递给金

融机构，金融机构以数字化的"四流"为基础，设计信贷产品，供应链"四流"数字化升级后，核心平台给小微企业融资增信，这个过程，实质上是依托供应链"四流"的数字化，实现了核心平台信用向中小微企业的信用传递。平台经济下小微企业融资产业链关系图谱（如图1-4、图1-5所示）中有四类参与主体，分别为金融机构、金融科技企业、核心平台、外部数据服务商。外部数据服务商为金融科技企业、金融机构提供税务等外部数据；核心平台给金融机构或金融科技企业提供与中小微企业相关的数据；金融科技企业赋能金融机构反欺诈、智能风控、用户画像等业务能力，部分金融科技企业也可通过与中小微企业交互或核心平台合作提供中小微企业相关数据；金融机构基于金融科技企业和核心平台提供的数据与业务能力，为中小微企业提供贷款服务。与此同时，金融机构、金融科技企业、核心平台三者并非完全割裂，一个参与主体可能同时扮演多个角色，如有些金融机构既扮演金融科技企业角色，也扮演核心平台角色。

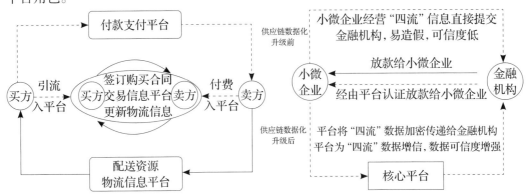

图1-4 平台经济下小微企业融资产业链关系图谱（1）

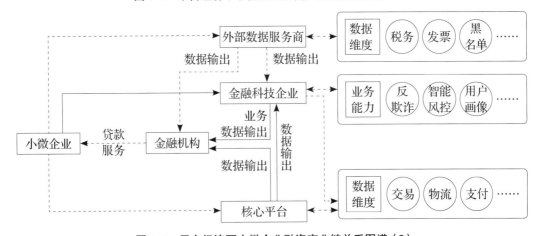

图1-5 平台经济下小微企业融资产业链关系图谱（2）

1.5 小微金融发展面临的问题及挑战

在我国，金融体系发展不均衡、银行贷款门槛较高、金融服务能力不够强等问题仍在制约小微企业融资。直接融资对小微企业支持有待加强，金融机构服务能力仍有提升空间，小微企业贷款过度依赖抵押担保、授信尽职免责制度落实不到位的情况仍然存在，一些地方法人银行治理结构不完善、经营管理能力弱，有效服务中小微企业融资需求的能力不足。从环境配套看，一些地方在风险补偿、激励机制、信息整合、银企对接等融资支持政策，以及小微企业服务保障和权益保护等方面还有不少改善空间。此外，金融科技发展过程中，数据安全和隐私保护问题形势严峻，一些地方数据开放意识不足，数据开放的制度、规则、标准欠缺，数据共享平台的数据分析、应用能力弱，平台作用得不到充分发挥等问题给小微金融发展带来了巨大的挑战。

1.5.1 直接融资对小微企业支持有待加强

小微企业普遍有外源性融资需求，但目前我国小微企业外源性融资主要依赖银行信贷等间接融资，直接融资体系在服务小微企业方面的功能发挥不足，对改善整个小微企业群体融资的效果有待进一步提升。一是小微企业上市门槛较高。股权融资市场对小微企业惠及面有限，同时创业板发行条件对小微企业而言过高，新三板较高的投资者适当性要求又降低了资金供给，融资功能未能有效发挥。二是创业投资、私募股权、基金等市场有待完善。创业投资、私募股权发展仍不充分，基金数量偏少，资金来源渠道较为有限，运作模式还不够成熟，偏向追求短期盈利，对初创期企业支持培育不够。三是小微企业通过债券市场融资存在一定困难。我国债券市场发行主体准入标准相对较高，仍主要集中在具备较强实力的大中型企业，难以真正下沉至普惠意义上的小微企业群体。另外，我国缺乏小微企业专项评级体系，小微企业大多存在规模偏小、盈利能力不够稳定、经营状况不满足规模企业评级条件等劣势，导致评级机构无法给予其有效评级。

1.5.2 市场环境和权益保护有待改善

受专业人才缺乏、核心技术竞争力不强、权益保护不到位等因素影响，小微企业发展水平有待进一步提高，一定程度上制约了企业融资可得性。一是多数小微企业缺少专业的技术和管理人才，技术更新迭代滞后，财务会计、薪资绩效等现代企业管理制度未完全建立，市场竞争力不强。二是受国内外复杂多变的经济形势及经济下行压力等因素影响，中小企业账款回收期延长，部分企业不同程度地存在拖欠中小企业款项的问题，侵害了中小企业合法权益，加剧了中小企业资金困境，甚至危及中小企业生存。

1.5.3 金融机构服务能力仍有提升空间

一是小微企业贷款过度依赖抵押担保的情况仍然存在。2020年以来，中国人民银行出台了普惠小微信用贷款支持计划，激励地方法人银行加大信用贷款发放，但由于地方法人银行小微企业贷款风险控制能力不强，银行仍偏好企业提供抵押。截至2020年末，小微企业贷款中，抵（质）押贷款占50.9%，保证类贷款占34.1%，远高于各类大中型企业的平均水平，信用贷款仅占15.0%。二是小微企业授信尽职免责制度落实不到位的情况依然存在，包括免责标准过于笼统宽泛、可操作性差、免责认定流程过长、未与不良容忍度有效结合、免责不免罚等问题。三是一些中小银行法人治理结构不完善、技术支撑和人才储备匮乏、经营管理能力弱，有效服务中小微企业融资需求的能力不足。

1.5.4 小微企业融资风险分担补偿机制有待健全

一是融资担保增信作用未充分发挥。部分地方政府国资部门过分注重对国有融资担保机构的盈利考核，忽视对放大倍数、支小支农业务占比等政策效益的考核，导致其或偏离支小支农主业，或"垒大户、挣快钱"，或不敢担、不愿担。许多担保机构放大倍数不到2倍，远低于国际平均水平。二是地方风险补偿机制有待健全。部分地方政府特别是县级政府重视不够或受财力所限，没有建立小微企业贷款风险补偿机制；部分地方虽建立了风险补偿机制，但风险分担比例较低或实际代偿门槛较高，一定程度上影响了银行开展政银合作的积极性。

1.5.5 金融科技发展中数据应用亟待规范

互联网时代，金融服务与用户数据紧密相连，数据安全和隐私保护已经成为金融科技创新过程中不可回避的问题，消费者数据被过度采集、非法共享、随意滥用等现象层出不穷，数据安全和隐私保护问题形势严峻。目前，部分地区搭建了数据共享平台，有效解决了政府部门数据归集、共享和应用的问题。但部分地区政府部门数据开放意识不足，数据开放的制度、规则、标准欠缺，导致数据封闭在各政府部门内部。同时，共享平台大多采用公共事业单位形式运作，数据归集能力强，而数据分析、应用能力弱，缺乏市场化思维，平台作用得不到体现。

1.6 小微金融的发展趋势

以A（人工智能）、B（区块链）、C（云计算）、D（大数据）为代表的金融科技给商业银行带来革命性影响，对银行业务模式、产品、流程、渠道等产生基础性、制度性、颠覆性冲击。

近年来，"无接触金融"促使银行业展业方式转变，面对国际贸易形势的新变化，数字经济驱动全球产业链重塑，我国也提出"双循环"战略并推动小微企业产业数字化转型，小微企业信贷具有典型的零售化特征，能够与金融科技完美结合。银行与金融科技公司成为"共生体"，探求小微贷款定价、智能风控解决之道。我国一批新兴的金融科技公司借助大数据、人工智能、区块链等技术优势，以科技驱动小微企业线上化小额快贷产品飞速发展，生态合作伙伴拓展与云平台构建，展现出广阔的发展机遇。

1.6.1 金融服务综合化

一般来说，小微金融需求是碎片化和多元化的，不仅仅指信贷需求。伴随数字技术应用的不断深入，业界意识到小微企业的痛点不仅在于融资，而且涵盖经营场景、商业模式、商机探寻、收付款管理等方面。依托于小微企业的产业链，金融科技可以将小微企业及相关生态圈的数据整合起来，支撑小微金融服务的综合化：获取和分析客户群体行为特征，

中国民生银行
小微金融创新

实现金融产品营销的精准化；借助新媒体与社交网络进行移动化立体营销，推动营销渠道的多元化；为小微客户提供平台支持，与客户共建商业生态，从"单一融资服务"转变为集工资、支付、财资管理于一体的综合金融服务方案。以招商银行为代表的科

技实力较强的金融机构就已经将这种综合化、组合型金融服务转化为现实，除满足小微客户核心贷款需求外，其推出的相关产品就融入了贷后服务与非贷类工具，尝试拓宽小微金融服务广度。

1.6.2 风险控制智能化

中国人民银行披露的统计数据显示，我国小微企业的平均寿命为 3 年左右，因此抗风险能力差、经营不稳定成为这类经营主体的标签。尤其是近年来，业界更关注"无接触贷款＋智能风控"的组合模式创新。银行业开展小微金融智能风控创新，将采取"银行＋金融科技公司"相结合的方式，通过风控指标维度优化与联合建模的方式，提升小微金融业务的智能风控水平，从而保证小微贷款不良率处于可控范围内。此外，疫情期间兴起的无接触贷款模式，也引发一批存有恶意欺诈意图的客户群反复在各平台申请贷款，由此倒逼金融机构加强反欺诈系统的优化升级，及时监测预警这批恶意欺诈的人群，防范信贷违约事件发生，逐步形成基于各类产业场景的智能风控体系。

1.6.3 科技赋能数字化

发展数字经济是把握新一轮科技革命和产业变革新机遇的战略选择，在此背景下，数据要素成为驱动 B 端企业的生产运营、物流运输、经营管理决策等方面的核心驱动力。为此，众多小微企业主所需的帮扶领域，已经由"缓解融资难"进阶到"非金融经营管理服务"。借助科技公司构建的数字化平台，小微企业采用物联网、大数据、人工智能、区块链等

《中国数字化小微金融创新实践报告（2021）》

新型数字科技，可实时掌握产品设计、生产制造、设备管理、运营服务等数据信息。基于数据决策，金融机构与金融科技公司可以为小微企业量身定制数字化解决方案。从企业的资金缺口到诊断经营管理的现实问题，促使数字化平台赋能实体产业，帮助小微企业实现转型升级。

1.6.4 链式金融普及化

"区块链＋供应链金融"这种特色模式借助区块链技术的去中心化优势，小微企业的合同订单、物流运输、仓储货物等数据信息全部流转在线上，在一定程度上省去了

金融机构线下人工调查成本。伴随着 2021 年供应链金融扶持政策的落地实施，小微企业的产业数字化持续推进，今后供应链金融服务体系将拓展更多的生态合作伙伴，正在逐步从单一的融资服务，走向交易银行、集合财富管理与收付款一体化的综合服务解决方案。与 C 端客户群需求类似，"下沉市场"往往蕴含更大的发展机遇，并且竞争程度要明显弱于一、二线城市，因此银行与金融科技公司可合作拓展的小微企业客户群数量更大。

 案例剖析

工商银行加强产品服务创新　全力支持小微企业经营发展

工商银行深入贯彻党和国家决策部署，全力支持稳企业保就业，通过产品服务创新，努力为实体经济注入"金融活水"。

一是用活"数据"，提升融资可得性。工商银行运用大数据和互联网技术，通过挖掘交易、结算、税务、资产、征信等多维数据，为小微企业精准画像，创新打造具备纯信用、全线上和广覆盖等特点的信用类普惠贷款——"经营快贷"系列产品，主动为企业授信。截至 2020 年末，"经营快贷"系列产品已为近 110 万户小微企业主动授信超 8500 亿元，余额超 1000 亿元，较上年增长超 200%。

二是循着"链条"，提升融资直达性。工商银行利用区块链、物联网等技术，形成垂直链、交易链、数据链三大场景数字供应链产品体系，运用"工银 e 信""e 链快贷"等融资产品，将核心企业优质信用沿着贸易链条贯穿全产业链，有效疏通堵点，实现"金融活水"精准滴灌产业链小微客户集群。工商银行数字供应链融资已覆盖农业、先进制造业、医疗、物流等行业，落地数字供应链 1700 余条。

三是优化"流程"，提升融资便利性。工商银行各类小微企业周转类贷款产品，均支持企业按需提款、随借随还和办理续贷。对受疫情影响需办理延本延息的情况，企业可在线申请，客户经理通过视频、电话、邮件等方式核实信息，在线及时解决企业还款困难。自 2020 年以来，累计为 10.1 万户中小企业办理延本延息。

四是依托"场景"，提升服务综合性。工商银行深入开展"工银普惠行"系列活动，为小微企业提供一站式开户、结算、融资等综合化服务。推出"环球撮合荟"跨境撮合平台与服务，帮助小微企业"一点接入"全球产业链。截至2020年末，累计服务40多个国家和地区、30余个行业、近2万家企业，达成跨境合作意向近百亿元。

请思考：

1. 工商银行是如何结合依托技术手段来实现小微金融产品服务创新的？
2. 小微金融的特征有哪些？如何更好地克服信息不对称？

1.6.5 场景融合平台化

大数据贷款模式的核心，在于拥有真实可靠的线上场景，在发展小微金融业务上，业界依旧需要遵循场景化金融的经营逻辑，并且由于小微企业兼具法人与个人消费者的双重属性，因此需采取"C＋B"场景相连接的策略，以便形成更为清晰、完整的用户画像，全方面了解企业主的信用状况。基于不同产业场景下的企业用户画像与行为特征，可挖掘细分行业专属金融服务解决方案，交叉营销理财、保险、支付结算管理等产品。如今越来越多的小微企业意识到传统的线下经营模式无以为继，因此纷纷转向发展产业平台。产业数字化转型并非一日之功，并且需要大量的科技力量投入，商业银行与一批金融科技公司、政府部门合作，共同搭建产业平台，深入小微经营场景，诊断经营难题，使入驻平台的小微企业数量日渐增多。同时，采取开放金融的发展理念，各省份构建的产业服务平台也融入了一批科技厂商，不断拓宽合作伙伴范围，进而形成一个开放合作的闭环生态体。

1.6.6 征信体系健全化

征信体系及服务完善是小微企业融资的重要一环，是解决信息不对称的有效良方，同时企业的信用资质水平，直接决定着贷款利率的定价。面对国内外复杂多变的经济金融形势，加上在线经济引发一批直播卖货、电商卖家、"90后"创业者等个体工商户数量增多，B端赛道的征信机构日渐增多。目前，除了央行征信中心不断完善小微企业数据库建设、实现信用信息共享、增加查询服务渠道之外，从事B端小微企业征信服务的机构还包括百行征信、芝麻信用、金蝶征信、微众信科等。借助金融科技，一批新兴的征信市场主体与金融机构携手合作，共同挖掘风险可控、前景可期的优质小微企业客户群，将小微企业信用状况作为贷款发放的核心依据之一。

 延伸阅读（思政）

金融支持小微企业"快准暖实" 树立家国情怀勇担责任使命

稳住中小微企业就是稳住了经济的"半壁江山"、稳住了就业、稳住了民生。在小微金融工作中，每一项政策的出台、每一个产品的推出、每一点服务的改进，都关系着小微企业等市场主体的切身利益。中国人民银行坚决贯彻落实党中央、国务院决策部署，把保市场主体作为工作的重中之重，谋划金融支持措施，全力帮助小微市场主体渡难关、谋发展。

快：让政策资金有速度。

小微企业资金需求"短小急频"，特别是在疫情冲击下，现金流会更加紧张，若不能及时得到政策和资金支持，很多小微企业可能会因资金流缺乏而陷入困境。中国人民银行根据发展实际，及时快速响应，分层次有梯度地运用一系列货币政策工具，2020年分批次安排1.8万亿元再贷款再贴现额度，2021年又增加3000亿元支小再贷款额度，并适时降准释放长期资金，支持扩大小微企业和个体工商户信贷投放。同时指导金融机构优化信贷审批流程，迎客上门，快审快贷。运用科技手段，积极开发线上信贷产品，推广主动授信、随借随还贷款模式，提升小微企业融资效率。2022年1月末，普惠小微贷款余额19.7万亿元，同比增长25.8%；普惠小微授信户数增至4813万户，同比增长45.5%。

准：让政策支持有力度。

小微企业数量众多，企业主体的异质性、融资需求的多样性、面临问题的差异性，决定了金融服务需要分类施策，精准发力，"缺什么补什么""弱什么强什么"。为有效减轻小微企业阶段性还本付息压力，帮助解决小微企业抵押品短缺问题，2020年6月，中国人民银行创设普惠小微企业贷款延期支持工具和信用贷款支持计划，累计对16万亿元贷款本息实施延期，发放普惠小微信用贷款10.3万亿元。

2022 年采用市场化方式对两项直达工具进行接续转换。针对从未与银行发生过借贷关系的初创期小微企业，积极推进首贷户培育，督促商业银行主动为企业提供金融政策解读、企业信用辅导、贷款产品推荐等综合服务，两年新增首贷小微企业 179.9 万户。为缓解供应链产业链上下游小微企业资金周转压力，指导上海票据交易所上线供应链票据平台，推广"中征应收账款融资服务平台"，增强确权效力，提高小微企业应收账款流转效率。2021 年通过"中征应收账款融资服务平台"支持中小微企业融资 6.2 万笔、2.1 万亿元。

暖：让金融服务有温度。

小微企业背后是千千万万的家庭和就业，当这些小微企业遇到暂时性困难时，需要金融雪中送炭。针对受疫情影响较大、就业吸纳带动能力较强的重点领域和行业企业金融服务需求，有关部门强化联动，组织开展银企对接。截至 2021 年末，全国共建立包含 51.5 万家受疫情影响较大行业企业和产业链核心企业名录库，金融机构累计发放贷款 8.3 万亿元，带动就业 3500 万人。针对经营困难尤为突出的文化旅游、住宿餐饮、批发零售等聚集性接触性服务业，中国人民银行联合相关部门出台更有针对性、更有力度的政策措施。针对个体工商户等群体，深入开展"贷动小生意、服务大民生"专项活动，组织金融机构走街串巷、上门入户。同时，大力营造金融支持市场主体发展的宣传氛围，采用通俗易懂的内容和形式，让市场主体知晓政策、了解政策、用好政策。

实：让更多市场主体得实惠。

围绕降低企业综合融资成本，缓解生产经营压力，推动金融机构持续减费让利，惠企利民，帮助市场主体恢复元气、增强活力。持续释放贷款市场报价利率（LPR）改革潜力，1 年期和 5 年期以上 LPR 分别较 2019 年末下降 0.45 个和 0.20 个百分点。在 2020 年下调支农支小再贷款利率 0.5 个百分点的基础上，2021 年底再下调支农支小再贷款利率 0.25 个百分点至 2%。推动金融机构优化内部政策安排，合理确定小微企业贷款利率。2021 年，新发放普惠小微企业贷款的平均利率为 4.93%，比 2020 年全年水平下降 22 个基点。会同相关部门出台降低小微企业和个体工商户支付手续费政策，推动金融机构在银行账户服务、人民币结算、电子银行、银行卡刷卡、支付账户服务等五方面实施降费，让小微企业和个体工商户切实享受到政策让利的"真金白银"。

 实训探究

我国小微金融的发展困境及突破

小微企业面临成本高、利润低、道德风险大的世界性融资难题。从需求端看，小微企业规模较小，竞争力偏弱，融资能力、承贷能力下降，使得小微企业融资问题更加凸显。从供给端看，直接融资对小微企业支持有待加强，金融机构服务能力仍有提升空间。近年来，我国区域金融改革也在各地如火如茶地开展，涌现出一大批支持小微企业金融服务改革创新的先进经验，其中以浙江台州、河南兰考和江苏苏州等地的做法最为典型。今后一段时期，小微企业金融服务仍将是金融部门的一项重要工作。金融系统及各部门、各地区需要继续深入贯彻落实党中央、国务院关于支持小微企业发展的决策部署，多方联动、协力推进，持续加大政策支持力度，不断改进小微企业金融服务，坚持不懈、久久为功，努力在提升小微企业金融服务的质量上取得更大成效。

请结合小微金融的基本特征和发展趋势，查找相关资料，关注央行金融支持小微政策，追踪金融机构小微服务动态，学习区域小微金融改革创新案例，探究如何更好地解决我国小微企业融资的困境，并完成一篇实训探究报告。

课后习题

1. 单选题

（1）小微金融的诞生时间是（   ）。

A. 20 世纪初　　　　　　　　B. 20 世纪 70 年代至 80 年代

C. 20 世纪 90 年代至 21 世纪初　　D. 21 世纪初至今

（2）下列不属于格莱珉银行的特点的是（   ）。

A. 实行五人联保小组贷款制　　B. 不需要抵押担保

C. 贷款对象限定为农村贫困人口，特别是妇女

D. 实行较低于商业银行的贷款利率

（3）按照融资结构的不同，小微金融可以分为（　　　）。

A. 内源融资和外源融资　　　　　　B. 银行主导型和市场主导型

C. 正规、半正规和非正规　　　　　D. 私人借贷型和合作金融型

2. 多选题

（1）小微金融的特征有（　　　）。

A. 商业可持续性　　　　　　　　　B. 信息不对称

C. 政府参与性　　　　　　　　　　D. 高风险与高收益性

（2）小微金融的直接融资包括（　　　）。

A. 股票融资　　　　　　　　　　　B. 银行贷款

C. 债券融资　　　　　　　　　　　D. 风险投资基金

（3）采用合作金融型小微金融的国家是（　　　）。

A. 巴西　　　　　　　　　　　　　B. 英国

C. 德国　　　　　　　　　　　　　D. 日本

3. 判断题

（1）格莱珉银行是典型的以社会扶贫发展为首要目标的福利主义银行。　（　　　）

（2）小微金融主要是指专门向企业及个人提供小额度的可持续的金融产品和服务的活动。　（　　　）

（3）我国小微金融的机构主力是金融科技公司。　（　　　）

4. 简答题

（1）小微金融的含义？

（2）小微金融发展面临的问题及挑战？

5. 分析应用题

2021年12月，国务院印发了《"十四五"数字经济发展规划》，其中，重点行业数字化转型提升工程提到加快金融领域数字化转型，合理推动大数据、人工智能、区块链等技术在银行、证券、保险等领域的深化应用。结合所学知识，根据你对小微金融的理解，谈谈数字经济如何有效提升商业银行小微金融的服务效能。

第 2 章
小微金融服务对象

学习目标

知识目标

◎通过对本章节的学习,深入了解小微金融的服务对象,认识小微金融各类服务对象的定义、类型、分类、地位、贷款划分标准

能力目标

◎能理解小微金融服务对象的划分标准

◎能说出农民、个体工商户、小微企业的定义、分类

◎能归纳农民、个体工商户、小微企业的需求特征

◎了解小额贷款的大致流程

素养目标

◎通过对小微金融服务对象的划分及对服务方式的把握,引导学生明白"星星之火可以燎原"的道理。小微企业是国民经济的重要组成部分,其个体虽势单力薄,但众多小微企业的良好经营一定程度上可以推动国民经济发展

◎通过对我国小微金融发展现状和强有力国家政策支持的探讨,鼓励学生树立家国情怀,勇担责任使命

◎通过对小微金融发展面临的挑战和未来发展趋势的追踪,培养学生的科学探究精神,拓宽学生的知识视野,倡导爱国意识

◎通过对本章的学习,培养学生养成善于思考和分析的良好习惯

思维导图

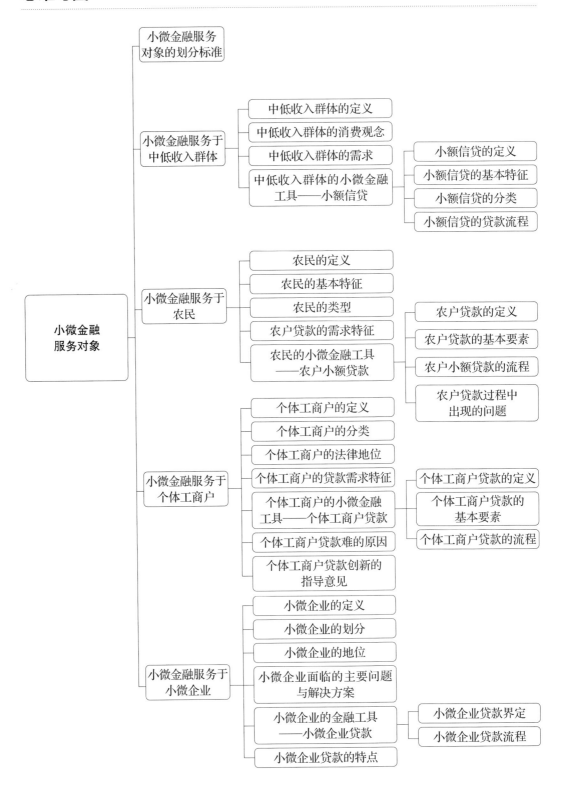

引导案例

小微金融服务：台州模式

20世纪80年代初，台州商业贸易繁盛，个体工商户和小微企业遍布城乡。随着贸易的不断发展，台州小微金融开始出现体系机制不健全、民间借贷复杂、金融机构无法发挥有效扶持作用等问题，导致金融市场混乱。这些现象无不指向一个共同的方向：民营企业对小微金融服务的强烈需求。台州政府面对这种强烈且迫切的金融需求，明白小微金融服务的重要性，于是小微金融服务应运而生。

活跃的民营经济，为民间金融的繁荣提供了土壤和空气，逐渐形成了以民营资本为主的"草根银行"——台州银行、浙江泰隆商业银行、浙江民泰商业银行，三家银行并称为台州小微金融的"三驾马车"。

台州银行的前身是创立于1988年的浙江黄岩路桥银座金融服务社。创办之初，金融服务社以"扫楼"的方式，挨家挨户营销金融服务理念。针对小微企业主白天工作时间长、生意忙的现状，金融服务社在浙江首推夜间银行。到2002年，其组建了台州第一家城市商业银行——台州银行。

与台州银行类似，泰隆银行等相继成立，主动采取错位竞争的方式，致力于不断创新满足金融服务不到位的小企业、个体工商户"短频快"的融资需求，探索出一种专门服务民营中小微企业金融的商业模式。

这些"草根银行"拓宽了小微企业的融资渠道，2015年12月，国务院确定台州为"小微企业金融服务改革创新试验区"。

2021年12月16日，"2021中国普惠金融国际论坛"在台州召开。

2021年，小微金改"台州模式"在全国金融支持民营企业高质量发展现场会上做经验介绍。国家发展改革委两次点赞小微金融"台州模式"、台州"抵息券"等工作；台州入选国家发展改革委《关于推广地方支持民营企业改革发展典型做法》，其中，台州金融破解企业融资难做法占了10个……

◎ 你知道吗?

小微金融的服务对象主要是谁? 小微企业贷款有哪些特征? 在"台州模式"漫长的演变过程中，小微金融服务是如何产生，又是如何发展的，其未来的演化趋势又是怎样的呢？在我国，小微经济尤为重要，其中小微企业更是被看作整个经济活动的基础细胞，是推动经济增长、促进就业、激发创新活力的重要源泉，其发展瓶颈有哪些，政府又有哪些支持政策？本章我们将学习小微金融服务对象的划分标准、各服务对象的基本特征、小微贷款的基本流程、我国小微金融服务的发展现状及最新政策。

2.1 小微金融的服务对象

2.1.1 小微金融的发展现状

当前，我国金融市场的开放程度越来越高。信息化及国际化的金融市场环境，使小微企业迅速崛起和发展。为完善小微企业的基础配套设施，小微金融得以创新和推广。现阶段我国小微金融已经初步形成发展体系，同时，它也成为我国现阶段金融市场的重要组成部分，为服务于中低收入群体、农民、个体工商户、小微企业做出了重要贡献。

2.1.2 小微金融服务对象的划分

学者李扬认为，小微金融是指专门向小型和微型企业及中低收入阶层提供小额度的可持续的金融产品和服务活动。它有两个特点，一是以小微企业以及贫困或中低收入群体为特定目标客户，二是由于客户有特殊性，所以它会有适合这样一些特定目标阶层客户的金融产品和服务。这类为特定目标客户提供特殊金融产品和服务的项目或机构，他们追求自身财务自立和持续性目标。[①]

学者巴曙松认为，从小微金融的功能来说，它的有效发展可以服务'三农'，完善农村金融服务，满足农村金融市场的资金需求；培育和发展竞争性农村金融市场，开辟满足农民和农村小微企业资金需求的新渠道，进而促进经济欠发达地区的经济发展；有利于合理有效利用民间资本，引导和促进民间融资规范；支持小微企业发展，缓解小微企业融资难问题。[②]

学者刘克崮认为，小微企业和个体户就是草根经济体或者小微经济体。为他们服

---

① 李扬.金融学大辞典[M].北京:中国金融出版社,2014.
② 李镇西.微型金融:国际经验与中国实践[M].北京:中国金融出版社,2011.

务的金融体系就是小微金融，或者叫草根金融。[1] 我国属于发展中国家，其中大量低收入居民分布在农村地区，主要从事农业生产。进一步提高农村金融的可及性，对于发展农业生产、提升农民收入水平、巩固脱贫成果具有重要意义。虽然近年来农户金融需求呈现出分层的特点，但占主体的中低收入农户的金融需求仍具有小额分散、维持基本生活开支和简单再生产、能承受利率水平低等突出特点，小额信贷能够更好地契合这种金融需求，是农村金融体系中重要的组成部分。

从小微金融的定义可知，小微金融的服务对象具体分为四类，分别是中低收入群体、农民、个体工商户和小微企业。

·| 知识链接 |·

中小微型企业划型标准

（1）农、林、牧、渔业。营业收入 20000 万元以下的为中小微型企业。其中，营业收入 500 万元及以上的为中型企业，营业收入 50 万元及以上的为小型企业，营业收入 50 万元以下的为微型企业。

（2）工业。从业人员 1000 人以下或营业收入 40000 万元以下的为中小微型企业。其中，从业人员 300 人及以上，且营业收入 2000 万元及以上的为中型企业；从业人员 20 人及以上，且营业收入 300 万元及以上的为小型企业；从业人员 20 人以下或营业收入 300 万元以下的为微型企业。

（3）建筑业。营业收入 80000 万元以下或资产总额 80000 万元以下的为中小微型企业。其中，营业收入 6000 万元及以上，且资产总额 5000 万元及以上的为中型企业；营业收入 300 万元及以上，且资产总额 300 万元及以上的为小型企业；营业收入 300 万元以下或资产总额 300 万元以下的为微型企业。

（4）批发业。从业人员 200 人以下或营业收入 40000 万元以下的为中小微型企业。其中，从业人员 20 人及以上，且营业收入 5000 万元及以上的为中型企业；从业人员 5 人及以上，且营业收入 1000 万元及以上的为小型企业；从业人员 5 人以下或营业收入

---

[1] 李镇西. 微型金融：国际经验与中国实践 [M]. 北京：中国金融出版社，2011.

1000万元以下的为微型企业。

（5）零售业。从业人员300人以下或营业收入20000万元以下的为中小微型企业。其中，从业人员50人及以上，且营业收入500万元及以上的为中型企业；从业人员10人及以上，且营业收入100万元及以上的为小型企业；从业人员10人以下或营业收入100万元以下的为微型企业。

（6）交通运输业。从业人员1000人以下或营业收入30000万元以下的为中小微型企业。其中，从业人员300人及以上，且营业收入3000万元及以上的为中型企业；从业人员20人及以上，且营业收入200万元及以上的为小型企业；从业人员20人以下或营业收入200万元以下的为微型企业。

（7）仓储业。从业人员200人以下或营业收入30000万元以下的为中小微型企业。其中，从业人员100人及以上，且营业收入1000万元及以上的为中型企业；从业人员20人及以上，且营业收入100万元及以上的为小型企业；从业人员20人以下或营业收入100万元以下的为微型企业。

（8）邮政业。从业人员1000人以下或营业收入30000万元以下的为中小微型企业。其中，从业人员300人及以上，且营业收入2000万元及以上的为中型企业；从业人员20人及以上，且营业收入100万元及以上的为小型企业；从业人员20人以下或营业收入100万元以下的为微型企业。

（9）住宿业。从业人员300人以下或营业收入10000万元以下的为中小微型企业。其中，从业人员100人及以上，且营业收入2000万元及以上的为中型企业；从业人员10人及以上，且营业收入100万元及以上的为小型企业；从业人员10人以下或营业收入100万元以下的为微型企业。

（10）餐饮业。从业人员300人以下或营业收入10000万元以下的为中小微型企业。其中，从业人员100人及以上，且营业收入2000万元及以上的为中型企业；从业人员10人及以上，且营业收入100万元及以上的为小型企业；从业人员10人以下或营业收入100万元以下的为微型企业。

（11）信息传输业。从业人员2000人以下或营业收入100000万元以下的为中小微型企业。其中，从业人员100人及以上，且营业收入1000万元及以上的为中型企业；从业人员10人及以上，且营业收入100万元及以上的为小型企业；从业人员10人以下或营业收入 100 万元以下的为微型企业。

（12）软件和信息技术效劳业。从业人员 300 人以下或营业收入 10000 万元以下的为中小微型企业。其中，从业人员 100 人及以上，且营业收入 1000 万元及以上的为中型企业；从业人员 10 人及以上，且营业收入 50 万元及以上的为小型企业；从业人员 10 人以下或营业收入 50 万元以下的为微型企业。

（13）房地产开发经营。营业收入 200000 万元以下或资产总额 10000 万元以下的为中小微型企业。其中，营业收入 1000 万元及以上，且资产总额 5000 万元及以上的为中型企业；营业收入 100 万元及以上，且资产总额 2000 万元及以上的为小型企业；营业收入 100 万元以下或资产总额 2000 万元以下的为微型企业。

（14）物业管理。从业人员 1000 人以下或营业收入 5000 万元以下的为中小微型企业。其中，从业人员 300 人及以上，且营业收入 1000 万元及以上的为中型企业；从业人员 100 人及以上，且营业收入 500 万元及以上的为小型企业；从业人员 100 人以下或营业收入 500 万元以下的为微型企业。

（15）租赁和商务服务业。从业人员 300 人以下或资产总额 120000 万元以下的为中小微型企业。其中，从业人员 100 人及以上，且资产总额 8000 万元及以上的为中型企业；从业人员 10 人及以上，且资产总额 100 万元及以上的为小型企业；从业人员 10 人以下或资产总额 100 万元以下的为微型企业。

（16）其他未列明行业。从业人员 300 人以下的为中小微型企业。其中，从业人员 100 人及以上的为中型企业；从业人员 10 人及以上的为小型企业；从业人员 10 人以下的为微型企业。

2.2 小微金融服务于中低收入群体

2.2.1 中低收入群体的定义

由于经济是个动态发展的过程，所以高中低收入的区分应该是一个相对值，而非绝对值。我国人口众多、地域辽阔，城乡之间、区域之间经济社会指标差异大，因此不同的时期、不同地区的高中低收入也有不同的标准，很难直接给出一个具体的数值。

如果必须要确定一个具体的数值，那么从经济学的角度来说，国家统计局公布的城乡居民收入等数据具有较强的连续性和可获性，用其界定中低收入群体相对可靠。一般将居民的收入区间划为三等份，按照区间的高低分别界定为低收入群体、中等收入群体和高收入群体。按相对标准划分区间时，可以从基于收入的均值和基于收入的中值两种角度进行，所以中低收入群体包括低收入群体和中等收入群体。中等收入群体划定的收入下限为全社会成员的平均收入；上限为高于平均收入两倍，这个区间范围内的收入认定为中等收入。

按照国家统计局发布的数据：2021 年，全国居民人均可支配收入 35128 元，比 2020 年名义增长 9.1%，扣除价格因素，实际增长 8.1%；比 2019 年增长（以下如无特别说明，均为同比名义增速）14.3%，两年平均增长 6.9%，扣除价格因素，两年平均实际增长 5.1%。

2021 年，全国居民人均可支配收入中位数 29975 元，比 2020 年增长 8.8%，中位数是平均数的 85.3%。其中，城镇居民人均可支配收入中位数 43504 元，比 2020 年增长 7.7%，中位数是平均数的 91.8%；农村居民人均可支配收入中位数 16902 元，比 2020 年增长 11.2%，中位数是平均数的 89.3%。

从 2021 年全国人均可支配收入的数据来看，在全国范围内，2020 年收入低于 35128 元（月均收入 2927.34 元）为低收入群体；2021 年收入在 35128 元—70256 元为中等收入群体。

2.2.2 中低收入群体的消费观念

不同于其他群体，我国中等收入群体消费观念特殊，除传统消费外，他们还崇尚现代化消费。张维指出："中等收入群体有固定的职业，稳定的收入，面临的流动性约束较小且愿意借贷，也敢于借贷。由于对信用消费的接受程度较高，所以可以在力所能及的范围内进行超前消费。"[1]

---

① 何晓媛,许丽娜.浙江中等收入群体消费状况对产业结构的影响[J].经济论坛,2010(1).

2.2.3 中低收入群体的需求

（1）了解更多金融知识的需要

中低收入者有着基本的金融意识，了解一些基础的金融知识，知道财富保值增值的一些基础方法，但对投资的渠道还不够了解，对金融风险的把控还不够准确，所以他们十分渴望了解最新的金融知识和金融政策。但是，在日常生活中，他们只能从网络等渠道了解一些并不十分专业的金融知识，因此，他们渴望接触金融服务最前线的专业人士和机构，为自己排忧解难。

（2）更加灵活合适的贷款需要

面向中低收入者的贷款一般是小额贷款，银行也不愿意在小额贷款上花费太多的人力和物力，而现在中低收入家庭对贷款有着多样化、多方面的需求，对能解决他们这些资金需求的服务非常渴望。

（3）理财需求

商业银行在过去总认为中低收入群体的收入水平低，理财需求小，理财意识淡薄，而且对该群体开展理财业务的操作步骤复杂，成本高，可获得利润少，但随着中低收入群体的财富不断增加，中低收入群体的理财市场正在变得越来越有发展潜力。与此同时，为了应对住房、医疗、

中低收入群体
急需普惠保险

教育等方面的经济压力，中低收入群体对理财的需求也明显增加。另外，随着该群体受教育程度的提高，其理财意识也在不断提高，理财观念不断更新，因此对接受新型金融理念和相关金融知识的需求也在不断增加。

（4）金融业务的便捷性需求

中低收入群体一般对时间、效率等要求较高，需要更加快捷、更加有效的业务办理方式。

2.2.4 中低收入群体的小微金融工具

（1）小额信贷

①小额信贷的定义。

小额信贷是指专门向中低收入群体、农民、个体工商户、小微企业等弱势群体提

供持续、较小额度贷款服务的金融活动。

②小额信贷的基本特征。

小额信贷的基本特征：额度较小、服务于金融弱势群体、无抵押、流畅且简单的表格和程序、接近客户的操作方式。

（2）小额信贷的分类

①根据理念目标的不同，小额信贷可以划分为"福利主义型"和"制度主义型"两大派系。

"福利主义型"强调社会服务功能，注重小额信贷对改善穷人的经济和社会福利的作用，一般来说贷款利率较低。但是，这种类型的小额信贷机构可能最终会倒闭，低利率也会导致贷款不能送至真正需要它的贫困者的手中。

"制度主义型"强调小额信贷机构的可持续性，认为客户能够为小额信贷服务接受必要的利率，目标客户群体是那些处于传统正规金融机构贷款边缘的群体，他们能接受的利率甚至可以高于银行等金融机构的贷款利率。实现可持续发展的小额信贷机构还能吸引市场资金，从而为更多中低收入人群提供金融服务。

两种模式虽然不尽相同，但是均包括覆盖面和可持续性两个基本层次的含义。

小额信贷的覆盖面主要是指服务的广度和深度，即小额信贷服务的低收入水平客户的数量和对贫困人口特别是最贫困人口的服务状况。

②根据客户的组织形式，小额信贷可划分为村银行模式、小组贷款模式、个人贷款模式。

村银行模式指的是小额信贷机构以一个村的整体信用为支撑，在村范围内发放小额贷款。

小组贷款模式是一种以社会担保代替实物担保的贷款模式。该模式面向小组成员团体发放小额贷款，是小额信贷的主要发放模式。

社会经济地位相近的借款人自愿形成小组，一般每5人组成一个贷款小组，组员之间相互担保,若违约,则全体成员无法继续获得贷款。借款人面临小组成员的社会压力，采用"2-2-1"顺序放贷，小组长最后得到贷款，但小组成员之间并不承担连带责任。

个人贷款模式指的是直接对自然人发放小额贷款。模式主要特点：个人向小额信贷机构提出贷款申请；小额信贷机构员工进行贷款审批，将贷款发放到个人；根据现金流和还款能力确定贷款额度。

③根据小额信贷业务（项目）操作的组织机构，小额信贷可划分为非政府组织操作的小额信贷、政府部门操作的小额信贷和金融机构操作的小额信贷。

非政府组织操作的小额信贷是中国小额信贷发展的一支重要力量。具有代表性的包括中国乡村发展基金会管理的贫困农户自立能力建设服务社、联合国开发计划署与中国国际经济技术交流中心管理的部分乡村发展协会等。

政府部门操作的小额信贷，主要是指借助小额信贷这一金融工具，以帮助脱贫攻坚为宗旨，以国家财政资金和扶贫贴息贷款为资金来源，由政府部门（如扶贫办）和金融机构（如中国农业银行、农村信用社）协作来操作政策性小额信贷扶贫项目。

在我国，金融机构操作的小额信贷主要包括银行、小额贷款公司和P2P网贷公司等一些金融机构开展的小额信贷业务，特别是以城市商业银行、农信社系统、村镇银行为代表的中小银行将金融服务定位到中小微企业或"支农支小"，具有显著的小额信贷特征。

（3）小额信贷的贷款流程

贷款的基本流程：贷款申请、贷款受理、贷前调查、贷款审查与审批、签订合同、贷款发放、贷后管理（贷后检查、贷款归还）。（见图2-1）

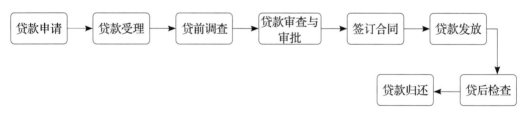

图2-1 小额信贷的贷款流程

①贷款申请。

客户可以主动到商业银行、小额贷款公司等信贷机构申请贷款，也可以联系业务受理专员上门办理，目前有越来越多的银行等信贷机构提供网上申贷平台。

银行等金融机构对借款人的基本要求：借款人应是经工商行政管理机关或主管机关核准登记的企事业法人、其他经济组织、个体工商户，具有中华人民共和国国籍的具有完全民事行为能力的自然人或符合国家有关规定的境外自然人。

对于提出贷款需求的客户，客户经理应尽可能通过面谈或者打电话等方式完成贷款申请与受理环节的相关工作，包括了解客户基本信息、借款用途、借款金额、借款期限，向客户介绍相关贷款产品的特点、办理贷款业务的流程，对借款人申请条件进行初步判断等。

对于符合条件的客户，客户经理应当向客户提供制式的《借款申请书》，并指导客户按照要求填写，其内容应包括客户基本情况、申请业务品种、金额、期限、用途、担保方式、还款来源及方式等。对有保证人的申请，应向保证人明确说明其应承担的保证责任。

②贷款受理。

业务受理专员在收到客户填好的《借款申请书》和材料清单后，对客户基本情况、借款用途、项目可行性等情况进行初步审查，认定客户是否具备办理贷款业务的基本准入条件，根据获得的信息对客户的信用状况、偿还能力做出初步分析，结合信贷投放计划给出受理意见。需要注意的是，在客户初步筛选中，应充分利用多种渠道调查了解客户的资信状况，包括但不限于征信查询、工商信息查询、被执行人及失信被执行人查询等。

申请和受理阶段的主要工作是初步筛选，主要目的是初步确定是否接受该客户的贷款申请，是否值得投入更多的时间和精力进行后续的贷前调查等环节。

申请与受理环节主要考虑以下因素：第一，客户作为借款主体是否具备完备的主体资格；第二，该客户从事的行业是否是国家支持的行业，或者是否符合本机构业务操作的相关行业指引；第三，提供资料是否齐全、完整，填写是否符合要求；第四，客户借款用途是否明确合法；第五，对于担保贷款，能否按规定提供必要的担保措施；第六，客户的资信情况是否存在明显的不足与缺陷；等等。

注意：一般来说，银行不得向关系人发放信用贷款、向关系人发放担保贷款的条件不得优于其他借款人同类贷款条件。银行授信工作人员对关系人申请的贷款业务，应申请回避。而关系人是指商业银行的董事、监事、管理人员、信贷业务人员及其近亲属，以及上述人员投资或担任高级管理职务的公司、企业和其他经济组织。

③贷前调查。

贷前调查是一种以实地调查为主、间接调查为辅，采取观察、座谈、查账、查询等方式对申请人、保证人及抵（质）押品进行实地调查，全面了解申请人在经营活动中的问题及风险，推断其提供的财务状况、经营成果及现金流量信息的真实程度，测定贷款的风险度，为信贷决策提供依据的调查方式。

贷前调查原则包括双人调查、实地调查、真实反映、抓住重点等。

第一，双人调查原则。贷前调查至少由主办和协办 2 名信贷人员参与，主办调查人员对调查内容的真实性、完整性承担主要责任。

第二，实地调查原则。实地调查是指调查专员进行现场调查，通过实地核查、面谈、核实账务等手段获取客户有关信息。调查专员必须深入客户生产经营场所进行现场调查核实，对客户的财务、经营等情况必须进行账账、账实、账表核对，要对客户资料的真实性和有效性进行核实，深入客户、担保人、重要关联客户等生产经营场所现场了解核实相关信息，现场查看申请人、保证人的经营管理情况、资产分布状况和抵（质）押品的现状等。

第三，真实反映原则。真实反映原则是指调查专员实事求是地反映贷前调查所了解的情况，不回避风险点。如果调查专员经过深入调查，提出了不予贷款的明确意见，任何人不得要求调查专员更改意见。

第四，抓住重点原则。根据小额贷款业务小额、分散、快速的特点，对于贷款申请人存在的一些无关紧要的风险点，贷前调查专员没必要花过多的时间纠缠其中，而应将主要精力用于那些对其偿债能力、持续经营能力等有重大不利影响的事项之上。抓住重点原则要求调查专员对贷款申请人的相关风险点具有良好的专业判断力，如果调查专员不具备敏锐的判断力，则很难达到调查所需的高效率。

④贷款审查与审批。

贷款审查是指贷款调查人将借款人和担保人的各项资料、《贷款调查报告》提交信贷管理部或专职审查人进行审查。

审查人的审查原则：客观公正、独立审贷、依法审贷。贷款审查应对贷款调查内容的合法性、合理性、准确性进行全面审查。

贷款审批是指有权审批人在审阅有关资料和审查人的审查意见后，根据审查要点进行审查，并对贷款进行签批，决定贷与不贷、贷多贷少，以及贷款方式、期限和利率等。

⑤签订合同。

贷款人应与借款人签订借款合同及其他相关文件，需担保的应同时签订担保合同。

借款合同应当约定借款种类，借款用途、金额、利率，借款期限，还款方式，借、贷双方的权利、义务，违约责任和双方认为需要约定的其他事项。

签约程序如下：

a. 准备空白合同文本，包括借款合同、担保合同及其他需准备的资料。

b. 由信贷业务部、风险控制部门（法律事务部门）审核上述合同文本，对需要调整和修改的合同条款应及时与有关当事人协商、谈判，将修改意见报有权签批人审定。

c. 经办人填写《贷款项目合同登记表》，确定本贷款机构出具合同的编号，填写合同内容，并在经办人处签字。

d. 对填写完内容的合同文本再进行一次审核。

e. 涉及股东代表、法定代表人、董事会成员、财产共有人、担保人等签字盖章的情况，当事人必须当面签字、盖章，贷款机构至少应有两人在现场。

f. 贷款机构法定代表人签字、盖贷款机构公章。

g. 办理抵（质）押登记与保险。

⑥发放贷款。

⑦贷后管理。

贷后管理是指从客户使用贷款，到该贷款完全终止前各个环节的管理，包括贷后检查、合同变更、贷款归还、贷款催收、贷款档案管理等。

贷后检查是指贷款发放后，贷款人采取有效方式对贷款资金使用、借款人执行借款合同情况、借款人的信用及担保情况变化等进行跟踪检查和分析，防范化解贷款资产风险。若检查发现生产经营不善、现金流量不足、无发展前景及被风险预警的客户，须根据合同约定及时采取提前收贷、追加担保、到期减少续贷、停止贷款或诉讼、清收贷款本息等有效措施防范化解贷款风险。

贷款档案是指在办理贷款业务过程中形成的、记录和反映贷款业务申请、审批、发放、管理、收回全过程的重要文件和凭据。而贷款档案管理是指对贷款资料的收集整理、归档登记、保存、借（查）阅管理、移交及管理、退回和销毁的全过程。

贷款档案涉及国家、信贷机构和客户秘密的，档案管理人员、调阅人员均须严格执行保密制度。

贷款收回过程会产生各种各样的贷款风险，目前主要采用贷款风险五级分类，分别为正常贷款、关注贷款、次级贷款、可疑贷款、损失贷款，其中后三类为不良贷款。银行会根据贷款资产风险状况，提取相应的贷款损失准备金。

对确实无法收回的不良贷款，贷款人按照相关规定对不良贷款进行核销后，继续向债务人追索或进行市场化处置。

2.3 小微金融服务于农民

2.3.1 农民的定义

农民是指直接从事农业生产的劳动者，他们以土地为主要生产资料，长期和专门从事农业、林业、牧业、副业和渔业等生产活动。农民不仅是职业概念，还是一种身份指称，指城乡二元制度下，户口登记在农村、拥有农业户口的农村居民。

农民需要符合以下四个条件：第一，占有（或长期使用）一定数量的生产性耕地；第二，大部分时间从事农业活动；第三，经济收入主要来源于农业生产和农业经营；第四，长期居住在农村社区。

2.3.2 农民的基本特征

①农民是农业生产的主体，农民问题关乎国家粮食安全和重要农产品的有效供给。农民也是农村最主要的经营主体，他们对资金需求的满足程度直接关系到农业产业结构调整。

②农民的经济行为一般以家庭生产为主。

2.3.3 农民的类型

农民主要分为传统农民、兼业农户、种养大户、家庭农场农户、非农业户。

①传统农民与自然经济相契合，日出而作，日落而息。其生产的产品主要用于自己消费。随着经济的不断发展，出现了新型农民。新型农民除了符合农民的一般条件，还需具备以下三个特征：第一，新型农民是市场主体，传统农民主要追求维持生计，而新型农民则充分进入市场，并利用一切可能的选择使报酬最大化；第二，新型农民具有高度的稳定性，把务农作为终身职业，且后继有人；第三，新型农民具有高度的社会

责任感和现代观念，不仅有文化、懂技术、会经营，还为生态、环境等承担社会责任。

②兼业农户是指以农业为主、兼营他业，家庭全年生产性纯收入中有 50%—80% 来自农业的群体。

③种养大户是指从事种植业和养殖业，生产经营达到一定规模和条件的经营户，但不包括注册登记的农民合作社、公司等经营主体。

④家庭农场农户是指以农户家庭为单位，主要利用家庭自身劳动力，长期专门从事农业生产，经营规模适度，集约化、商品化水平较高，且以农业经营收入为主要来源的农业生产经营户。

⑤非农业户指家庭全年生产性纯收入中有 80% 以上来自非农业行业，或家庭劳动力的绝大部分劳动时间用来从事非农业行业。

2.3.4　农户贷款的需求特征

农村的金融发展水平比较薄弱，这也是我国发展普惠金融的重点关注区域。随着农村经济的发展壮大，金融意识逐渐渗透，农村地级金融需求逐渐增多，并逐渐多样化。

（1）农村资金需求与主体职业特征明显

与务农的户主相比，企业职工具有强烈的主观融资欲望；而个体工商贩或者个体工商户、私营企业主从事非农行业的资金投入量较大，绝大多数农户依靠自身积累已经不能满足需求，因而信贷需求强烈。个体经营、企业投资收入越高，农户盈利动机也越强，从而越想通过借款来扩大其规模。

2021 年全国居民收支主要数据如表 2-1 所示。

表2-1　2021年全国居民收支主要数据[①]

指标	绝对量 / 元	比上年增长[②]/%（括号内为实际增长速度）
（一）全国居民人均可支配收入[③]	35128	9.1（8.1）
按常住地分：		
城镇居民	47412	8.2（7.1）

① 数据来源：统计局网站。

② 比上年增长，括号中数据为实际增速，其他为名义增速。

③ 全国居民人均可支配收入＝城镇居民人均可支配收入×城镇人口比重＋农村居民人均可支配收入×农村人口比重。

续表

指标	绝对量 / 元	比上年增长[2]/% （括号内为实际增长速度）
农村居民	18931	10.5（9.7）
按收入来源分：		
工资性收入	19629	9.6
经营净收入	5893	11
财产净收入	3076	10.2
转移净收入	6531	5.8
（二）全国居民人均可支配收入中位数		
按常住地分：		
城镇居民	43504	7.7
农村居民	16902	11.2
（三）全国居民人均消费支出		
按常住地分：		
城镇居民	30307	12.2（11.1）
农村居民	15916	16.1（15.3）

（2）农户需求的转变

现代农户成为农户贷款的主要客户对象。农户贷款需求逐步由简单的生产生活需求向扩大再生产、高层次消费需求转变，由零散、小额的需求向集中、大额的需求转变，由传统耕作的季节性需求向现代农业的长期性需求转变，呈现出多元化、多层次特征。

2018—2021年全国农村居民人均纯收入情况如图2-2所示。

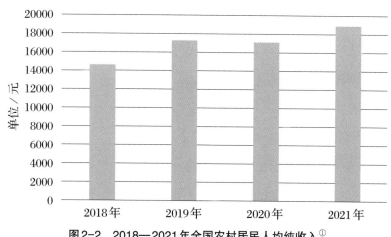

图2-2 2018—2021年全国农村居民人均纯收入[1]

---

① 农村居民人均纯收入：指按农村人口平均的"农民纯收入"，反映的是一个国家或地区农村居民收入的平均水平。"纯收入"指的是农村居民当年从各个来源渠道得到的总收入，相应地扣除获得收入所发生的费用后的收入总和。

（3）支付结算的需要

金融机构在农村地区现在提供的还只是传统的支付结算方式，只能办理简单的柜台支付业务。有支付结算需求的农民需要到乡镇里的农村金融机构办理，并且这些金融机构只有简单的支付结算业务，对于居住在离乡镇金融网点远的农村客户非常不便，农民希望获得更加便捷的支付结算服务。随着总体经济水平的提高和农民收入的增加，无论是数量方面，还是金额方面，农民生产经营和生活消费方面的支付结算需求都在不断增加。同时，农民对支付结算的需求还体现在金融结算的方式上，既包括传统网点柜面办理业务，又包括对电子银行支付、ATM等方式的需求。

（4）保险的需求

农业发展面临着自然和农业市场等风险。农民越来越重视保险对农业生产提供的帮助和保证。比如不受人力控制的自然灾害，一旦发生可能会给农业生产带来致命的打击，而完善的保险制度能为农民挽回很大的损失，而且农村地区缺乏各种社会保障制度，会产生医疗、养老、教育等方面的风险。

· | 知识链接 | ·

中国农业银行的农户小额贷款

一、产品介绍

农户小额贷款是中国农业银行向符合条件的农村小规模经营客户发放的用于生产经营或生活消费用途的小额贷款。

二、贷款要素

贷款额度：3000元起步，最高不超过30万元。

贷款期限：根据客户的生产经营周期及收入等情况综合确定，最长不超过8年。

贷款利率：根据客户的信用状况、担保方式等情况综合确定。

还款方式：根据贷款期限，可灵活选用定期结息到期还本、一次性利随本清、分期还款等多种方式。

三、适用对象

农户小额贷款全面支持农村和城郊接合部的种植养殖、生产加工、商贸流通等一、

二、三类产业。

种植养殖：牛、羊、猪、鸡等的养殖，水稻、玉米、小麦、茶叶、花卉、水果等的种植……

生产加工：禽蛋肉奶食品的加工，手工作坊、乡村车间……

商贸流通：农家乐、农资店、小卖店、面条馆、理发店、家电维修店、物流配送中心……

四、贷款条件

品行端正、信用记录良好；有固定生产经营项目或有稳定收入来源；提供真实、准确、有效的家庭资产、经营、收入等信息资料。

2.3.5 农民的小微金融工具

（1）农户小额贷款

①农户贷款的定义。

根据《农户贷款管理办法》（银监发〔2012〕50号），贷款农户是指长期居住在乡镇和城关镇所辖行政村的住户、国有农场的职工和农村个体工商户。

农户贷款是指商业银行或者金融机构向服务辖区内符合贷款条件的农户发放的用于生产经营、生活消费的本外币贷款。农户贷款种类主要包括农户种植业贷款、农户养殖业贷款、农户其他行业贷款。它是金融机构服务"三农"的重要产品。

我国金融机构本外币农户贷款余额由2007年末的1.34万亿元持续增加到2021年第三季度末的13.22万亿元，增长率高于各项贷款增长率。同期，农户贷款在全部涉农贷款中的占比提高到31.0%。

农户贷款需求可以分为生产性和生活性两类，前者是指农户因购买种子、农药、化肥、农具等各种生产资料和农业生产投资需要而产生的贷款需求，后者主要是指农户在建（购）房、买车、看病、婚丧嫁娶、子女教育等非生产性领域产生的贷款需求。

农户是农村经济社会发展的基本细胞，农户仍是农村最主要的经营主体，农户是数量规模庞大的潜在重要贷款客户，不仅具有生产经营贷款需求，也具有消费贷款需求。农户资金需求满足程度直接关系到农村产业结构调整和乡村振兴战略的推进实施。从贷款支持农业角度看，发放农户贷款有利于增加对农业的投入，推动农业发展。

②农户贷款的基本要素。

a. 贷款条件：以户为单位申请发放，确定1名家庭成员为贷款人，且其应为具有完全民事行为能力的中华人民共和国公民；贷款用途明确合法，贷款数额、期限和币种合理；贷款人具备还款意愿和还款能力；贷款人无重大信用不良记录；金融机构要求的其他条件。

b. 贷款用途：农户生产经营、消费贷款。

c. 贷款种类:农户贷款主要分为六种类型，分别是信用贷款、保证贷款、抵押贷款、质押贷款、组合担保、方式贷款。

信用贷款：仅凭借款人的信誉而发放的贷款。

保证贷款：担保人以其自有的资金和合法资产保证借款人按期归还贷款本息的一种贷款形式。

抵押贷款：是指银行要求借款方提供一定的抵押品作为贷款的担保，以保证贷款的到期偿还。抵押品一般为易于保存、不易损耗、容易变卖的物品。如有价证券、票据、股票、房地产等。贷款期满后，如果借款方不按期偿还贷款，银行会将抵押品拍卖，用拍卖所得款偿还贷款。

质押贷款：贷款人按《中华人民共和国担保法》规定的质押方式以借款人或第三人的动产或权利为质押物发放的贷款。

组合担保：涉及担保事宜，担保方式不止一种，是"抵押＋质押＋信用担保"中的两者或者三者的组合担保。组合担保不包括保证担保。

方式贷款：其他创新担保方式的贷款类型。

d. 贷款额度。

贷款额度根据借款人的生产经营状况、偿债能力、贷款真实需求、信用状况、担保方式、机构自身资金状况和当地农村经济发展水平等因素确定。

e. 贷款期限。

贷款期限根据贷款项目生产周期、销售周期和综合还款能力等确定。

f. 贷款利率。

综合考虑农户贷款资金及管理成本、贷款方式、风险水平、合理回报等要素，以及农户生产经营利润率和支农惠农要求，视情况而定。

g. 还款方式。

根据贷款种类、期限及借款人现金流情况，可以采用分期还本付息、分期还息、到期还本等方式，原则上1年期以上贷款，不采用到期利随本清方式还款。

③农户小额贷款的流程。

农户小额贷款的一般流程包括建档、营销、受理、调查、评级、授信与审批、放款、贷后管理与动态调整等，如图2-3所示。不同的农户贷款产品可以采取差异化的管理流程。农户小额信用（担保）贷款可以简化合并流程，按照"一次核定、随用随贷、余额控制、周转使用、动态调整"的模式进行管理；其他农户贷款可以按照"逐笔申请、逐笔审批发放"的模式进行管理；当地特色优势农业产业贷款可以适当采取批量授信、快速审批模式进行管理。

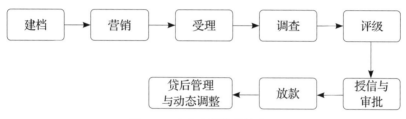

图2-3 农户小额贷款的流程

④农户贷款过程中出现的问题。

农户贷款过程中出现的问题包括自然及市场风险。小额贷款的对象基本上是农民，农民贷款主要用于种植、养殖业，而种养业又是弱质产业，农民是弱势群体，受自然及市场影响较大，存在较大的自然及市场风险。一旦农业受灾，产品销售受阻，将直接导致农民减产，还贷能力减弱。这些风险具有不确定性的特点，加上贷款对象点多面广，一旦遇上，农户贷款就难以清收，农业的自然及市场风险将直接转化为贷款风险。

中国银监会关于印发《农户贷款管理办法》的通知

贷款调查不到位，部分村农户资信评估存在形式主义现象。目前，农户小额贷款审查和信用评级主要依靠村委会与农户，但村委会和其成员作为土生土长的当地人，难免掺杂一些人情关系，使资信评估工作带有一定的片面性，而信贷人员又缺乏农户小额信用贷款的深入调查。信贷人员调查不深入，对贷款户情况掌握不够，造成金融机构贷款风险居高不下。

办理贷款手续时审查失误，造成责任落空的风险。农村信用社在办理农户贷款手续的过程中，未严格执行有关规定，只凭借款人提供的身份证明、印章办理手续。表面上看似手续严密、完善，实际上因农户贷款证一旦转借他人、被他人盗取、骗取，就形成冒名顶替贷款。这些贷款一旦逾期，极易导致责任落空而形成贷款风险。另外，因农户小额信用贷款、农户联保贷款比较容易取得，一些工商企业特别是困难企业在通过正常渠道难以获取贷款的情况下，以企业负责人、会计、内部职工等个人名义，以农户贷款的小额信用贷款、农户联保贷款等方式向农村信用社获取贷款，用于企业开支使用，一旦企业无能力归还贷款或破产，就形成纠纷难断的贷款风险。

贷后检查监督机制不健全，贷款管理滞后。贷款检查是贷款"三查"制度的重要环节。为降低贷款风险，农村信用社应加强贷后检查工作。一方面，农户贷款额度小，对象广，分布散，行业杂，而信用社信贷工作人员力量不足，常常无法实现对农户小额贷款的即时到期清收。另一方面，有的信贷员存在重企业轻农户的模糊认识，认为农户贷款是人在账不烂，有的信贷员认为农户贷款金额小，形成的贷款风险每户不过几千元或万余元，借款农户下落不明，导致农户贷款不良率有增无减。

部分农户信用观念不强，容易引发信贷风险。如有的农户贷款后全家外出打工，致使贷款到期通知单无法按期送签，使农村信用社的贷款因超过诉讼时效而败诉或不得已而申请撤诉。有的农户甚至在信用社上门催收时以种种方式抵赖，宁可逾期加息也不愿意到期主动归还贷款。如果对这部分农户的贷款催收措施软弱，将间接地助长农村信用社环境的恶化而造成贷款风险。

⑤农村小额贷款创新的指导意见。

因农民经营产品、经营特点千差万别，要从自身发展阶段及行业本身出发，有针对性地推出农村信贷产品。郊区农户如果想申请贷款，就不妨考虑银行专为农户设计的信贷产品。这类产品一般额度较小，手续也相对简便。如泰隆银行的"创业通"和"易农贷"等为特定群体设计的产品就可以满足这部分客户的需求。主要有以下10点建议：放宽对小

政策性农业保险撑起惠农"保护伞"

额贷款的要求、拓展小额贷款用途、适当提高小额贷款额度、合理确定小额贷款期限、科学确定小额贷款利率、简化小额贷款手续、强化动态授权管理、改进小额贷款服务方式、完善小额贷款激励约束机制、培育农村信用文化。

（2）普惠保险

①普惠保险概述。

普惠保险基于自身的"普惠"属性，为各类市场主体和人群提供合理有效的保险

产品及服务。这些保险产品及服务对消费者而言安全可靠，对供给者而言具有商业可持续性。

从普惠保险的定义来看，农业保险、大病保险、贫困人口补充医疗保险、小额人身保险、城市定制型商业医疗保险等均属于普惠保险范畴。

农业保险指在从事种植业、林业、畜牧业和渔业的生产过程中，为农业生产者遭受自然灾害、意外事故疫病、疾病等保险事故所造成的经济损失提供保障的一种赔偿保险。

农村小额人身保险是专门针对广大低收入农民的消费能力、特定风险设计的一种人身保险，是由政府组织推动、保险公司具体经办的一种惠民保险，是服务"三农"的重要手段，也是建设和谐社会和社会主义新农村的重要举措。农村小额人身保险在一定程度上满足了农村客户的人身险保障需求。参保条件包括：a. 具有农村户口，年满28天以上的农村居民均可参加，无年龄上限，无职业限制；b. 保险期限1年，自保险合同生效之日起至约定终止日止，到期可续保。

图2-4 农业保险

②农业保险的投保过程。

农业保险的投保过程主要有以下六个步骤：

a. 填写投保单，向保险机构提出投保保险的意愿。

b. 保险机构审核投保人材料，确定是否接受投保人的投保意愿。

c. 保险机构决定接受承保，并详细解释农业保险合同条款。

d. 投保人决定是否投保，投保人足额缴纳保险费。

e. 编制保险合同。

f. 投保人签收保险合同。

③农业保险的理赔流程如图 2-5 所示。

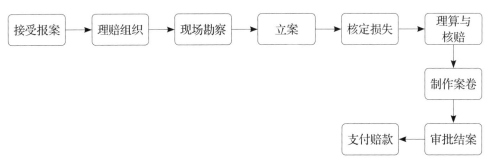

图2-5　农业保险理赔流程

第一步：报案与受理。农户受灾后，可以通过行政村协保员、乡（镇）保险代理员向保险公司报案，同时应保护好标的物。

第二步：现场查勘。保险公司查勘人员到达现场后，查明农作物受损原因、拍摄受损现场、核定受损数量、确定损失率。

第三步：对于重大理赔案件，应组成以保险公司为主，农业、植保、财政、气象等部门参加，乡镇配合的联合查勘小组。

第四步：保险公司现场查勘结束后，根据种植业保险条款确定赔偿金额，分散的农户可直接赔付。大面积灾害损失，由地方政府和保险公司根据查勘损失情况，双方协议确定赔偿责任、赔偿金额和赔偿方式。

第五步：赔偿金额确定后，保险公司应按规定及时将赔款支付给被保险人。赔款实行张榜公布制度。

一般来说，农业保险的理赔起点为 30%，即承保的农作物因自然灾害造成损失率达到 30%（含 30%）以上，不超过 80% 时，按农作物生长期划分保险金额和损失率计算赔款，并实行 15% 的绝对免赔率［理赔计算公式为：赔偿金额＝各生长期保险金额 ×（损失率－15%）］。损失率达到 80% 以上时，按该农作物生长期保险金额全额赔付。

2.4 小微金融服务于个体工商户

▪|知识链接|▪

中国第一位个体工商户：我愿做一辈子个体户

编号 10101，中国第一张个体工商业营业执照，已经 38 岁了。它的主人章华妹，如今还在温州卖纽扣。

58 岁的章华妹，说话声音沙哑。说起自己成为"中国第一个个体户"的经历，她只用了三个字："没想到。"

在车水马龙、绿树成荫的温州市人民西路 254 号，温州市华妹服装辅料有限公司牌匾上，蓝底白字标记着"中国第一个个体工商户"。1980 年 12 月，从一张编号 10101 的工商营业执照开始，包括章华妹在内的个体户第一次拥有了合法的经济身份。

重新提起"个体户"这个几乎与改革开放同时出现的词，涌上心头的依然是一个时代所释放出的创业激情。1979 年 4 月，为了生计，章华妹在家门口的解放北路上摆起了一个卖布小摊。

一张小桌，或是一条小凳，上面摆满零碎的小物件。"卖印章、卖玩具、卖纽扣……"吆喝声回荡在整条街上。18 岁的章华妹是周围个体户里年纪最小的。此起彼伏的吆喝声，在温州铁井栏、环城路、木杓巷最为集中。这 3 条被温州市民亲切地称为"马路市场"的街巷，活跃着中国第一代个体工商户的身影，也出现了最早的一批"万元户"。

原温州市工商局副局长陈寿铸，当年为包括章华妹在内的 1844 人发放了全国第一批个体工商业营业执照。1980 年 12 月，陈寿铸将全国第一张个体工商业营业执照交到章华妹手中。此后，温州"无街不市、无巷不贩、无户不商"，千千万万"蚂蚁雄兵"涌入市场经济的汪洋大海，创造出一个个令人惊叹的传奇。

成为"正经"生意人后，章华妹一家把房子改造成一间几十平方米的小店铺。此后 10 年，章华妹历经了温州第一代创业者所共同经历的"商海浮沉"。她的主业多次更迭，生意有起有落，很多个体户都渐渐消失在时代浪潮中，但章华妹凭着一股子劲，坚持了下来。

和 38 年前相比，今天注册个体工商户已成为一件非常简单的事，但把生意做好却没那么容易。

据统计，截至 2018 年一季度，浙江省在册个体工商户达 397.1 万户。

在中国第一张个体户营业执照旁边，还挂着章华妹 2007 年成立的"温州市华妹服装辅料有限公司"的营业执照。为了控制品质，她拉来合作伙伴，自己开工厂、做设计。"生意要做大，还得开公司。"章华妹说。

2018 年春节，章华妹召开了一次家庭会议，决定把公司交给儿子余上京经营，自己"退居二线"。她说："虽然公司目前一年有数百万元的业绩，但近年来发现自己渐渐跟不上节奏了。以前，客户都是上门取货，现在都在网上做生意，我对网络不在行。"

但章华妹只要不外出，还是天天在店里。记者跟着章华妹做了半天生意。8 时 30 分，店已开门，店里上千种纽扣，她都分得清清楚楚，什么样的扣子到她手里一掂量，成色、价格便知道七八分。7 月是纽扣生意最淡的时候。来了一位老客，带走了一包纽扣："如果配得好，我回头微信上下单。"

说起改变她命运的第一张个体户营业执照，章华妹说："有人告诉我，如果把那张营业执照拿来拍卖，少说都值几十万元。但我没那个心思。那张执照对我来说太有意义了。如果可以，我愿意做一辈子的个体户。"

（资料来源：https://baijiahao.baidu.com/s?id=1608184277091119409&wfr=spider&for=pc。）

2.4.1 个体工商户的定义

个体工商户是指在法律允许的范围内，依法经核准登记，从事工商经营活动的自然人或者家庭。截至 2021 年底，全国登记在册个体工商户已达 1.03 亿户，约占市场主体总量的 2/3。个体工商户在我国市场主体中数量居多，因此它在繁荣市场经济、扩大社会就业、方便群众生活、维护社会和谐稳定等方面发挥着重要作用。

个体工商户的
定义

2.4.2 个体工商户的分类

个体工商户分为单个自然申请人和家庭自然申请人。单个自然人申请个体经营，应当是 16 周岁以上有劳动能力的自然人。家庭申请个体经营，作为户主的个人应该有经营能力，其他家庭成员不一定都有经营能力。个体工商户享有合法财产权，包括对自己所有的合法财产享有占有、使用、收益和处分的权利，还享有法律和合同规定的各种债权。

2.4.3 个体工商户的法律地位

（1）个体工商户是个体经济的一种法律形式

个体工商户既包括个体劳动者，也包括从事工商劳动经营的家庭。

（2）个体工商户必须在法律允许的范围内从事工商经营活动

根据当前的法律和政策，这里的工商经营活动，包括工业、手工业、建筑业、交通运输业、商业、饮食业、服务业、修配业和其他行业。但无论从事上述哪一种工商经营活动，均应在法律允许的范围内进行，方能受到法律的保护。同时还要依照工商行政管理机关核准登记的生产经营方式、项目、范围进行生产经营活动。在生产经营活动中，也必须遵守国家的法律、法规、政策。

（3）个体工商户必须依法核准登记

个体工商户的资格并不通过经营而当然取得，需要具备一定条件并履行一定的法律程序才能取得。领取营业执照后，方能对外从事工商经营活动。

依据我国现行法律，除在职的公职人员不能成为个体经营者外，其他人员均可以申请从事个体经营。具有社会急需的技艺、经营经验，能够包教学徒、传授技艺的退休职工，也可以申请从事个体经营。辞职或停薪留职的职工可以申请从事个体经营。农村居民可以申请成为个体工商户。个体工商户经营饮食业、食品业，还需取得食品卫生监督机构的卫生许可证和从业人员健康检查合格证明，经营技术性较强的行业的，如配钥匙、刻字业的，还需经当地公安机关审查同意。

在我国，个体合伙也是作为个体工商户登记注册的。国家市场监督管理总局的有关规定指出："今后，对申请合伙经营的，凡是不超过国家对个体经济规定的规模的，无论请帮手、带学徒，或是几个人集资经营的，一律按对个体户的规定办理。"

（4）个体工商户作为民事主体的一种形式，享有人身权和与人身权有关的财产权

个体工商户可以起字号，对外以字号的名义参与民事活动。他们可以向人民法院起诉或应诉而成为诉讼当事人；他们可以成为纳税人；他们可以在银行或信用社开立账户而成为立户人；他们可以签订各种合同而成为合同法律关系的当事人。还应注意，起字号的个体工商户，在民事诉讼中，应以营业执照登记的户主（业主）为诉讼当事人，在诉讼文书中注明系某字号的户主，在字号名义下进行的一切民事行为都是个体工商户的行为。

个体工商户的字号不必包含本人或家庭成员的姓名，但一般也不能冠以"中国""××省""××市（县）"等易于引起相对人误会的字样。个体工商户要改变字号名称必须向原登记机关申请变更登记。个体工商户在原登记机关备案，并经异地工商行政管理机关接受，取得该地临时营业执照后，可以在登记地之外的地域经营。个体工商户如果停业，须办理歇业手续，缴销营业执照。自行停业超过6个月者，由登记机关收缴营业执照。

·｜知识链接｜·

个体工商户、个人独资企业、合伙企业、有限责任公司四者的区别

一、定义区别

个体工商户：详见前文。

个人独资企业：是指依照《中华人民共和国个人独资企业法》在中国境内设立，由一个自然人投资，全部资产为投资人个人所有，投资人以其个人（或者家庭）财产对企业债务承担无限责任的经营实体。

合伙企业：是指自然人、法人和其他组织依照《中华人民共和国合伙企业法》在中国境内设立的，由两个或两个以上的自然人通过订立合伙协议，共同出资经营、共负盈亏、共担风险的企业组织形式。

有限责任公司：是指根据《中华人民共和国市场主体登记管理条例》的规定登记注册，由两个以上、五十个以下的股东共同出资，每个股东以其出资额对公司承担有限责任，公司以其全部资产对其债务承担责任的经济组织。

二、主体不同

个体工商户、个人独资企业、合伙企业、有限责任公司的主体划分情况如图2-6所示。

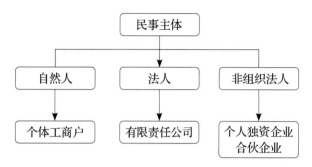

图2-6 个体工商户、个人独资企业、合伙企业、有限责任公司的主体划分

三、法律地位、成立条件、投资者责任、适用法律、税负的区别

个体工商户、个人独资企业、合伙企业、有限责任公司在法律地位、成立条件、投资者责任、适用法律、税负方面的区别如表2-2所示。

表2-2 个体工商户、个人独资企业、合伙企业、有限责任公司的区别

	个体工商户	个人独资企业	合伙企业	有限责任公司	
				小规模纳税人	一般纳税人
法律地位	非法人（自然人）	非法人	非法人	法人	
成立条件	以个人或家庭作为投资者	投资者必须是有且仅有1个自然人	需要2个或2个以上的合伙人，依照合伙协议出资，不用验资到位	以出资证明书证明股东出资份额，不能发行股票、不能公开募股。股东的出资不能随意转让，财务不必公开	
投资者责任	对负债承担无限连带责任	对负债承担无限连带责任	普通合伙人对企业债务承担无限连带责任；有限合伙人据合伙协议规定对负债承担有限责任	对公司债务以出资额为限承担有限责任	
适用法律	《促进个体工商户发展条例》	《个人独资企业法》	《合伙企业法》	《公司法》	
所得税	个人所得税	个人所得税	个人所得税	企业所得税	
增值税	120万元以内免征税	120万元以内免征税	120万元以内免征税	120万元以内免征税	无免征额

2.4.4 个体工商户的贷款需求特征

①个体工商户属于典型的贷款服务长尾客群，涉足的行业众多。不同行业的个体工商户，资金需求不尽相同。

②个体工商户的贷款需求一般具有"短、小、频、急"、偏向信用贷款、能够承担

较高贷款利率等典型特点。

③个体工商户由于边际效益较高，且贷款额度较小、贷款期限较短，故对利率水平不太敏感，加上融资渠道本来就少，一般能够接受较高的利率水平。

2.4.5 个体工商户的小微金融工具

（1）个体工商户贷款的定义

个体工商户贷款是银行为满足个体工商户经营融资需求而设计推出的一项个人贷款服务。

一般来说，银行为个体工商户推出的信用贷款产品，借款人只要信用记录良好，能提供居住证明、营业执照、银行流水等材料，便可提出贷款申请。借款个体户如果资质不是很好，则可以找保证人担保或者找一家正规担保公司做担保，即保证贷款；具有一定的还款能力、拥有抵（质）押资产的个体工商户，可以申请抵（质）押贷款。

（2）个体工商户贷款的基本要素

银行或金融机构贷款给个体工商户，需要了解以下基本信息：个体工商户的基本信息、家庭情况、家庭基本经营情况、经营能力、贷款需求和用途、经营收入和成本费用、家庭资产负债情况、贷款担保情况（保证人调查）、贷款人的品行及口碑等。

（3）个体工商户贷款的流程

个体工商户申请贷款的流程如图2-7所示，基本信息申请表如图2-8所示。

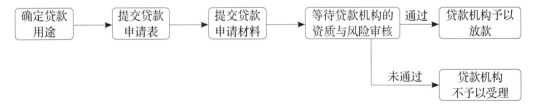

图2-7 个体工商户申请贷款的流程

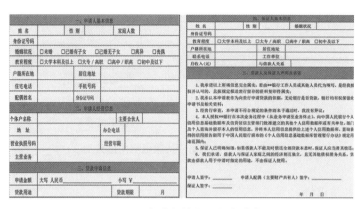

图2-8 申请人基本信息申请表

贷款机构受理贷款申请的流程如下。

①贷款申请与受理。

通常情况下，借款人可以与客户经理联系提出贷款需求，也可以通过线上申贷系统提出贷款申请。在贷款受理环节，了解贷款需求和客户基本情况，初步判断该客户是否具备获得贷款的条件。对于同意受理的个体工商户贷款，告知申请人填写贷款申请表和需准备的清单材料。

②贷前调查与信用评级。

个体工商户贷款调查将个体工商户经营与其个人及家庭作为一个整体考察，对获取的相关信息应进行交叉检验、汇总分析。贷款客户经理的个体工商户贷前调查内容应当包括：了解客户的家庭基本信息、现金流、贷款用途及非财务信息[①]。

其中，根据贷款用途可以将贷款客户分为三大类。第一类，商贸类客户。该类客户贷款主要用于备货，应关注客户是否正处于经营旺季，上游供货商是否有优惠措施，存货数量、存货结构如何。第二类，服务类客户，该类客户贷款主要用于装修、扩大店面等，应关注客户的经营计划等。第三类，加工类客户，该类客户贷款主要用于购置设备，应该关注客户的自有资金、设备购置厂家、设备类型等信息。（见图2-9）

---

① 非财务信息是指以非财务资料形式出现，与企业的生产经营活动有着直接或间接联系的各种信息资料，一般而言，不在财务报表上反映的信息内容大都可以认定为非财务信息，它客观存在于经济系统的信息传递过程中。

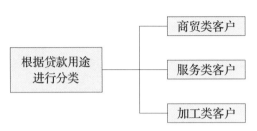

图2-9　个体工商户贷款根据用途分类

③贷款审查与审批。

贷款的审查与审批指商业银行在贷前调查的基础上，就个体工商户借款的目的、用途及经营合理性所做的进一步审查。贷款审批是主管信贷业务的人员在规定的审批权限内，依据借款申请书和贷前调查意见，进行认定事实、掌握政策、确定贷款的过程。

认定事实，即审批人对企业和信贷员提供的贷款原因与用途进行复审，正确判定其性质。重点关注客户经理贷前调查的内容，如借款人的偿还能力、诚信状况、担保情况、还款意愿等。对调查内容进行有效性补充，并进一步确认贷款调查内容的真实性、合法性、准确性。

掌握政策，主要是以认定的事实为依据，根据国家和上级机构确定的信贷政策，最终确定贷与不贷、贷多贷少，在授权范围内对审批操作流程进行进一步的规范，并明确贷款审批权限，最后在"确定贷款"的情况下，由贷款审批人员按照授权独立审批贷款。

确定贷款，主要是决定贷的数额、还款期限、利率和贷款方式。

④合同签订与贷款发放。

贷款审批通过后，贷款机构应与借款人当面签订书面借款合同，若贷款过程中需要担保的，也应当面签订担保合同。待借款合同生效后，贷款机构按合同约定由授权的部门落实放款，及时放款。

⑤贷后管理与贷款回收。

贷款机构放款后，贷款人应采取有效方式对贷款资金使用、个体工商户的信用以及担保情况变化等进行实时跟踪，以确保贷款资产安全。若在贷款检查过程中，发现贷款风险，要及时采取措施进行处理和化解。贷款人应按照借款合同约定，收回本息。若借款人未按照约定偿还贷款，贷款人应采取措施进行清收。

2.4.6 个体工商户贷款难的原因

（1）规模较小，不确定因素多

个体工商户一般都是规模较小的店铺，大多数个体工商户都是个人经营。由于规模比较小，其经营的抗风险能力就比较弱，市场稍微出现波动都会对他们产生冲击。比如，店铺房租上涨，经营利润减少，一定程度上影响个体工商户的经营结构，稍有不慎，就会有倒闭的风险。

中小微企业和个体工商户，信贷融资有什么难题？

（2）没有足够的银行流水

贷款对借款人银行流水的考核是比较严的，银行流水对借款人有着举足轻重的作用。但是个体工商户绝大多数从事的都是一些零售及服务业，日常大多使用现金交易，钱都是快进快出，而且很多人并不习惯把钱存到银行里，所以造成没有银行流水，或银行流水很少。没有银行流水想通过贷款审核是比较困难的。

（3）资产比较薄弱

流水不足资产补。即使银行流水少，如果能提供相应的个人资产做补充，比如房产、车产、保单等做辅助材料或直接抵押，也是可以通过贷款审核的。但实际上，很多个体工商户并没有对应的固定资产，很多人名下都是没房没车的。

2.4.7 个体工商户贷款创新的指导意见

①精准实施个体工商户纾困政策，及时出台实施贷款阶段性延期还本付息政策。

个体工商户减半征收所得税政策

②着力增强金融服务个体工商户的外部约束与内生动力。强化考核刚性约束，将个体工商户纳入普惠型小微企业贷款监管考核体系，确保实现贷款增速、户数"两增"目标。

③加强跨部门协同解决个体工商户融资难点与痛点，联合发展改革委，依托中小企业融资综合信用服务平台开展"信易贷"。

案例剖析

践行普惠使命——达州农商银行助个体工商户发展

2021年以来，达州农商银行积极践行普惠金融主力军银行使命，持续落实人民银行"贷动小生意，服务大民生"行动要求，通过创新信贷产品、降低贷款利率、调整信贷结构、加大普惠考核等方式，加大了对辖内个体工商户的金融支持力度。

作为达州较为成熟的专业批发市场，好一新批发市场汇聚了达州辖内2000多家商户，主要从事服装、水果、食品等的批发。为更好地服务批发市场商户，达州农商银行在此设立网点，成立小微营销团队，一年时间即发放普惠贷款3000余万元。

该市场是在原塔沱批发市场的基础上搬迁发展而来的。2018年，塔沱批发市场发生火灾，现场一片狼藉，往日人头攒动的批发门市烧成灰烬，几百家商户几十年的积累付之一炬。为帮助受损商户渡过难关，增强其恢复生产生活的信心，达州农商银行第一时间与达州市通川区人民政府签订合作协议，出台《塔沱市场"6·1"火灾受损商户恢复生产经营专项信贷支持实施方案》，利用央行支小再贷款资金，发放低息贷款，由通川区财政全额贴息，为受灾商户及时"输血"。全行抽调30余名客户经理成立"6·1"火灾贷款专项支持服务团队，现场了解商户受灾情况及金融需求，同时开辟信贷"绿色通道"，加快贷款受理与审查审批。不到3个月时间，即为621户受损商户成功发放专项低息贷款14379万元，全面满足了受灾商户的资金需求。

经营厨卫电器生意的老曹就是其中典型。2018年火灾发生时，老曹经济损失达60余万元，面对如此沉重的打击，他整天以泪洗面，一度有了放弃经营的念头。灾情发生后，达州农商银行及时为老曹办理了30万元贴息贷款，拿到农商银行的贷款后，老曹重拾信心，逐步恢复了生产经营。业务范围从达州扩大到万源、开江甚至乐山等地，客户也从散客逐步发展到学校、酒店、养老院等单位，年收入突破了百万元。

……

据了解，自2021年以来，针对个体工商户规模小、抵押物少、现金流紧张等问题，达州农商银行充分运用央行货币政策工具，用好用活扶贫再贷款和支农小贷贷款资金，以"支小贷"为拳头产品，及时推出"战役贷""稳保贷""流水贷""税金贷""振兴带"

等产品，担保方式灵活，利率最低仅 3.85%，降低了融资成本，提高了个体工商户的信贷获得率。2021 年 1—10 月，达州农商行新发放普惠小微贷款超 4 亿元，平均利率下降近 1 个百分点，个体工商户用信户数较年初净增 1000 余户，新增首贷客户 400 余户，全面促进了个体工商户融资"量增、面扩、价降、提质"，有效提升了个体工商户的金融服务能力。

（资料来源：李文娟《践行普惠使命——达州农商银行助个体工商户发展》。）

> **请思考：**
> 个体工商户贷款目前有哪些困难？

2.5 小微金融服务于小微企业

2.5.1 小微企业的定义

小微企业是小型企业、微型企业、家庭作坊式企业的统称。小型、微型企业数量庞大，已成为国民经济的重要支柱，是经济持续稳定增长的坚实基础。它们分布在国民经济各主要行业，在就业、税收、创新等方面起着极其重要的作用。

图 2-10　小微企业

2.5.2 小微企业的划分

国际上对中小企业的界定没有统一的标准，但主要使用 3 个参照指标：企业职工数量、资本规模和一定时期的经营额。不同的国家界定指标选用也不同，多数国家使用两项指标，例如欧盟各国和日本；部分国家只使用其中一项指标，如美国早期《小企业法》对中小企业的界定标准为雇员人数不超过 500 人。

在我国，企业分为大中小企业，而中小企业划分为中型、小型、微型三种类型，具体标准根据企业从业人员、营业收入、资产总额等指标，结合行业特点制定。

2.5.3 小微企业的地位

我国小微企业分布在国民经济各主要行业，贡献了 50% 以上的税收、60% 以上的 GDP、70% 以上的技术创新、80% 以上的城镇劳动就业、90% 以上的企业数量，是大众创业、万众创新的重要载体。

中小微企业成为推动经济发展的重要力量——第四次全国经济普查系列报告之十二

根据第四次全国经济普查数据，截至 2021 年末，全国中小微企业数量达 4800 万户，比 2012 年末增长 2.7 倍；我国每千人企业数量为 34.28 户，是 2012 年末的 3.4 倍；2021 年我国日均新设企业 2.48 万户，是 2012 年的 3.6 倍。第四次全国经济普查显示，我国中小微企业法人单位占全部规模企业法人单位的 99.8%，吸纳就业占全部企业就业人数的 79.4%，拥有资产占 77.1%，营业收入占 68.2%。

2.5.4 小微企业面临的主要问题

（1）存在明显的"脆弱性"

绝大多数小微企业面临资金短缺的困难。其自身发展的特点、财务制度不规范、对财务工作重视程度不够等造成财务信息存在一定的隐患，所以相比中型企业，小微企业贷款的风险成本和信用成本更高，商业性银行一般都不愿介入此类业务。

（2）外部生存环境面临困难和压力

受到市容整顿、经营场所变迁、租金费用上升、行业管理条例限制等因素的干扰，加上多数从业者的文化水平不高、经营能力较弱，以及资金短缺、经营分散与场地缺乏，小微企业的发展空间受到较大程度的制约。

（3）缺少政府支持和社区服务

小微企业与政府之间缺少经常性的联系与沟通，唯一的联系就是税收或登记，即便有自办的协会之类的组织，但由于组织不力，小微企业常常很难从中得到所需的服务。

小微企业与所在社区的联系也比较松散。

（4）缺乏必要的社会保障

目前小微企业的从业者多数都未办理社会保险，即使办了也是自己承担全部费用，这成为小微企业从业者的一大后顾之忧。

2021 年，上海地区的小微企业主要发展问题如图 2-11 所示。

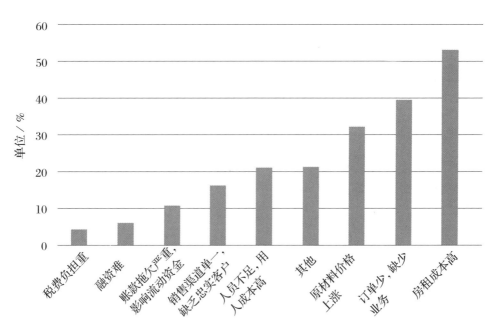

图 2-11 2021 年上海地区小微企业发展问题占比

2.5.5 小微企业问题的主要解决方案

（1）制定面向小微企业的就业支持政策

应充分发挥小微企业在创造就业机会，特别是扶助弱势群体就业方面的作用，制定面向小微企业的就业支持政策，如依据雇员人数给予小微企业经营者税费减免优惠。

（2）加大金融对小微企业扶持力度

鼓励支持风险投资机构、民间担保中介机构或协会组织，向小微企业提供资金支持或小额贷款担保。应进一步研究和制定拓展小微企业融资渠道的措施与优惠政策，支持面向小微企业融资贷款试点工作的开展。

关于进一步实施小微企业所得税优惠政策的公告

（3）加大政府对小微企业的支持力度

一是应建立为小微企业提供创业培训、法律咨询、市场咨询的综合服务机构和部门，建立为小微企业创立、运作进行指导和服务的体系；二是对为小微企业服务的机构和项目，辅以贴息贷款、税收减免等财政支持；三是降低小微企业的准入门槛，扩大小微企业的经营许可范围，在城市商业地段与集市内提供定期和不定期的专营场地。

（4）加强社会保障对小微企业的辅助力度

应将小微企业从业者纳入社会保障体系，推行具有简便易行、操作性强、选择余地大、进入门槛低等特点的社保品种。应处理好小微企业就业的灵活性与社会保险的关系，可从征缴的税收中按一定比例提取社会保障费，使小微企业从业者享有社会保障的权利。

（5）加强社区对小微企业的服务力度

应充分发挥社区功能，立足社区服务，将小微企业的创立与解决困难群体就业结合起来，通过社区组建类似小微企业民间协会的互助式组织，加强经营信息交流与资金互助关系。有条件的社区，还应为小微企业提供经营场地。

2.5.6 小微企业的金融工具

（1）小微企业贷款界定

2021年4月9日，中国银保监会办公厅印发《中国银保监会办公厅关于2021年进一步推动小微企业金融服务高质量发展的通知》（银保监办发〔2021〕49号）明确了小微企业贷款范畴。小微企业贷款是指对小型、微型企业以及小微企业主的贷款。

（2）小微企业的贷款流程

①贷款申请与受理。

小微企业贷款需要准备的材料有：

a. 营业执照、组织机构代码证书副本、税务登记书、章程、银行信息、生产经营许可证等有关企业基本信息的资料。

b. 企业法定人、实际控制人、主要股东、财务负责人等人的有效身份证件。

c. 企业近3年的资产负债表、损益表、现金流量表等有关资产信息的资料。

d. 近一年与银行的结算账户对账单。

e.企业董事会或发包人同意申请授信业务的决议、文件或具有同等法律效力的文件或证明，以及他们的名单签字证明书。

f.授信业务由授权委托人办理的，需要提供客户法定代表人授权委托书（原件）。

g.金融机构要求的其他材料。

②贷款调查与信用评级。

贷款调查是指贷款发放之前，银行对贷款申请人基本情况的调查，并对其是否符合贷款条件和可发放的贷款额度做出初步判断，客户经理通过收集、现场调研等渠道，尽可能地获取、核实、分析研究有关借款人的基本信息及相关的信贷业务、担保等方面的情况，制定一份揭示和评估信贷业务可能会存在的风险，并提出相应的应对措施的调查报告，为贷款决策提供依据的一系列责任行为。

客户经理的调查报告主要对客户基本情况、借款事由、还款能力、现金流量、业主个人信用情况、贷款风险进行分析，并对贷款的品种、金额、用途、期限、利率、还款方式、担保条件等提出建议。

主要调查内容：第一，调查客户提交的申请资料，比如企业是否具备申请资格，经营主体是否符合规定，担保物是否符合条件，等等；第二，进行经营与财务状况分析，比如了解经营行业特点，进行资产负债分析和盈利能力分析；第三，了解客户的基本情况，比如主体资格、经营能力、近三年的经营情况。

贷款"三查"
制度

③审查、审批与放贷。

审查意见是指明确授信品种、金额、用途、利率、服务收费、期限、偿还方式、担保条件、授信条件等，并提示贷款风险。审查人员对审查意见负责。

审批意见是指应明确贷款品种、金额、用途、利率、期限、偿还方式、担保条件等内容。审批人员对审批意见负责。

其中审查的重点如下：

a.审查小微企业股东及实际控制人的诚信情况。

主要对小微企业的股东及实际控制人的发展历史、个人品行、信用状况、个人资产、负债状况、是否存在其他投资、从业经验、经营管理能力、有无对外担保进行审查。对于经办业务人员及相关领导与贷款申请人是否存在利益关系要进行审查。

b. 审查分析小微企业所在行业情况。

申请人所处行业在当地具备明显产业集群特点的，首先要看小微企业是否处于当地主流行业，该行业是否为本机构支持的行业，同时需要分析申请人在同类企业中在各项要素上的地位（盈利能力、负债水平、销售渠道、上下游关系）。

申请人所处行业在当地不具备明显集群特点的，重点分析销售渠道和消费市场的稳定性、产品的特殊性、盈利能力的保障程度和保障方式。

对于为大型企业配套的小微企业，要分析大型企业所处行业的特点、竞争程度、发展趋势、产品寿命周期等因素。

c. 审查分析小微企业的发展前景。

判断企业的销售前景及盈利能力。对于给大企业提供配套产品的小微企业，尤其是大企业的经营将直接影响其生存的小微企业，要对大企业的经营状况进行分析和判断。

由于小微企业的实际控制人对小微企业的发展前景具有重要影响，因此还要分析小微企业实际控制人是否具备丰富的从业经验和技术背景。

d. 审查授信金额及用途是否合理。

e. 审查还款来源是否充足、贷款期限是否合理。

f. 审查贷款担保能力。

能否对小微企业发放贷款，应首先判断贷款申请人的第一还款来源是否充足。但是考虑到小微企业抗风险能力相对较弱，因此对额度超出信用贷款的小微企业贷款必须重视担保能力的审查，原则上应以控制能力强、价值稳定、变现能力强的抵押担保作为担保的主要方式，并由其主要股东或实际控制人提供无限连带责任保证担保。

g. 对客户经理的调查质量进行评估。

对客户经理的调查过程、次数、基本方法、从业经验、与贷款申请人的关系及熟悉程度进行评估。

h. 审查小微企业贷款定价是否合理。

由于小微企业在发展过程中存在一定的不确定性，因此其贷款的风险成本和管理成本要高于大中型企业。为覆盖贷款风险，在定价时要充分考虑风险成本与管理成本，确定高于大中型企业的合理的价格水平。

审查结束后,报给有权审批人审批,必要时经过贷审会审议。经审批同意贷款的,通知客户在规定时间内签署借款合同,办妥相关手续后就可以放贷。

④贷款管理与贷款收回。

贷款客户经理必须对其负责的客户及时进行贷后跟踪检查,并做好贷后检查记录。

商业银行等信贷机构应动态监测,及时发现小微企业客户的潜在风险并进行风险预警提示。对出现逾期或欠息的贷款要及时清收处置,对核销的损失类贷款做到"账销、案存、权在"。

贷后检查需填写的表格如表2-3所示。

表2-3 贷后检查需填写的表格

借款人名称		法定代表人							
地址		信用等级							
申请借款金额	人民币（大写）	千	百	十	万	千	百	十	元
借款用途		原欠贷款余额							
借款期限	年 月 日 期 至 年 月 日								
还款资金来源									
提供担保意向	抵押人（出质人）名称								
	保证人名称								
信用报告查询授权	兹授权你行在审核本单位借款申请需要查询本企业信用状况的,可以向中国人民银行企业信用信息基础数据库查询、保存、打印本单位的信用报告	申请借款人（盖章）： 法定代表人/负责人（签字）： （或代理人） 年 月 日

2.5.7 小微企业贷款的特点

①贷款需求呈现"短、小、频、急"四个特点。

②抵质押担保不足。

③利率浮动空间大。

④贷款还款具有不确定性。

·｜知识链接｜·

泸州银行：践行普惠金融　精准对接小微企业融资需求

为有效对接小微企业"短、小、频、急"的融资需求，泸州银行不遗余力，在简化业务手续、降低融资成本、优化客户体验方面做出了大量的尝试。

2018年7月，泸州银行立足西南，推出首款纯信用方式、全线上申请的新型小微专属产品"融e贷"，将金融与科技相结合，为小微企业制定专属化、移动式小微金融产品，大幅提升了业务办理效率，降低小微企业融资成本，为小微企业提供了便捷的融资服务，取得了良好的社会效益。

"融e贷"主要针对成都或泸州地区，有固定经营场所及固定住所，从事生产经营活动且具备2年以上经营历史，以经营收入作为主要还款来源的个体工商户和小微企业主，通过"小泸e贷"App发起贷款申请，信用额度最高100万元，期限24个月。

一、效率第一　优化客户体验

小微企业融资难，难在传统银行贷款手续烦琐、时效长，无法匹配小微企业的实际需求。

不同于以往贷款办理流程，"融e贷"不需要客户准备资料在银行网点进行申请，获悉产品信息后即可线上申请，客户经理上门调查，不需要层层审批，加快业务流程运转速度，减少不必要的时间损耗。通过全线上申请与线下调查方式结合，依托移动终端与互联网，"融e贷"使得贷款能够及时办理、快速发放，最快可以实现客户申请当天放款，有效提高业务办理效率。

产品推广初期，由于小微企业融资需求旺盛，业务申请数量多，泸州银行配备的

16人客户经理团队忙得不可开交。人均待办业务多,完成一笔信贷业务平均耗时长。为满足小微企业融资需求,充分发挥产品优势,银行对团队进行了扩充,配备50名客户经理以应对不断扩大的业务市场;同时实行了业务限时办结制,在严格控制风险的前提下对各岗位提出了业务处理时限要求,平均一笔业务正常办理时间缩短至2—3天,当天放款的数量不断增加,业务处理效率得到了显著提升,客户满意度不断提高。

二、利率优惠 为小微企业赋能

据了解,80%以上的"融e贷"客户以前从未获得过银行经营性信用贷款融资服务。在产品推广之初,由于广大目标客群接触到的信用贷款多为非银机构提供的较高利率的金融产品,客户经理赴各大专业市场进行市场营销、贷前调查时,遇到了客户对产品利率和人员身份的双重质疑,为解决这样的问题,泸州银行一方面邀请客户来办公场所参观,在介绍产品的同时建立与客户的信赖关系;另一方面加大产品的宣传力度,通过公交车车身广告、网点LED电子屏等方式宣传产品,提升了产品知名度,逐步打消了客户的疑虑。

为贯彻落实国务院常务会议关于"进一步推进缓解小微企业融资难融资贵政策落地见效"的会议精神,解决小微企业融资贵难题,泸州银行从2018年10月起,将贷款利率下调至8%,并在3个月内完成1.5亿元的信贷投放。与此同时,在对比同类型产品的基础上,按照收益覆盖风险的原则,对产品进行市场化定价。

对此,接受贷款的小微企业主纷纷表示,"融e贷"利率较民间借贷利率低10个百分点以上,他们真真切切体会到了党和政府对小微企业的重视与扶持小微企业发展的决心,坚定了从事实体行业的信心。

三、风险控制 减少抵押品过度依赖

以往小微客户群体由于缺少抵押品、经营规模有限、缺乏规范的财务报表,难以获得传统信贷融资,容易遭遇生存与发展的困境。"融e贷"改变以往单纯依赖房产、财务报表等单一风控措施的弊端,采取纯信用方式,客户只要有固定经营场所及固定住所,实际经营期限满2年即可申请贷款。

"融e贷"以客户的正常商业经营所形成的可支配现金作为第一还款来源。客户经理通过营业额、行业毛利率、进货量、淡旺季营业额、原始记账凭证、水电费、移动支付账单等经营相关信息,充分运用IPC交叉检验技术还原客户真实画像,帮助客户还原真实的经营信息，有效解决了因客户财务报表不规范进而导致的"融资难"问题。

在还款方式上，"融e贷"改变传统的到期一次性还本付息方式，根据客户现金流科学设置为等额本息方式，避免客户在特定时间节点出现资金流动性短缺，在有效控制风险的同时，帮助客户养成合理支配资金的习惯。

四、客群广泛　面向中低层小微业主

截至2019年6月末，"融e贷"共发放贷款1244笔，贷款金额4.97亿元，户均39.94万元，单笔放款金额2万—100万元。近三个月贷款投放平均增速为25.22%，保持着稳定而快速的增长。

贷款投放行业包括批发零售业、餐饮业、制造业、交通运输、仓储和邮政业、农林牧渔业、信息传输、软件和信息技术服务业等。客群主要集中在批发和零售业、制造业两个行业，批发和零售业占53.78%，制造业占18.25%。

从贷款发放的对象来看，主要是小商户、小企业主，其中一些属于下岗职工及创业农民、青年，发放金额主要集中在10万—50万元，这部分客户群体占比高达85%。

（资料来源：齐稚平《泸州银行：践行普惠金融　精准对接小微企业融资需求》。）

 延伸阅读（思政）

湖北农信　当好服务小微企业的金融"店小二"

2022年，湖北省农村信用社（以下简称"湖北农信"）紧扣"小微金融店小二""乡村振兴主办行"主题，稳步推进全省农商银行改革和省农信联社改革试点，优化农信各级管理体系，全力提升服务实体经济的能力，以"稳"和"进"为原则加快推动全省农商银行高质量发展。

坚持做小做散的市场定位，一方面坚守农信机构主责主业，另一方面也有效控制了信贷风险。湖北农信系统近年来全力推进微贷业务创新，推广"301"贷款模式，即"3分钟申贷、0抵押0担保0人工干预、1键式提款"，微贷客户达73.8万户，微贷余额1784.5亿元，1000万元以下贷款占比70%。自2017年实施微贷业务创新以来，系统内新放贷款2940多亿元，不良率仅为0.23%，累计发

放 500 万元以下贷款 3800 亿元，不良率为 0.41%。

2022 年，围绕中央经济工作会议提出的"深化重点领域改革，更大激发市场活力和发展内生动力""优化民营经济发展环境"等需求，湖北全省农商银行将继续保持信贷转型和做小做散的战略定力，持续推动信贷业务转型，稳步扩大信贷投放，提高贷款覆盖面和贷款的可获得性。

2022 年，湖北农信系统全面推进单户 1000 万元以内信贷业务与微贷技术、微贷文化的融合统一，并尽力完成"三统一、三加强"的要求，即统一基本规则，完善准入标准和风控模型；统一业务流程，修订信贷业务操作规程；统一 IT 支持系统，依托智慧微贷平台，建设业务作业和后台管理相分离的信贷系统群；加强队伍建设，推动小微金融部、信贷管理部和授信审批部干部员工岗位交流；加强信贷制度和业务产品优化升级，对微贷成功经验进行修订完善；加强信贷业务培训，提升员工对全新信贷文化的认同感。

持续推进微贷增量扩面。湖北农信将进一步优化贷款结构，大力推广"家庭房易贷""房易融""房联融"等房产抵押微贷产品，大力推广"亲情贷""码商e贷""福e贷""税e贷"等无抵押微贷产品，提高信用贷款占比，加强对首贷户的支持力度，更好地服务县域经济和乡村振兴，促进脱贫农户持续增收。

湖北农信联社相关负责人表示，2022 年湖北农信联社继续巩固"乡村振兴主办行"地位，开展"万名金融村官进万村访万户"活动，持续推进整村授信 3 年达标专项行动，提高整村授信覆盖面；同时，积极运用中国人民银行支农支小再贷款，优化资金业务配置，将资源重点向新型农业经营主体、绿色金融和科技创新等领域倾斜，创新服务模式，加大考核力度，加强示范推广，促进共同富裕。此外，湖北农信持续巩固脱贫攻坚与乡村振兴有效衔接，有效满足脱贫人口小额信贷需求，确保脱贫不返贫，振兴不掉队。

（资料来源：《金融时报》2022 年 1 月 27 日 10 版。）

实训探究

2022年我国小微金融服务进一步改善

为全面贯彻党的十九大和十九届历次全会精神及中央经济工作会议精神，落实好《政府工作报告》关于扩大普惠金融覆盖面、通过稳市场主体来稳就业、进一步推动解决小微企业融资难题的决策部署，持续推进"十四五"期间金融支持小微企业发展的工作任务，中国银保监会于2022年4月印发了《关于2022年进一步强化金融支持小微企业发展工作的通知》（以下简称《通知》）。

《通知》中强调，银行保险机构要围绕保就业保民生任务，对新市民、个体工商户、依法无须申领营业执照的个体经营者的金融需求积极响应，提升金融服务的均等性和便利性。同时，要着力改善金融资源投放的区域均衡性，特别是大型银行、股份制银行，要向欠发达地区的小微企业倾斜信贷支持。

请结合小微金融服务对象的基本内容，查找相关资料，关注央行金融支持有关小微金融服务对象的政策，追踪银行服务于农民、个体工商户、小微企业、中低收入群体的动态，学习小微金融服务机制的有关案例，探究如何更好地提升我国小微企业服务质量，并完成一篇实训探究报告。

课后习题

1. 单选题

（1）以下农户贷款操作流程顺序正确的是（　　）。

A. ①对农户信用进行评级②核定授信额度③发放农户贷款④更新农户信用记录

B. ①对农户信用进行评级②发放农户贷款③核定授信额度④更新农户信用记录

C. ①核定授信额度②对农户信用进行评级③发放农户贷款④更新农户信用记录

D. ①核定授信额度②发放农户贷款③对农户信用进行评级④更新农户信用记录

（2）家庭经营的个体工商户债务应由（　　）承担。

A. 家庭财产　　　　　　　　　　B. 法人财产

C. 个人财产   D. 个体户财产

（3）根据《中小企业划型标准规定》，对于批发业而言，从业人员（　　）人以下或营业收入（　　）万元以下的为微型企业。

A. 5；1000   B. 10；1000

C. 5；500   D. 10；500

（4）客户经理应关注并收集微小客户的（　　）信息，包括业主或主要股东个人信息及家庭资信情况、企业经营管理、技术、行业状况及市场前景等。

A. 非财务   B. 财务

C. 非正式   D. 正式

2. 多选题

（1）小微金融的服务对象包括（　　）。

A. 农民   B. 小微企业

C. 个体工商户   D. 中低收入群体

（2）农户的类型包括（　　）。

A. 传统农户   B. 兼业农户

C. 种养大户   D. 家庭农场

（3）从贷款机构角度出发，个体户贷款的具体流程包括（　　）。

A. 贷款申请与受理   B. 贷前调查与信用评级

C. 审查审批   D. 合同签订与贷款发放

E. 贷后管理与贷款回收   F. 非农农户

（4）小微企业的贷款需求特征包括（　　）。

A. 短   B. 小

C. 频   D. 急

（5）对企业客户贷款进行实地调查的内容包括（　　）。

A. 主要领导人的信用状况   B. 资产负债情况

C. 抵质押状况   D. 保证人的保证意愿和担保能力

E. 企业市场环境状况

（6）中小企业划分为中型、小型、微型三种类型，具体标准根据企业以下哪些指标，结合行业特点制定（　　）。

A. 从业人员　　　　　　　　B. 营业收入

C. 资产总额　　　　　　　　D. 利润

（7）《商业银行小企业授信工作尽职指引（试行）》中，小企业授信工作尽职是指商业银行从事小企业（　　）等各项授信业务活动的工作人员履行了本指引规定的最基本的尽职要求。

A. 授信业务调查　　　　　　B. 授信审查

C. 授信审批　　　　　　　　D. 授信后管理

3. 判断题

（1）组合担保中包括保证。（　　）

（2）农民可以申请成为个体工商户。（　　）

（3）由于个体工商户对债务负无限责任，所以个体工商户不具备法人资格。（　　）

（4）随着农村经济社会的发展，农户贷款需求由集中、大额的需求向零散、小额的需求转变。（　　）

（5）个体工商户是特殊的经济主体，对债务承担无限责任。（　　）

（6）自 2011 年 6 月发布《中小企业划型标准规定》，我国才首次有微型企业。（　　）

（7）小微企业一般规模较小，虽然数量多，但在经济社会中起重要作用。（　　）

（8）中国的中低收入群体就是美国的中产阶级。（　　）

4. 简答题

（1）农民的具体特征有哪些？

（2）小微贷款有哪些特点？

5. 分析应用题

2022 年 4 月 6 日，中国银保监会办公厅发布《关于 2022 年进一步强化金融支持小微企业发展工作的通知》，其中提到"强化对重点领域和薄弱环节小微企业的金融支持，助力畅通国民经济循环"。结合所学知识，根据你对"小微金融服务对象"的理解，谈谈如何进一步有效地提高小微企业的服务质量。

第3章

小微金融服务机构

学习目标

 知识目标

◎ 了解小微金融服务机构的产生与发展

◎ 掌握小微金融服务机构的功能和分类

◎ 掌握我国小微金融服务机构体系概况

◎ 熟悉小微金融服务现状及其发展趋势

 能力目标

◎ 能辨识小微金融服务机构的不同类型

◎ 能正确理解各类小微金融服务机构的性质和作用

◎ 能帮助小微企业提供基本的金融服务机构指引

素养目标

◎ 金融机构全力帮助小微企业排忧解难,是金融服务实体经济、稳住宏观经济大盘的重要举措,要引导学生树立大局意识,培养互帮互助精神

◎ 国家高度重视小微企业的发展,持续推出强有力的政策支持小微企业良性发展,这体现了"以民为本"的原则,要引导学生以热爱祖国、报效人民为荣

◎ 金融机构不断加大产品创新,强化金融科技赋能小微金融服务,要引导学生崇尚科学、开拓创新、科技向善

思维导图

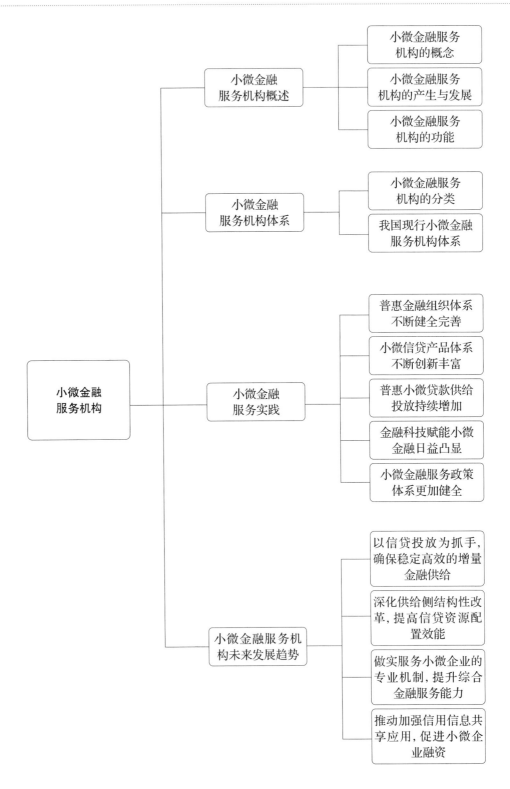

引导案例

合肥星满天科技有限公司（以下简称"星满天科技公司"）主营塑料收纳箱等日用杂品，是一家典型的民营小微企业。在完成厂房购买、打算扩大生产规模时，突如其来的新冠疫情令其陷入困境。受疫情影响，该公司计划购买设备的融资款迟迟未能到账。

回忆起2020年初的艰难场景，星满天科技公司总经理孙久香记忆犹新："当时感觉压力巨大，资金不到位，工厂就开不了工。"就在孙久香一筹莫展之际，平安国际融资租赁有限公司（以下简称"平安租赁"）及时为星满天科技公司雪中送炭。平安租赁充分沟通了解情况后，为星满天科技公司提供了近200万元的资金支持，并通过线上绿色审批、远程签约等方式，加快融资款的到账速度，帮助该公司采购了9台注塑机投入生产。经过这两年的发展，星满天科技公司年销售额已超千万元，除线下分销外，星满天科技公司还在多个电商平台开设了旗舰店。

这是融资租赁公司发挥业务优势、支持小微企业发展的一个缩影。截至2022年1月，平安租赁已面向小微企业提供超500亿元的资金支持，服务近5万家小微企业和2万余家设备厂商；国银金融租赁股份有限公司2021年以来新增服务小微客户1321户，新增投放120.38亿元；民生金融租赁股份有限公司累计向11万名卡车司机投放近500亿元资金，融资车辆达20万辆；中信金融租赁有限公司积极支持小微企业、普惠金融，强化对专精特新企业的扶持力度，目前公司中小微企业业务余额占比达80%。

（资料来源：https://www.financialnews.com.cn/gc/ch/202202/t20220224_240076.html。）

◎ 你知道吗？

融资租赁公司属于金融机构吗？与传统银行有何区别？金融机构为何要支持小微企业发展？除了案例中提到的融资租赁公司，为小微企业提供金融服务的金融机构还有哪些？作为我国经济的重要载体，小微企业不仅关乎几亿人的就业和生活，同时也是产业链大动脉的"毛细血管"。本章将学习我国小微金融服务机构体系概况，了解多年来我国小微金融实践，探索小微金融服务机构的未来发展趋势等。

3.1 小微金融服务机构概述

3.1.1 小微金融服务机构的概念

金融机构也叫金融中介或金融中介机构，是指主要以货币资金为经营对象，专门从事货币信用、资金融通、金融交易及相关业务的专业化组织机构。金融机构是资金盈余者与资金需求者之间融通资金的信用中介，是金融体系的重要组成部分，在整个国民经济运行中起着举足轻重的作用。它们通过疏通、引导资金的流动，促进和实现了金融资源在经济社会中的有效配置，提高了全社会经济运行的效率。

小微金融服务机构是指为小微客户（农户、个体工商户和小微企业等）提供金融服务的金融机构，主要包括国有商业银行、股份制商业银行、城市商业银行的小微金融专门部门，以及农村信用合作社、农村合作银行、农村商业银行、村镇银行、小额贷款公司、担保公司、典当行、资金互助社、消费金融公司等。

3.1.2 小微金融服务机构的产生与发展

小微企业是国民经济的生力军，为促进发展、增加就业、提高创新水平、繁荣市场和满足人民群众生活需求做出了重大贡献。党中央、国务院高度重视小微金融服务工作，相继出台了多份通知及指导意见，要求金融机构成立专门面向小微企业的金融服务部门或机构，提高金融服务覆盖率和可得性，加快构建小微金融服务体系，竭力为小微企业的生存与发展创造良好的环境，有效支持实体经济。

2008年，银监会发布《关于银行建立小企业金融服务专营机构的指导意见》，其中指出，银行要建立小企业金融服务专营机构，即主要为小企业提供授信服务的专业化机构。各行设立专营机构可自行命名，但必须含小企业字样（如小企业信贷中心）。2009年，银监会在中小企业金融服务专营机构工作座谈会上强调，要全面推进专营机构建设，着力提升中小企业金融服务水平。

2011年，银监会发布《关于支持商业银行进一步改进小企业金融服务的通知》，指出要督促商业银行进一步加强小企业专营管理建设。对于设立"在行式"小企业专营机构的，其总行应相应设立单独的管理部门。同时鼓励小企业专营机构延伸服务网点，对于小企业贷款余额占企业贷款余额达到一定比例的商业银行，支持其在机构规划内筹建多家专营机构网点。鼓励商业银行新设或改造部分分支行为专门从事小企业金融服务的专业分支行或特色分支行。

2012 年，国务院出台《国务院关于进一步支持小型微型企业健康发展的意见》，其中指出要加快发展小金融机构。在加强监管和防范风险的前提下，适当放宽民间资本、外资、国际组织资金参股设立小金融机构的条件。支持和鼓励符合条件的银行业金融机构重点到中西部设立村镇银行。强化小金融机构主要为小微企业服务的市场定位，创新金融产品和服务方式，优化业务流程，提高服务效率。引导小金融机构增加服务网点，向县域和乡镇延伸。符合条件的小额贷款公司可根据有关规定改制为村镇银行。

2013 年，国务院办公厅出台《国务院办公厅关于金融支持小微企业发展的实施意见》，其中指出要积极发展小型金融机构，打通民间资本进入金融业的通道。建立广覆盖、差异化、高效率的小微企业金融服务机构体系是增加小微企业金融服务有效供给、促进竞争的有效途径。进一步丰富小微企业金融服务机构种类，支持在小微企业集中的地区设立村镇银行、贷款公司等小型金融机构，推动尝试由民间资本发起设立自担风险的民营银行、金融租赁公司和消费金融公司等金融机构。引导地方金融机构坚持立足当地、服务小微的市场定位，向县域和乡镇等小微企业集中的地区延伸网点与业务，进一步做深、做实小微企业金融服务。鼓励大中型银行加快小微企业专营机构建设和向下延伸服务网点，提高小微企业金融服务的批量化、规模化、标准化水平。

2014 年，国务院发布《国务院关于扶持小型微型企业健康发展的意见》，鼓励大型银行充分利用机构和网点优势，加大小微企业金融服务专营机构建设力度。在加强监管前提下，大力推进具备条件的民间资本依法发起设立中小型银行等金融机构。

2015 年，国务院印发《推进普惠金融发展规划（2016—2020 年）》，明确了银行业金融机构开展普惠金融业务的原则、目标和要求等。商业银行要继续深化小微企业金融服务机构体系建设，增加有效供给，提升专业化水平。要加大小微企业专营机构建设力度，增设扎根基层、服务小微的社区支行、小微支行，提高小微企业金融服务的批量化、规模化、标准化水平。地方法人银行要坚持立足当地、服务小微的市场定位，向县域和乡镇等小微企业集中的地区延伸网点与业务。进一步丰富小微企业金融服务机构种类，支持在小微企业集中的地区设立村镇银行、贷款公司等小型金融机构。

2017 年的《政府工作报告》提出，鼓励大中型商业银行设立普惠金融事业部，国有大型银行要率先做到，实行差别化考核评价办法和支持政策，有效解决中小微企业融资难、融资贵问题。同年5月，银监会印发《大中型商业银行设立普惠金融事业部实施方案》，通过在大中型商业银行建立适应普惠金融服务需要的事业部管理体制，构建科学的普惠金融事业部治理机制和组织架构，健全普惠金融专业化服务体系，提高普惠金融服务能力。

2018年的《政府工作报告》推动了大中型商业银行设立普惠金融事业部，深化政策性、开发性金融机构改革，强化金融监管协调机制。2018年6月，中国人民银行、银保监会等五部门联合印发《关于进一步深化小微企业金融服务的意见》，要求大型银行要继续深化普惠金融事业部建设，向基层延伸普惠金融服务机构网点；鼓励未设立普惠金融事业部的银行增设社区、小微支行。推进民营银行常态化设立，引导地方性法人银行业金融机构继续下沉经营管理和服务重心。

2018年末，国内大中型银行普惠金融事业部纷纷建立，其中绝大多数银行也都成立小微业务专门部门或专营机构，基层增设小微支行或者社区银行。地方法人金融机构充分利用贴近基层的天然优势，持续扩大服务半径，金融服务触角不断向下、向小、向农延伸，有效拓展了金融服务广度。

2021年9月，中国人民银行发布《中国普惠金融指标分析报告（2020年）》，其中指出，我国全方位高质量多层次的小微企业普惠金融服务体系日臻完善，银行网点乡镇覆盖率进一步提高。

3.1.3 小微金融服务机构的功能

一般来说，金融机构具有五项基本功能：促进资金融通、便利支付结算、降低交易成本、改善信息不对称、转移与管理风险。这五项基本功能，是从金融机构作为金融中介的整体角度进行分析的。实际上，就具体的金融机构而言，功能总是各有侧重：商业银行作为发展历史最悠久的重要金融机构，功能的发挥最为全面，尤其在支付结算和提供融资服务方面较突出；证券及保险类金融机构在提供信息服务和分散风险方面的功能最为明显。随着金融机构之间的竞争及专业化分工的深入，金融机构逐渐形成了以核心功能为主，兼具其他功能的发展模式。

（1）促进资金融通

资金短缺是限制小微企业发展壮大的重要原因。作为存款人和贷款人的中介，金融机构以吸收存款或发行融资证券的方式多样性汇集各种期限和数量的资金，通过信贷等途径投向需要资金的社会各部门，使融资双方的交易活动得以顺利进行，促进了资金从盈余者向短缺者的流动。

（2）便利支付结算

由于计算机技术和网络技术在金融领域广泛应用，现金交易日趋减少。金融机构可以提供支票、信用卡、借记卡和资金电子划拨等支付方式。这些支付方式降低了交易费用，加快了货币周转，促进了社会经济的发展。

（3）降低交易成本

如果没有金融机构，融资成本将相当高。企业得向许多人借钱，每笔借款都有谈判、签约、履约等交易费用，放款人也得花大量时间去获取向其借款的每一个企业的各种信息。此外，放款人还得花大量时间去监督向其借款的企业。但是，金融机构的存在将大大降低融资过程中的融资成本，包括交易费用、信息处理成本及监督成本等。通过规模经营和专业化运作，可以合理控制利率，并节省融资交易的各项费用支出，降低交易成本。

（4）改善信息不对称

一直以来，小微企业饱受融资难、融资贵的困扰，其中信息不对称就是重要原因。信息不对称所引致的巨大的交易成本限制了信用活动的发展，降低了小微企业融资的可获性，阻碍了金融市场正常功能的发挥。而以银行为主的间接融资形式可以比直接融资更好地解决信息不对称问题，其优势主要表现在：信息揭示优势、信息监督优势及信用风险的控制和管理优势。

（5）转移与管理风险

金融机构能够提供金融风险转移和管理服务。例如，银行可以办理商业票据贴现业务，如果是无追索权贴现，那么商业票据的风险就由企业转移给了银行。风险分散化是金融机构将风险较高的资产转变为风险较低的资产。如投资公司将投资者投入的资金聚集起来，投资于一批公司股票，便可分散并减少风险。商业银行将资金借给许多不同的人和企业，也同样分散和减少了借贷风险。

3.2 小微金融服务机构体系

3.2.1 小微金融服务机构的分类

我国小微金融服务机构的分类标准有很多，这里重点介绍四种常见的分类方法。见表3-1。

表3-1　我国小微金融服务机构分类

分类标准	分类结果
业务目标	监管性金融机构、商业性金融机构 政策性金融机构、合作性金融机构
业务形式	银行业金融机构、非银行业金融机构
资金来源形式	存款类金融机构、非存款类金融机构
是否与融资对象直接发生债权债务关系	直接融资性金融机构、间接融资性金融机构

（1）按业务目标不同，分为监管性金融机构、商业性金融机构、政策性金融机构和合作性金融机构

监管性金融机构是代表政府对金融业进行监督管理的金融机构。如我国的中国人民银行、国家金融监督管理总局、中国证券监督管理委员会（简称证监会）、国家外汇管理局及地方金融监督管理局等。

商业性金融机构是按照现代企业制度改造和组建起来的，以盈利为目的的金融机构。如商业银行、证券公司、商业性保险公司等。

政策性金融机构是指由政府发起并出资成立，为贯彻与配合政府特定的经济政策和意图而进行金融活动的金融机构，包括政策性银行机构和政策性非银行金融机构。如我国的国家开发银行（开发性金融机构）、中国农业发展银行、中国进出口银行和中国出口信用保险公司等。

合作性金融机构是按照国际通行的合作制原则，以股金为资本，以入股者为主要服务对象，以基本金融业务为经营内容而形成的金融合作组织。如信用合作社、储蓄信贷协会等。

（2）按业务形式不同，分为银行业金融机构和非银行业金融机构

银行是金融机构体系的主体，以银行为中心，把金融机构分为银行业金融机构和非银行业金融机构两大类，是最为常见的分类方法。

中国长城资产
管理股份有限
公司

银行业金融机构是指专门或主要经营货币信用业务的金融机构，它通过吸收存款、发放贷款、结算、汇兑等业务，在整个社会范围内融通资金，充当信用中介。银行类金融机构在金融机构体系中居于支配地位，构成现代金融机构体系的主体。

非银行业金融机构又称其他金融机构，是指经营各种金融业务，但又不称为银行的金融机构或主要经营某种特定方式的金融业务的金融机构。非银行类金融机构包括保险公司、证券公司等。它们在整个金融机构体系中是非常重要的组成部分，它们的发展状况是衡量一国金融机构体系是否成熟的重要标志之一。

（3）按资金来源形式不同，分为存款类金融机构和非存款类金融机构

存款类金融机构是指通过吸收个人和企事业单位存款的方式筹集资金，通过贷款、投资等方式运用资金的金融机构。存款类金融机构主要包括商业银行、储蓄机构和信用合作社等。

非存款类金融机构是指通过自行发行证券或接受某些社会组织及公众的契约性缴款或投资等筹措资金并进行长期性投资的金融机构，如各类保险公司、证券公司、信托公司、共同基金、养老基金等。

存款类金融机构和非存款类金融机构的主要区别在于存款类金融机构可吸收公众存款，而非存款类金融机构不可以吸收公众存款。

（4）按是否与融资对象直接发生债权债务关系，分为间接融资性金融机构和直接融资性金融机构

间接融资指金融机构先作为资金融入者，从资金供给者那里融入货币资金，然后再作为资金融出者将融入的货币资金融通给资金需求者的融资方式。在这里，资金供给者和资金需求者不直接形成融资关系，而是以金融机构作为中介间接形成融资关系。为这种融资方式提供服务的金融机构称为间接融资性金融机构，主要包括商业银行、政策性银行、信用合作社、贷款公司、保险公司等。

直接融资指资金需求者在金融市场上发行有价证券（如股票、债券）等筹资工具，由投资者（资金供给者）直接购买相应金融工具而实现资金转移的融资方式。由于在金融市场上资金的需求者从证券发行、销售至转让都需要一系列的金融机构提供相关服务，我们称提供此类服务的金融机构为直接融资性金融机构。直接融资性金融机构主要包括证券公司、基金管理公司、资产管理公司及风险投资公司等。

3.2.2 我国现行小微金融服务机构体系

经过四十多年的改革开放，我国金融业获得了巨大的发展，金融机构体系结构日臻完善，已经形成了由"一行一总局一会"（中国人民银行、国家金融监督管理总局、中国证券监督管理委员会）为主导，各类商业银行为主体，政策性银行、非银行业金融机构为辅翼的层次丰富，种类较为齐全，分工合作、服务、功能比较完备的金融机构体系。多种金融机构并存，分业经营，分工协作，在成就国民经济发展中发挥了重要的作用。

党中央、国务院一直高度重视小微企业的发展，支持小微企业发展的政策持续发力。在政策的号召下，金融机构蓄力调动更多资金"活水"，滋养小微市场主体。我国现行的小微金融服务机构体系，按照其性质和功能，可以划分为五个层次。

第一个层次是金融监管层，包括中国人民银行、国家金融监督管理总局、中国证券监督管理委员会及地方金融监督管理局。中国人民银行简称央行，是中华人民共和国的中央银行，为国务院组成部门。根据《中华人民共和国中国人民银行法》的规定，中国人民银行在国务院的领导下依法独立执行货币政策，防范和化解金融风险，维护金融稳定。国家金融监督管理总局是国务院直属机构，于2023年在中国银行保险监督管理委员会的基础上组建，将中国人民银行对金融控股公司等金融集团的日常监管职责、有关金融消费者保护职责、中国证券监督管理委员会的投资者保护职责划入管理。统一负责除证券业之外的金融业监管，强化机构监管、行为监管、功能监管、穿透式监管、持续监管，统筹负责金融消费者权益保护，加强风险管理和防范处置，依法查处违法违规行为。中国证券监督管理委员会简称中国证监会，为国务院直属机构，依照法律、法规和国务院授权，统一监督管理全国证券期货市场，维护证券期货市场秩序，保障其合法运行。

第二个层次是开发性金融机构和政策性银行，包括国家开发银行、中国进出口银行、中国农业发展银行。国家开发银行是直属中国国务院领导的政策性金融机构，主要通过开展中长期信贷与投资等金融业务，为国民经济重大中长期发展战略服务。它是全球最大的开发性金融机构,是中国最大的中长期信贷银行和债券银行。中国进出口银行是由国家出资设立、直属国务院领导、支持中国对外经济贸易投资发展与国际经济合作、具有独立法人地位的国有政策性银行。其依托国家信用支持,积极发挥在稳增长、调结构、支持外贸发展、实施"走出去"战略等方面的重要作用,加大对重点领域和薄弱环节的支持力度,促进经济社会持续健康发展。中国农业发展银行成立于 1994 年,是国家出资设立、直属国务院领导、支持农业农村持续健康发展、具有独立法人地位的国有政策性银行。其主要任务是以国家信用为基础,以市场为依托,筹集支农资金,支持"三农"事业发展,发挥国家战略支撑作用。经营宗旨是紧紧围绕服务国家战略,建设定位明确、功能突出、业务清晰、资本充足、治理规范、内控严密、运营安全、服务良好、具备可持续发展能力的农业政策性银行。

中国农业发展银行

　　第三个层次是商业银行,包括国有大型商业银行、股份制商业银行、城市商业银行和民营银行。商业银行是以吸收存款、发放贷款和办理转账结算为主要业务,以营利为目的的商业性金融机构。国有大型商业银行为中国工商银行、中国建设银行、中国银行、中国农业银行、中国交通银行和中国邮政储蓄银行 6 个。股份制商业银行有招商银行、浦发银行、中信银行、中国光大银行、华夏银行、中国民生银行、广发银行、兴业银行、平安银行、浙商银行、恒丰银行、渤海银行 12 个（见图 3-1）。城市商业银行,前身为城市信用合作社,为当地经济和居民提供金融服务。如北京银行、杭州银行、台州银行等。民营银行是由民间资本控股,采用市场机制自主运作,主要为民营企业提供资金支持和服务的银行。如深圳前海微众银行（简称微众银行）、浙江网商银行（简称网商银行）等,共有 19 家。

"无微不至"的网商银行

图 3-1　我国 12 家股份制商业银行的标志

第四个层次是农村金融机构，包括农村商业银行、农村信用社、农村合作银行及村镇银行、贷款公司和农村资金互助社等。农村商业银行简称农商银行，是由辖内农民、农村工商户、企业法人和其他经济组织共同入股组成的股份制地方性金融机构。农村合作银行是由辖内农民、农村工商户、企业法人和其他经济组织入股，在合作制的基础上吸收股份制运作机制组成的股份合作制社区性地方金融机构。农村合作银行要全部改制为农村商业银行。农村信用合作社简称农信社，指经中国人民银行批准设立，由社员入股组成，实行民主管理，主要为社员提供金融服务的农村合作金融机构，是农商行的前身。村镇银行是指经国家金融监督管理总局依据有关法律、法规批准，由境内外金融机构、境内非金融机构企业法人、境内自然人出资，在农村地区设立的，主要为当地农民、农业和农村经济发展提供金融服务的银行业金融机构。例如，浙江桐庐恒丰村镇银行、浙江余杭德商村镇银行等。贷款公司是指经国家金融监督管理总局依据有关法律、法规批准，由境内商业银行或农村合作银行在农村地区设立的，专门为县域农民、农业和农村经济发展提供贷款服务的银行业非存款类金融机构。贷款公司是由境内商业银行或农村合作银行全额出资的有限责任公司。例如，天津市静海区兴农贷款有限责任公司、大连瓦房店花旗贷款有限责任公司等。农村资金互助社是指经国家金融监督管理总局批准，由乡（镇）、行政村农民和农村小企业自愿入股组成，为社员提供存款、贷款、结算等业务的社区互助性银行业金融机构。例如，建德市大同镇桑盈农村资金互助社、临海市涌泉镇涌泉农村资金互助社等。

蓬莱民生村镇银行

第五个层次是非银行业金融机构，包括保险公司、证券公司、小额贷款公司、金融租赁公司、融资担保公司、基金商业保理公司、金融科技公司等。小微企业的需求包括融资类需求、非融资类金融需求（支付清算、信息管理、风险管理等）以及其他需求。其他需求包括改善信用、优化管理、提升生产效率、有效对接市场等。一般来说，非银行业金融机构可以从以下几方面着手服务小微企业：一是以信贷间接融资的差异化布局，满足小微企业的直接融资、流动性、长期资金等不同要求；二是有效提供保险、担保等风险管理服务；三是有些新型的类金融组织、金融科技企业还可以在更多方面与金融机构合作，共同促进小微企业内在机制与外在生态环境的完善。各类型非银行业金融机构可以结合自身牌照性质、业务优势及市场定位，有灵活性、有针对性地开展支持小微企业的金融服务。金融租赁公司可以利用租赁这一独特的金融工具开展设备租赁，开发面向小微企业的租赁产品；信托公司发挥跨界灵活的优势，通过发行单一、集合信托，ABS、ABN 等多种方式助力小微企业融资，还可以为家族企业提供家族信托、产业信托等服务，帮助家族财富实现代际传承、基业长青；消费金融公司主要针对个人客户，其 C 端包括小微企业，也是普惠金融的实践者。

我国现行的小微金融服务机构体系如图 3-2 所示。

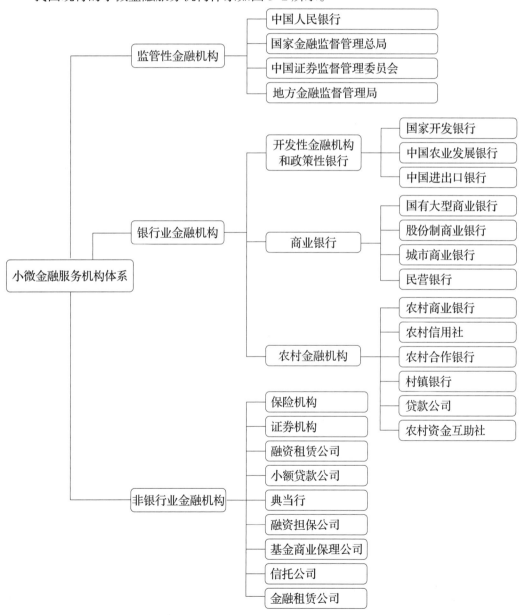

图3-2 我国现行小微金融服务机构体系

需要说明的是，图3-2中只是选取涉足小微金融服务领域的常见金融机构代表，此外还有很多金融机构皆对小微企业的发展做出了贡献，因篇幅限制就不一一列举。银行业金融机构是指在中华人民共和国境内设立的商业银行、城市信用合作社、农村信用合作社等吸收公众存款的金融机构及政策性银行。农村商业银行、村镇银行属于商业银行，但为了体现地方金融机构在小微金融服务中的重要作用，应将其划分到农村金融机构大类。截至2021年末，我国拥有开发性机构1个，政策性银行2个，国有大型商业银行6个，股份制商业银行12个，城市商业银行128个，农村商业银行1596个，村镇银行1651个，农村信用社577个，农村资金互助社39个，农村合作银行23个，企业财团财务公司255个，金融租赁公司71个，信托公司68个，贷款公司13个，民营银行19个，汽车金融公司25个，消费金融公司30个，金融资产管理公司5个，住房储蓄银行1个。保险机构235个，其中财险公司87个，寿险公司75个，保险资产管理公司33个，保险集团（控股）公司13个，养老保险公司9个，再保险公司7个，健康险公司7个，出口信用保险公司1个。小额贷款公司6453家。截至2022年7月，我国拥有证券公司140个，期货公司150个，基金管理公司140个，取得公募资格的资产管理机构14个。

 案例剖析

中国大地保险：多措并举精准助力企业复工复产

2020年3月，中国大地保险公司积极响应一手抓疫情防控、一手抓经济发展的工作部署，认真贯彻中投公司和中再集团的要求，积极强化保险服务，充分发挥风险保障专长优势和保险辅助社会治理的作用，提供保险专属产品、支援小微企业、捐赠"复工安行保"等"硬核"举措，切实帮助企业复工复产。

一、创新开发丰富专属产品，为企业复工复产提供全面保障

全民战"疫"，保障先行。自新冠疫情发生以来，中国大地保险积极优化保险产品，创新服务模式，针对个人、企业、社区、政府复工防控过程面临的各类风险，推出"防疫保""复工保""企福保""社区保""防返贫""政府救助"等系列专属保险产品，保障全面，突出保障新冠疫情防范，除保障身故外，扩展医疗费用、住院津贴、误工费、

隔离费用、最低生活保障费用等保险保障，其中"防疫保"和"复工保"已累计为近1000家企事业单位提供了风险保障，保障人数超过万人，为企事业单位员工提供全面风险保障。

二、将为110万务工人员定制保险保障，为企业撑起复工"保护伞"

疫情防控期间，中国大地保险创新开发了"复工安行保"专属产品，并推动公益活动落地，为政府集中组织接送的返岗务工人员捐赠保险保障。2020年2月21日，公司捐赠的首批"复工安行保"在浙江落地，仅一周时间，中国大地保险已为浙江、云南、江苏、湖南、安徽、陕西、广西、广东、吉林、河北、北京等11个省市组织的多批返岗务工人员捐赠了"复工安行保"。预计将累计为全国约110万返岗务工人员赠送该保险，总保额将达2750亿元，有效缓解返岗务工人员的后顾之忧，解政府和企业复产复工的燃眉之急。

三、支援小微企业，提供复工保障方案

在复工复产的过程中，小微企业面临着很多问题。比如返岗工人不足等。针对企业复工复产的一揽子风险问题，中国大地保险"量身定制"服务小微企业和个体工商户的"企福保"复工保险，针对企业停工期间的损失，提供由传染病导致的营业中断保险保障，可获取相应赔偿，用于支付员工工资、房屋租金、员工隔离费用、场所消毒费用，助力解决企业后顾之忧。至2020年3月初，已为安徽、湖南、云南、山东等地累计450余家小微企业提供了风险保障，营业损失保障额度超过3500万元。

四、主动对接企业需求，提供专业定制化服务

面对突如其来的疫情，除吃紧的防护物资之外，每一名员工的健康保障也是摆在各家企业面前的突出问题。中国大地保险联合中再集团研发"复工无忧"产品，承保中再集团系统员工复工保障，并拓展至部分股东单位等；针对企业复工后由于误工以及经营中断而导致的损失风险，创新推出"企安福"产品，助力企业安心复工。

五、免费延长保险期限，支持复工复产

对受疫情影响的制造业、交通运输、住宿餐饮、批发零售、文化旅游等行业，中国大地保险制订了惠企清单实施方案，切实发挥保险的风险保障功能，助力企业复工复产。比如，浙江分公司针对企业投保的营业客车、营业货车以及营业性质特种车，交强险和商业险均可提供长达4个月的车辆停驶服务，停驶期间企业可根据实际需要和工作安排办理复驶。对企业投保的企财险、雇主责任险、承运人责任险、食品安全

责任险、公众责任险等险种，可根据实际情况延长保险期限。食安险可根据投保人的申请，延长1个月保险期限；承运人责任险、公众责任险可根据投保人实际停运、停业时长延长保险期限；企财险、雇主责任险可根据投保人的复工时间安排延长保险期限。因疫情延期的工程项目，对工程保证类保险，根据实际情况延长1个月保险期限，保障企业权益。

六、强化线上服务，提升保险理赔效率

中国大地保险坚持以客户为中心，优化保险流程，建立理赔绿色通道，发挥好保险保障服务作用。公司发挥科技赋能优势，加强线上业务服务，支持企业复工复产，推出投保、缴费、理赔等服务线上化操作，支持客户通过移动销售支持系统、微信小程序等线上工具，体验更加智能与温暖的保险服务。同时，疫情期间，开通保险理赔绿色通道，简化理赔手续和理赔流程，特事特办、快处快赔，扎实做好与疫情防控相关的各项保险理赔服务，帮助企业有序复工，逐步恢复生产秩序，稳定经营。

（资料来源：https://www.financialnews.com.cn/bx/jg/202003/t20200304_182793.html。）

> 请思考：
>
> 　　案例中，中国大地保险公司是如何帮助小微企业纾困解难的？与商业银行相比有何不同？

3.3 小微金融服务实践

2018年以来，全球经济不确定因素增多，我国经济长期积累的风险隐患有所暴露，小微企业"经营难、融资难"问题有所加剧。不断深化小微企业金融服务，是我国推动金融供给侧结构性改革、增强金融服务实体经济能力的重要任务。党中央、国务院历来高度重视小微企业金融服务工作。2018年11月1日，习近平总书记在民营企业座谈会上强调，要优先解决民营企业特别是中小企业融资难甚至融不到资问题，同时逐步降低融资成本。按照党中央、国务院的决策部署，中国人民银行、国家金融监督管理总局、证监会等监管部门遵循"几家抬"的总体思路，准确把握小微企业平均生命周期短、首次贷款难、风险溢价高的客观规律，坚持商业可持续的市场化原则，加大逆周期调节，保持流动性合理充裕，组合运用信贷、债券、股权"三支箭"，精准发力，有效推动解决小微企业融资难题。同时，相关部门加强统筹协调，发挥差别化监管和财税优惠等政策合力，小微企业金融服务工作取得阶段性进展，努力实现"增量、扩面、提质、降本"的总体目标。

3.3.1 普惠金融组织体系不断健全完善

健全普惠金融组织体系，是增强小微企业贷款持续供给能力，提升小微企业金融服务质量的重要基础。商业银行要深化小微企业金融服务机构体系建设，增加有效供给，提升专业化水平。国家鼓励大中型商业银行设立普惠金融事业部。按照商业可持续原则，建立"五个专门"经营机制，即专门的综合服务、统计核算、风险管理、资源配置和考核评价。通过逐步建立完善事业部体制机制，进一步提高大中型商业银行普惠金融服务水平和能力。近年来，国有大型银行、股份制银行、地方法人银行根据自身特点，不断完善内部组织架构，形成多样化的普惠金融组织体系。国有大型银行、股份制银行发挥行业带头作用，主动"啃硬骨头"，下沉服务重心，进一步健全普惠金融事业部的专门机制，保持久久为功、服务小微企业的战略定力，发挥网点、技术、人才、信息系统等优势，覆盖小微企业融资供给"空白地带"。地方性法人银行（含城市商业银行、民营银行、农村金融机构等，下同）回归服务地方、服务社区、服务实体经济的本源，把握"地缘、亲缘、人缘"的软信息优势，完善网点布局。开发银行、政策性银行持续深化完善与商业银行合作的小微企业转贷款业务模式，并根据自身战略定位和业务特点，稳妥探索开展对小微企业的直贷业务。

自 2019 年以来，国家开发银行通过转贷款的方式支持小微企业发展。由开发银行向合作机构提供批发资金，再由合作机构按照开发银行明确的用途，将资金转贷至符合要求的客户，共同为小微企业提供优质的金融服务，助力促进区域和企业、行业均衡发展。2021 年 1—11 月，国家开发银行已发放转贷款 2104.3 亿元，新增支持约 22 万户小微企业，主要覆盖了制造业、批发零售业、农林牧渔业等重点行业，以及革命老区等重点地区。

中国工商银行的二级分行中，除少数专业分行外，均已设立普惠金融服务机构；

全行共成立数百家小微金融服务中心，实现了普惠金融专营服务中心全覆盖，统一承担辖内小微金融业务的市场营销和风险管理职责。工商银行深挖客户需求，加强战略协同，依托集团综合经营优势，做好"融资、融智、融商"普惠金融综合服务；持续开展"工银普惠行""千名专家进小微""万家小微成长计划""专精特新·春风行动"等系列活动，逐步形成一套富有战略价值的普惠金融服务模式。

中国农业银行充分发挥机构网点遍布全国的传统优势，分层分类将小微金融业务权限下放至全部2.2万个网点，努力扩大普惠金融服务覆盖面，为小微企业提供贴身服务，让包括县域地区、偏远地区、贫困地区的小微企业能够通过农行网点，获得全面、丰富的金融服务。在确保覆盖面的基础上，农业银行还不断深化"能贷、会贷、愿贷、敢贷"机制，在提升服务能力上下功夫：在网点培养懂服务、懂客户的小微客户经理队伍；打造了覆盖城乡的1900家普惠金融服务专营机构；按"一集群一对策""一园区一措施"实施精细化管理、差异化授权；给予网点小微业务专项激励、经济资本和内部资金转移定价优惠，为服务人员配备专项工资，实施尽职免责，充分激发网点服务小微企业的动力。

中国银行在2018年重新整合中小企业部和普惠金融事业部，组建新的普惠金融事业部，36家一级分行全部成立普惠金融事业分部，在二级分支行成立普惠金融服务中心，将全行营业网点作为普惠金融基础服务网点。中国银行还与中银富登村镇银行、中银消费金融公司形成了"1＋2"的普惠金融服务模式。中国建设银行搭建三级垂直组织架构，将普惠金融服务机构向省、市级分行以及县域、乡镇延伸，全部37家一级分行、超过300家二级分行设立普惠金融事业部，并在网点机构尚未覆盖的县域农村，设立助农金融服务点"裕农通"51万个，普惠金融服务点已经覆盖全国80%的乡镇及行政村，服务农户超过千万户。

交通银行自上而下优化普惠金融体制，除总行和省直分行层面设有普惠金融事业部外，省辖分行层面均挂牌成立普惠金融事业部，已有约三分之一的省辖分行单设普惠金融事业部。

中国邮政储蓄银行深耕小微金融蓝海市场，全力服务有灵气、有活力的广大小微企业客户群。强化普惠金融体制机制保障，在董事会战略规划委员会工作规则中增加普惠金融相关职责，形成以董事会战略规划

邮储银行：专注小微，大有可为

委员会为引领、乡村振兴及普惠金融管理委员会为统筹、普惠金融事业部（小企业金融部）和"三农"金融事业部（乡村振兴金融部）为主体、多部门有机联动的工作格局，全力支持普惠金融业务发展。

· | 知识链接 | ·

中国建设银行打造数字普惠金融模式

建行"裕农通"

中国建设银行持续打造以"批量化获客、精准化画像、自动化审批、智能化风控、综合化服务"为核心的数字普惠金融模式，扎实推进普惠金融业务高质量发展。依托数字技术和科技赋能，强化平台经营，提升市场响应能力。2021年，"建行惠懂你"App累计访问量超过1.5亿次，下载量超过1900万次；注册用户1443.34万户，认证企业639.60万户，较2020年新增194.73万户；授信客户126.06万户，授信金额9899.00亿元，较2020年新增5500.50亿元。聚焦小微企业、个体工商户、涉农客户、供应链上下游客户等普惠金融群体差异化需求，丰富"小微快贷""个人经营快贷""裕农快贷""交易快贷"产品体系，提升客户需求满足能力和服务效率。"小微快贷"等新模式产品自上线以来，累计服务客户252.49万户，提供信贷支持5.93万亿元。聚焦科创中小微客户群体，完善"创业者港湾"服务模式，提升科技创新领域服务能力，"创业者港湾"已推广至19个省市，为9000余家入湾企业提供信贷支持超300亿元。发挥网点渠道优势，加强线上线下融合发展，实现线上高效化快速触达和线下有温情有品质的衔接。2021年末，建行超1.4万个网点能开展普惠金融服务，拥有普惠金融专员近1.9万人，累计组建普惠金融（小企业）服务中心及小企业中心252家，已挂牌普惠金融特色网点2449个。持续完善"数字化、全流程、标准化"的普惠金融智能化风控管理体系，信贷资产质量保持稳定。根据2021年的监管口径，建行普惠金融贷款余额1.87万亿元，较2020年增加4499.44亿元，增幅31.60%；普惠金融贷款客户193.67万户，较2020年新增24.12万户。加大对实体经济让利力度，2021年新发放普惠型小微企业贷款利率4.16%，较2020年下降0.20个百分点。

截至2021年末，建行集团共建立"建行裕农通"普惠金融服务点51万个，覆盖全国 80% 的乡镇及行政村，与"村支两委"合作共建服务点占比 37%。构建"建行裕农通"乡村振兴综合服务平台，围绕金融服务、智慧村务、便民事务、电子商务不断完善平台功能，累计注册用户超 200 万户，平台累计发放贷款 51.19 亿元，办理缴费超 1.8 亿元。重点面向乡村种植养殖大户、下乡返乡创新创业人群等发行"乡村振兴·裕农通卡" 1853 万张，新获客占比超 80%。围绕粮食安全、奶业振兴、肉牛、蔬菜、水果和花卉等六大特色涉农产业链生态场景金融服务体系建设，构建以全场景、全客群、全产业链为服务对象的新型业务模式。2021 年末，建行涉农贷款余额 2.47 万亿元，较 2020 年增加 3769.62 亿元，增幅 18.05%，其中对公涉农贷款余额 1.74 万亿元，对私涉农贷款余额 7213.25 亿元；普惠型涉农贷款（不含贴现）余额 2954.27 亿元，较 2020 年增加 701.70 亿元，增幅 31.15%；涉农绿色贷款余额 4069.88 亿元，较 2020 年增加 1388.20 亿元，增幅 51.77%。涉农贷款客户数 235.15 万户，当年新发放涉农贷款利率 4.30%，较 2020 年下降 0.07 个百分点。

（资料来源：《中国建设银行股份有限公司 2021 年年度报告》。）

民生银行采用扁平化运作模式，在总行层面成立普惠金融事业部，实行矩阵式事业部体制，协调、推进全行小微金融业务；在分行层面，成立小微企业金融事业部分部，通过小微金融中心（支行）、小微便利店等专业化服务网点，提高小微金融的覆盖率与可得性。中信银行注重普惠金融业务的统筹管理和顶层设计，在总行和 20 家重点分行设立普惠金融一级部。华夏银行在总行成立普惠金融事业部的基础上，推动完成分行组建普惠金融机构，逐步实现边界内相对独立的"五专"机制，进一步聚焦小微企业。浙商银行自上而下构建起矩阵型、穿透式、三层级普惠金融经营管理体系，在原有小企业信贷中心的基础上成立普惠金融事业部，并在全国多家分行设立了分部。其他未设立普惠金融事业部的股份制银行也积极探索设立普惠金融中心。招商银行在一级分行设立了普惠金融服务中心，成立 400 多个普惠金融专业服务团队，2000 多名小微金融服务客户经理专门负责服务小微企业，覆盖全国主要城市区域。浦发银行深化普惠金融供给侧结构性改革，加强数字普惠发展，强化产品创新，补齐制度短板，深化政策协同和部门协作，不断扩大普惠客户触达面和覆盖面，稳步推进普惠金融高质量发展。

地方法人金融机构充分利用贴近基层的天然优势，持续扩大服务半径，金融服务触角不断向下、向小、向农延伸，有效拓展金融服务广度。如重庆农商银行，截至2021年末，拥有分支机构1760个，包括总行及营业部、7个分行、35个一级支行、134个二级支行、2个社区支行、1580个分理处。分支行网络覆盖重庆全部38个行政区县，在重庆县域设有1452个网点，在重庆主城设有306个网点。重庆农商银行持续深化农村地区基础金融服务，加大乡村振兴支持力度，全辖已建成并上线运行479个农村便民金融服务点，在便民惠农的同时有效延伸本行金融服务触角，广受当地政府及群众的欢迎。北京银行设立59家科技、文创及小微特色支行，2家文创专营支行，11家"信贷工厂"，推动小微业务专职、专业化运营，并设立首家银行系统创客中心，累计服务民营小微企业超10万家。长沙银行以县域支行为核心，以乡镇支行为支撑，以农村金融服务站为延伸，打造"县域支行＋乡镇支行＋农村金融服务站"三位一体的县域金融桥头堡，在64个县设置营业机构，开设农村金融服务站5700余家、社区银行75家、小微信贷中心17个，将金融服务延伸到"最后一公里"，县域覆盖率达到92%。台州银行践行"与客户做朋友"的社区银行商业模式，80%的网点分布在城郊接合部、乡镇、村居，打造老百姓家门口的"金融便利店"。江苏海安农商银行推进"最后一公里"服务圈建设，建设覆盖全县10个区镇、127个行政村的服务网络，建设农村金融服务站150余个。贵州花溪农商银行不仅组织自行车金融服务队上门服务，还投入12台助农流动服务车，开启"流动银行"服务新模式。打破了传统柜台金融服务限制，切实把银行柜面服务延伸至青岩、马铃、高坡等12家涉农力度较大的支行所服务的村寨，共覆盖12个乡镇、128个行政村、20余万人口。

贵州花溪农村商业银行

截至2021年末，全国农村商业银行从2018年的1397家增加至1596家，村镇银行从2018年的1616家增加至1651家，民营银行数量增加至19家，较好地发挥了农村金融机构推行普惠金融的作用。

·| 知识链接 |·

中信银行普惠金融"多快好省" 支持小微企业抗疫纾困

为深入贯彻落实党中央、国务院决策部署，持续加大对小微企业的金融帮扶力度，中信银行以"多、快、好、省"的普惠金融服务，全力支持小微企业抗疫纾困。截至2022年一季度末，中信银行普惠金融贷款余额突破4000亿元，有贷户超20万户，不良率保持在同业较低水平。其中，普惠法人贷款规模在股份制银行中率先突破1000亿元，三年来贷款规模增长10倍，有贷户数量增长13倍，贷款不良率不到1%，贷款规模、户数、资产质量位居股份制银行首位。

一、满足产品需求，突出一个"多"字

中信银行以提高小微企业融资可得性为宗旨，建设普惠金融创新试验田、产品研发智能信贷工厂，打造涵盖"供应链类、场景类"等在内的"中信易贷"数字化产品体系，更好地满足小微企业信用贷、随借随还、无还本续贷等各类融资需求。

中信银行依托供应链大数据，构建"订单e贷、政采e贷、商票e贷"等上游供应商类产品体系，盘活核心企业上游小微企业的订单、应收账款、票据等流动资产；构建"经销e贷、信e销、保兑仓"等下游经销商类产品体系，挖掘核心企业下游小微企业信息流、资金流、物流等数据价值。中信银行石家庄分行将产品嵌入雄安新区建设资金管理区块链信息系统，实现"区块链技术"与"供应链场景"有机结合，贷款全线上操作，有效解决小微供应商、分包商融资问题，为雄安新区建设做出贡献。

中信银行深挖科创、外贸、物流等特色行业场景大数据价值，创新"科创e贷、关税e贷、物流e贷、银税e贷、跨境电商e贷"等纯信用、线上化场景类产品，实现小微企业"场景大数据"向"好信用"的有效转化。例如，中信银行积极响应国家"双创"发展战略，于2021年11月面向"专精特新"小微企业推出秒申秒贷、随借随还的"科创e贷"，截至2022年5月末，已向1000多户"专精特新"小微企业累计发放信用贷款近70亿元，因金额大、手续简、效率高、体验佳的特点，广受客户好评。

二、立足服务优化，突出一个"快"字

中信银行以提高小微企业服务满意度为中心，完善服务渠道、优化业务流程，为小微企业提供一站式、全周期、全方位的综合金融服务，更好地支持小微企业"短、小、频、急"的服务需求。

中信银行构建以手机银行、网上银行、微信银行、门户网站等为主体的线上化无接触客户服务渠道体系，7×24小时支持在线服务；客户经理依托MPP移动作业平台和内容管理平台，提供随时随地的贴心服务。

中信银行根据小微企业特点优化审批授权、精简业务环节、完善审查审批标准，投产智能风控平台，实现客户贷款从申请、审批、支用、贷后、还款的全流程线上化操作。以中信银行业内首创的"物流e贷"为例，全流程无人工干预，客户从贷款申请到资金到账只需几分钟，其中首贷户占比超50%，支持物流保通保畅。

三、加大资源倾斜，突出一个"好"字

中信银行以降低小微企业负担为重点，强化政策资源倾斜，建立协调服务快速反应机制，更好地保障小微企业金融服务工作的开展。

通过优惠利率将政策红利全部反哺小微企业。积极落实延期还本付息政策，仅2022年一季度就为1694户受疫情影响暂时经营困难的小微企业办理延期还本付息50亿元。

出台普惠金融支持疫情防控七大举措，信贷规模专项保障、绿色通道全程开启，利率优惠、费用减免、展期续贷和征信保护多管齐下，积极支持小微企业抗疫复产。疫情防控期间，中信银行南京分行通过录音电话远程核实，依据电子材料审查审批，为江苏某生产医用防护服的高新技术企业提供200万元的资金支持。中信银行深圳分行成立"普惠抗疫先锋队"，开辟绿色审批通道，通过电话、微信指导企业操作，在仅8天内就投放线上贷款110笔。中信银行上海分行主动摸排辖内客户，制定"主动投入类""主动帮扶类""战略布局类"客户清单，分类施策、主动对接、快速响应，足额保障企业金融需求。

四、做实减费让利，突出一个"省"字

中信银行以缓解小微企业融资贵为关键，在广泛减免服务收费的同时，着力降低资金成本、倒贷成本，努力节约时间成本、操作成本，力争为小微企业节省每一分钱。

中信银行主动承担小微企业贷款房屋抵押登记费及房地产类押品评估费，减免转账汇款手续费、ATM跨行取现手续费、账户服务费、电子银行服务费等四大类11项结算费用。

中信银行持续提升普惠金融线上化水平，加大信用贷款推广力度，降低操作成本、往返成本。强化随借随还、无还本续贷业务推广，降低倒贷成本，实现借款还贷"无缝衔接"。通过内部流程精简、资金成本控制，以信贷成本优化持续让利小微企业。

（资料来源：http://www.citicbank.com/about/companynews/banknew/message/202206/t20220629_3505858.html。）

3.3.2 小微信贷产品体系不断创新丰富

持续推出符合小微企业特点的信贷产品，是提升小微金融服务的重要举措。小微信贷产品体系包括贷款产品、保险产品、质押产品、融资担保产品、支付结算产品等一切有利于小微企业融资的产品。2012年国务院印发《关于进一步支持小型微型企业健康发展的意见》，支持商业银行开发适合小微企业特点的各类金融产品和服务，积极发展商圈融资、供应链融资等融资方式。强化小金融机构主要为小微企业服务的市场定位，创新金融产品和服务方式，优化业务流程，提高服务效率。改善信用保险服务，定制符合小微企业需求的保险产品，扩大服务覆盖面。2013年国务院办公厅印发《关于金融支持小微企业发展的实施意见》，其中指出，增强服务功能、转变服务方式、创新服务产品，是丰富和创新小微企业金融服务方式的重点内容。要进一步引导金融机构增强支小助微的服务理念，动员更多营业网点参与小微企业金融服务，扩大业务范围，加大创新力度，增强服务功能；牢固树立以客户为中心的经营理念，针对不同类型、不同发展阶段小微企业的特点，不断开发特色产品，为小微企业提供量身定做的金融产品和服务。2018年发布的《中国银监会办公厅关于2018年推动银行业小微企业金融服务高质量发展的通知》要求各银行业金融机构要加大续贷政策落实力度，在守住风险底线的基础上，加强续贷产品的开发和推广，简化续贷办理流程，支持正常经营的小微企业融资周转"无缝衔接"。鼓励银行业金融机构改进小微企业贷款期限管理，研发适合小微企业的中长期贷款产品。2021年发布的《中国银保监会办公厅关于2021年进一步推动小微企业金融服务高质量发展的通知》指出，要丰富普惠保险产品业务，更好地为小微企业提供融资增信和保障服务。

中国工商银行持续推进普惠金融产品创新。升级"经营快贷"产品，加快多维数据整合应用，完善非接触服务模式。推出"科创贷""兴农贷""光伏贷"等创新场景，更好地满足细分市场需求。持续推进"e抵快贷"产品全流程线上化改造，提升业务处理效率和客户体验；创新推出"e企快贷"产品，进一步丰富线上押品范围。优化供应链金融服务平台，打造数字供应链融资统一服务门户，进一步提升服务能力。

交通银行依托金融科技持续优化产品服务，推进普惠金融扩面提质。逐步完善由基础产品、特色产品构建的"法人＋个人""线上＋线下"的一体化普惠金融产品体系。

打造"普惠e贷"线上产品体系，实现抵押、信用、保证等多种方式的自由组合，满足不同客户在额度、定价等方面的差异化需求；强化对小微首贷、续贷、信用贷、制造业贷款、中长期贷款等重点支持领域的信贷投放，落实减费让利政策，近3年普惠小微贷款复合增长率超50%。交通银行以客户为中心，加大场景定制力度，积极对接信易贷等各类数据平台，通过数据共享和分析运用，推出"园区贷""医保贷"等特色产品服务民生场景，与工商联合作开通"小微贷款直通车"，提供便捷的个性化线上融资服务。

中国邮政储蓄银行不断丰富数字化产品体系。借助数据化、模型化、标准化的技术手段，持续丰富"小微易贷"、小额"极速贷"等数字化拳头产品，并将其打造成为邮储银行深耕小微客户群的重要手段。完善数字化产品设计，实施产品组件化、模块化管理，实现产品及产品组合快速迭代创新。围绕企业生命周期内各类经营管理场景，广泛对接税务、发票、政务、进出口、企业订单等外部数据，不断丰富各类线上获客场景，实现产品与场景融合。通过打造线上小微易贷"N＋3＋2"模式，满足小微企业多样化的融资需求。截至2021年9月末，邮储银行线上化小微贷款产品余额6628亿元，较2020年末增长45%。

平安银行持续提升普惠金融服务水平，加强数字普惠服务能力。运用人工智能、生物识别、大数据、区块链、云计算等前沿科技，上线"新微贷"产品，持续优化"智贷星""新一贷"等精品业务，持续开展业务模式及智慧服务创新，在智能制造领域，推出数字贷智造产品，助力小微制造型企业经营。平安银行通过产品不断优化创新，运用各种数字科技能力，切实支持民营企业、中小微企业发展，解决其融资难、融资贵问题。

上海银行聚焦小微企业客户需求，打造涵盖"担保快贷""抵押快贷""场景快贷""信用快贷"的产品体系，通过流程线上化、审批自动化、风控智能化、获客批量化，形成标准化产品服务能力，提升客户体验与作业效能。

北京农商行推出"小微快贷""小微企业循环贷""农商e信通""个人经营快捷贷"等信贷产品，为小微企业融资提供便利。

微众银行在普惠金融道路上持续深耕，已陆续推出了"微粒贷"、"微业贷"、"微车贷"、"微众银行"App、"微众企业爱普"App、"小鹅花钱"、"We2000"等产品，提升了金融服务的覆盖率、可得性、满意度。

部分商业银行的主要小微信贷产品如表 3-2 所示。

表 3-2　部分商业银行的主要小微信贷产品

银行名称	主要小微信贷产品
中国银行	中银企 E 贷、微贷通、中银结算通宝、中银税贷通
中国农业银行	微捷贷、链捷贷、快捷贷、简式贷
中国工商银行	小企业周转贷款、个人经营贷款、经营快贷
中国建设银行	助保贷、小微快贷、信用贷、质押贷、善融贷
交通银行	线上优贷通、线上税融通、线上抵押贷
中国邮政储蓄银行	小微易贷、快捷贷
浦发银行	结算贷、银税贷、浦惠税贷
中国光大银行	阳光 e 微贷、网易贷、税贷易
广发银行	小微 E 秒贷、税银通、电商贷、政银通
北京银行	小微贷、信用贷、银税贷、京诚贷
南京银行	鑫快捷、鑫采购、鑫联税
杭州银行	税金贷、云小贷、云抵贷
安徽农村商业银行	金农商 e 贷、金农企 e 贷、金农小微贷
网商银行	网商贷、网商贴
微众银行	微业贷
重庆农村商业银行	小微企业便捷贷、小微增信贷、税易贷
兴业银行	易速贷、连连贷、交易贷

资料来源：各商业银行官网。

3.3.3 普惠小微贷款供给投放持续增加

融资支持是小微企业健康发展必不可少的一环，增加金融机构的有效供给，加大对小微企业的信贷支持力度，是监管部门和银行业服务实体经济、服务人民群众根本利益的重要体现。2014 年，中国人民银行下发《关于开办支小再贷款支持扩大小微企业信贷投放的通知》（银发〔2014〕90 号），正式在信贷政策支持再贷款类别下创设支小再贷款，专门用于支持金融机构扩大小微企业信贷投放。

2015 年，银行业小微企业金融服务工作目标由以往单纯侧重贷款增速和增量的"两个不低于"调整为"三个不低于"，即：在有效提高贷款增量的基础上，努力实现小微企业贷款增速不低于各项贷款平均增速，小微企业贷款户数不低于上年同期户数，小微企业申贷获得率不低于上年同期水平。

《中国银监会办公厅关于2018年推动银行业小微企业金融服务高质量发展的通知》提出，要引导银行业金融机构加强对普惠金融重点领域的支持，聚焦小微企业中的相对薄弱群体。自2018年起，在银行业普惠金融重点领域贷款统计指标体系的基础上，以单户授信总额1000万元以下（含）的小微企业贷款（包括小型微型企业贷款＋个体工商户贷款＋小微企业主贷款，下同）为考核重点，努力实现"两增两控"目标："两增"即单户授信总额1000万元以下（含）小微企业贷款同比增速不低于各项贷款同比增速，有贷款余额的户数不低于上年同期水平；"两控"即合理控制小微企业贷款资产质量水平和贷款综合成本（包括利率和贷款相关的银行服务收费）水平。

2020年4月，中国银保监会办公厅发布《关于2020年推动小微企业金融服务"增量扩面、提质降本"有关工作的通知》，强调要努力实现2020年银行业小微企业（含小微企业主、个体工商户）贷款"增量、扩面、提质、降本"的总体目标。"增量"是单户授信总额1000万元以下（含）的普惠型小微企业贷款确保实现"两增"，即贷款较年初增速不低于各项贷款增速、有贷款余额的户数不低于年初水平。"扩面"是指增加获得银行贷款的小微企业户数，着力提高当年新发放小微企业贷款户中"首贷户"的占比。"提质"是指提升小微企业信贷服务便利度和满意度，努力提高信用贷款和续贷业务占比。"降本"是指进一步推动降低普惠型小微企业贷款的综合融资成本。

在政府的政策引导及金融机构的全力支持下，我国普惠小微贷款供给投放力度逐年加大，小微企业的融资可获性和便利度有了较大提升。根据中国人民银行公布的《金融机构贷款投向统计报告》，2019—2021年全国普惠型小微企业贷款余额增长趋势明显，由2019年的11.59万亿元增长到2021年的19.23万亿元，年均增长率超过20%。其中，2020年受到新冠疫情影响，为了帮助小微企业复工复产共渡难关，国家加大信贷供给投放，普惠型小微贷款余额15.1万亿元，增长率高达30.3%（见图3-3）。银行业金融机构作为小微金融服务的重要供给方，坚决贯彻落实党中央、国务院关于支持小微企业健康发展，不断提升小微金融服务能力的重要精神，加大对小微企业的信贷倾斜，着力解决小微企业融资难、融资贵的问题。国家金融监督管理总局的官网数据显示，2019—2021年，银行业金融机构普惠型小微企业贷款余额逐年递增趋势明显，2020年和 2021 年的增长率分别为 30.86% 和 24.94%。国有大型商业银行增速最快，其次是全国性股份制商业银行和城市商业银行，增速在 20% 以上。农村金融机构也保持着较快的增长态势，2020 年普惠金融小微企业贷款余额突破 5 万亿元，为小微企业顺利复工复产做出了巨大贡献。

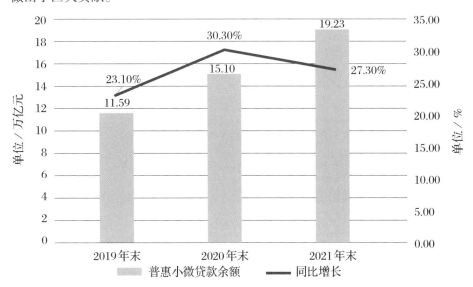

图 3-3　2019—2021 年全国普惠型小微企业贷款情况

数据来源：国家金融监督管理总局官网。

2019—2021 年银行业金融机构普惠型小微贷款情况如图 3-4 所示。

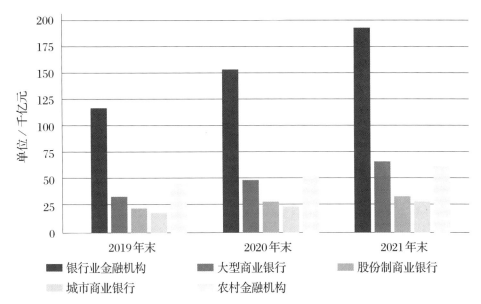

图 3-4　2019—2021 年银行业金融机构普惠型小微贷款情况

数据来源：国家金融监督管理总局官网。

3.3.4 金融科技赋能小微金融日益凸显

金融科技发展规划（2022—2025年）

　　提升小微企业金融服务一直都是重点工程，2020年，中国人民银行等八部门联合发布《关于进一步强化中小微企业金融服务的指导意见》（以下简称《意见》）。《意见》要求运用金融科技手段赋能小微企业金融服务。鼓励商业银行运用大数据、云计算等技术建立风险定价和管控模型，改造信贷审批发放流程。深入挖掘整合银行内部小微企业客户信用信息，加强与征信、税务、市场监管等外部信用信息平台的对接，提高客户识别和信贷投放能力。打通企业融资"最后一公里"堵点，切实满足中小微企业融资需求。2021年7月，中国人民银行印发了《关于深入开展中小微企业金融服务能力提升工程的通知》，指出要充分运用科技手段赋能中小微企业金融服务。鼓励银行业金融机构通过大数据、云计算、区块链等金融科技手段，提高贷款效率，创新风险评估方式，拓宽金融客户覆盖面。中国人民银行于2021年12月印发的《金融科技发展规划（2022—2025年）》特别指出，要以深化金融供给侧结构性改革为目标，发挥大数据、人工智能等技术的"雷达作用"，捕捉小微企业更深层次的融资需求，综合利用各类数据评估小微企业现状，提供与企业经营场景相适配的定制化数字信贷产品，支持企业可持续发展。

　　随着技术创新的不断升级，以及大数据、人工智能、区块链在金融领域的深入应用，金融服务效率显著提高，金融服务成本不断降低，风险防控能力进一步增强。金融科技在支持改进小微企业金融服务方面发挥着日益重要的作用。金融机构通过线上活动以较低的成本与客户建立业务关系，解决服务小微企业的"最后一公里"问题。基于网络平台的商业生态圈，形成信用积累、守信激励、失信惩戒的金融科技生态闭环，为小微企业提供综合金融服务。金融机构合规运用大数据技术，整合内外部信息，助力金融服务半径延展，为无信用记录的小微企业解决首次贷款的问题。供应链金融平台的模式联通核心企业与上下游企业的信息系统，提升小微企业的融资可得性，降低融资成本。金融科技赋能小微企业金融服务的基础在于数据，核心在于风控，重点在于供给端，本质在于解决信息不对称、不充分的问题。

　　小微企业信贷具有典型的零售化特征，能够与金融科技完美结合。近年来，商业银行纷纷将小微金融作为核心领域，借助金融科技全面重构小微企业信贷业务体系，显著提升了普惠金融服务的覆盖率和可获得性。邮储银行在传统网点优势的基础上，通过丰富数字化产品体系、拓展数字化获客渠道、搭建轻型化运营体系、升级智能化风控体系等方式，持续向"产品数字化、平台开放化、场景线上化"转型发展，推进小微金融数字化转型，提升普惠客群的金融获得感和满意度，增强普惠服务的可获得性和便利性。民生银行不断迭代全流程风控体系。通过深挖行内数据、引入外部数据，搭载智能 AI、云计算等技术，全面覆盖客户准入、身份验证、欺诈风险识别、贷前风险预测、差异化定额定价、贷中监测预警、贷后风险监测为一体的全流程智能风控，为普惠金融高质量发展保驾护航。杭州银行将金融科技和互联网运营作为客户经营的载体、获客的抓手和风控的手段，通过金融科技赋能业务发展和管理提升，凸显线上线下相结合的优势，为客户在各种场景下提供便捷、高效、普惠、安全的产品和服务。青岛农商行以金融科技和业务创新为驱动，扎实推进外部智能化服务和内部数字化管理，2021 年建立数字化转型八大"部落"，完成数字化转型重点项目 71 个，上线直销银行 3.0 迭代版本，首推"退税 e 贷"线上融资，开办"米链贷"线上保理等特色业务。网商银行对外发布"百灵"智能交互式风控系统，在行业内首次探索人机互动信贷技术。"百灵"系统目前可识别的凭证类型有 26 种，当小微企业主想提升自身贷款额度时，可以上传合同、发票、店面照片、货架照片等材料，"百灵"系统会尝试识别这些材料，从中分析对方的经营实力，判断更为合适的贷款额度。

浙商银行：数智浙银

3.3.5 小微金融服务政策体系更加健全

强化小微企业金融服务，需要发挥好市场在资源配置中的决定性作用，同时更好地发挥政府作用，加大政策支持，激发金融机构服务小微企业的内在动力。党中央、国务院多次研究部署深化小微企业金融服务的政策措施，指导多部门出台一系列具有针对性的政策，努力形成长效、可持续的金融支持小微企业发展机制。

普降金融机构存款准备金率

对小微企业金融服务予以政策倾斜，是做好小微企业金融服务、防范金融风险的必要条件。银行业金融机构普惠型小微企业贷款（单户授信总额 1000 万元及以下小微企业贷款）要达到"两增两控"要求。在简化程序、业务准入、风险资产权重、存贷比考核等方面实施差异化监管。降低小微企业贷款资本监管要求，提高小微企业不良贷款容忍度，拓宽小微企业不良资产处置渠道，增加小微企业金融业务的考核分值权重，确保普惠金融类指标在内部绩效考核指标中权重占比 10% 以上，落实授信尽职免责制度和容错纠错机制。完善定价机制，将小微企业融资利率保持在合理水平，不断降低小微企业融资成本。支持符合条件的银行发行小微企业专项金融债，用所募集资金发放的小微企业贷款不纳入存贷比考核。开发银行、政策性银行要对合作银行明确约定，以转贷款资金发放的小微企业贷款平均利率，不得高于当地同类机构同类贷款平均水平，引导合作银行加大对小微企业贷款利率的优惠力度。

创设定向中期借贷便利（TMLF），充分发挥宏观审慎评估（MPA）的引导作用。推出普惠小微企业贷款延期支持工具和普惠小微企业信用贷款支持计划两项直达实体经济的货币政策工具及接续转换政策。其中，普惠小微企业贷款延期支持工具转换为普惠小微贷款支持工具，普惠小微企业信用贷款支持计划并入支农支小再贷款管理。推出民营企业债券融资支持工具，以市场化方式支持民营企业债券融资。逐步推进信贷资产证券化常规化发展，引导金融机构将盘活的资金主要用于小微企业贷款。鼓励担保机构加大对小微企业的服务力度，推进完善有关扶持政策。积极争取将保险服务纳入小微企业产业引导政策，不断完善小微企业风险补偿机制。对金融机构小微企业贷款利息收入免征增值税。不断深化小微企业信用信息共享应用，持续推进小微企业公共服务体系建设，进一步优化营商环境。

金融支持降低
小微企业融资
成本

· | 知识链接 | ·

中国人民银行实施两项直达工具接续转换

为贯彻落实党中央、国务院关于支持小微企业的决策部署，按照国务院常务会议决定，中国人民银行下发通知，自 2022 年 1 月 1 日起实施普惠小微企业贷款延期支持工具和普惠小微企业信用贷款支持计划两项直达工具接续转换。

一是将普惠小微企业贷款延期支持工具转换为普惠小微贷款支持工具。金融机构与企业按市场化原则自主协商贷款还本付息。从 2022 年起到 2023 年 6 月底，中国人民银行按照地方法人银行普惠小微贷款余额增量的1%提供资金，按季操作，鼓励持续增加普惠小微贷款。二是从2022年起，将普惠小微企业信用贷款支持计划并入支农支小再贷款管理。原来用于支持普惠小微信用贷款的4000亿元再贷款额度可以滚动使用，必要时可再进一步增加再贷款额度。符合条件的地方法人银行发放普惠小微信用贷款，可向人民银行申请支农支小再贷款优惠资金支持。

人民银行将充分发挥好接续转换的市场化工具牵引带动作用，建立正向激励机制，引导地方法人银行自主决策、自担风险扩大包括信用贷款在内的普惠小微贷款投放，积极挖掘新的融资需求，加大对小微企业、小微企业主和个体工商户的支持力度，持续推动普惠小微贷款增量、降价、扩面，助力稳企业保就业，促进稳定宏观经济大盘。

（资料来源：http://www.gov.cn/xinwen/2022-01/02/content_5666092.htm。）

3.4 小微金融服务机构未来发展趋势

3.4.1 以信贷投放为抓手，确保稳定高效的增量金融供给

银行业金融机构要完整、准确、全面贯彻新发展理念，围绕"六稳"[①]"六保"[②]战略任务，加强和深化小微企业金融服务，支持小微企业纾困恢复和高质量发展，稳定宏观经济大盘。银行业金融机构要继续发挥好小微企业间接融资的主渠道作用，实现信贷供给总量稳步增长。继续围绕"两增"目标，将单户授信总额1000万元以下（含）的普惠型小微企业贷款作为投放重点。

3.4.2 深化供给侧结构性改革，提高信贷资源配置效能

（1）完善多层次的小微企业信贷供给体系

大型银行、股份制银行要进一步健全普惠金融事业部的专门机制，保持久久为功、服务小微企业的战略定力，发挥网点、技术、人才、信息系统等优势，下沉服务重心，更好地服务小微企业，拓展首贷户。地方法人银行要坚守定位，将服务小微企业作为自身改制化险、转型发展的重要战略方向，用好已经出台的普惠小微贷款增量奖励、

---

① "六稳"指的是稳就业、稳金融、稳外贸、稳外资、稳投资、稳预期。
② "六保"指的是保居民就业、保基本民生、保市场主体、保粮食能源安全、保产业链供应链稳定、保基层运转。

支小再贷款等货币政策工具，切实加大信贷投放力度，着力提高普惠型小微企业信用贷款占比。开发银行、政策性银行要继续深化完善与商业银行合作的小微企业转贷款业务模式，并根据自身战略定位和业务特点，稳妥探索开展对小微企业的直贷业务。

（2）进一步增强小微企业贷款可获得性

银行业金融机构要加大信贷产品的创新力度，加强对小微企业信用信息的挖掘运用，着重提高信用贷款发放效率。针对小微企业轻资产的特点，积极推广存货、应收账款、知识产权等动产和权利质押融资业务，降低对不动产等传统抵押物的过度依赖。深入推进银担合作、银保合作。支持银行业金融机构与国家融资担保基金及其合作担保机构有序开展总对总的"见贷即保"批量担保业务，为小微企业、个体工商户提供信贷支持，合理分担贷款风险。鼓励政府性融资担保机构在同等条件下优先为小微企业和个体工商户首贷户贷款提供担保。鼓励保险机构稳步开展小微企业融资性信保业务，对优质小微企业给予费率优惠。

（3）做好延期还本付息政策接续和贷款期限管理

银行业金融机构要做好延期还本付息政策到期的接续转换。进一步推广"随借随还"模式，加大续贷政策落实力度，主动跟进小微企业融资需求，对符合续贷条件的正常类小微企业贷款积极给予支持。对确有还款意愿和吸纳就业能力、存在临时性经营困难的小微企业，统筹考虑展期、重组等手段，按照市场化原则自主协商贷款还本付息方式。

（4）着力改善信贷资源投放的区域均衡性

银行保险机构要发挥金融对地方经济社会发展的撬动作用，积极参与做强地方特色行业产业，发掘市场潜力，助力小微企业成长壮大，创造培育有效融资需求，实现供需良性互动。大型银行、股份制银行制订普惠型小微企业信贷计划，要向欠发达地区的一级分行压实信贷投放任务，并明确要求各一级分行在向下分解信贷计划时，优先满足辖内相对欠发达地区信贷需求。在内部资金转移定价（FTP）、利润损失补偿、综合绩效考核、营销费用等方面，可适当向相对欠发达地区倾斜。

（5）强化金融科技手段助力小微金融服务创新

商业银行运用大数据、云计算等技术建立风险定价和管控模型，改造信贷审批发放流程。深入挖掘整合银行内部小微企业客户信用信息，加强与征信、税务、市场监管等外部信用信息平台的对接，提高客户识别和信贷投放能力。加强产业链、供应链金融创新，助力与资金链的有效对接。围绕产业链、供应链核心企业，"一企一策"制订覆盖上下游小微企业的综合金融服务方案。在依法合规、风险可控的基础上，充分运用大数据、区块链、人工智能等金融科技，在农业、制造业、批发零售业、物流业等重点领域搭建供应链、产业链金融平台，提供方便快捷的线上融资服务。整合发挥银行在数据信息、IT系统、客户资源等方面的优势，帮助核心企业打通产业链上下游环节，培育小微企业客户集群。优化对核心企业上下游小微企业的融资和结算服务，依托产业链供应链的交易数据、资金流和物流信息，有序发展面向上下游小微企业的信用融资和应收账款、预付款、存货、仓单等动产质押融资业务。

3.4.3 做实服务小微企业的专业机制，提升综合金融服务能力

（1）对标监管要求做实做细"敢贷愿贷"内部机制

银行业金融机构要认真对照商业银行小微企业金融服务监管评价指标和上年度评价结果，进一步深化完善普惠金融专业机制，不折不扣地落实机构建设、绩效考核、内部转移定价、不良容忍度、授信尽职免责等要求，逐项查漏补缺，完善内部细则，明确执行流程，向分支机构特别是基层网点和员工及时、准确地传达政策导向。对符合条件的分支机构合理扩大授信审批权限，适当简化分支机构评审评议流程，提高贷款审批效率。

（2）多措并举满足小微企业非信贷金融需求

银行业金融机构要加快推进小微企业简易开户服务，根据企业需求，针对互联网新业态，改进开户流程，设置与客户身份核实程度、账户风险等级相匹配的账户功能，适当简化辅助证明文件材料要求，改善用户体验。要立足小微企业的真实贸易背景和实际资金周转需求开展票据融资业务，严禁为无真实贸易背景的票据办理贴现。积极配合落实《保障中小企业款项支付条例》，加强业务甄别与自律。鼓励银行保险机构在工程建设、招投标等领域为符合条件的小微企业提供保函和保证保险产品，减轻企业保证金占款压力。

（3）严格落实信贷融资收费和服务价格管理规定

严禁银行保险机构违规向小微企业收取服务费用或变相转嫁服务成本。银行保险

机构与第三方机构合作开展小微企业金融服务的，要了解第三方机构向小微企业收费情况，评估企业综合融资成本。银行保险机构应当要求第三方机构将其所提供服务的资费标准向小微企业充分告知，并明确约定禁止第三方机构以银行名义向小微企业收取任何费用。要持续评估合作模式，及时终止与服务收费质价不符机构的合作。

（4）切实加强风险管理和数据治理

银行业金融机构要做实贷款"三查"，强化内控合规管理，严禁虚构小微企业贷款用途套利，防止信贷资金变相流入资本市场和政府融资平台等宏观政策调控领域。鼓励通过依法合规的核销、转让等方式，加大小微企业不良贷款处置力度。银行保险机构要健全内部数据治理体系，加强信息系统建设，在此基础上严格落实监管统计制度要求，明确责任，着重加强对小微企业贷款余额、户数、利率、风险分类等关键指标数据的质量把关，确保统计数据真实反映小微企业金融服务情况。

（5）健全完善金融支持抗疫救灾长效机制

银行保险机构要提高对公共卫生事件及重大自然灾害的应急响应能力，支持遇疫受灾地区和行业的小微企业生产自救、纾困发展。要建立灵活调配投放金融资源、协调服务的快速反应机制，在信贷融资、保险理赔、在线服务、技术保障等方面开辟绿色通道。

3.4.4 推动加强信用信息共享应用，促进小微企业融资

（1）积极参与推进信用信息共享机制和融资服务平台建设

各级监管部门、各银行保险机构要落实《国务院办公厅关于印发加强信用信息共享应用促进中小微企业融资实施方案的通知》（国办发〔2021〕52号）要求，主动加强与中央有关部门和地方政府的沟通对接，从融资供给端出发，推动健全信息共享网络，有序扩大涉企信用信息的共享范围，丰富数据归集和交换方式，提升信用信息数据的可用性，完善融资信用服务平台功能。立足于小微企业生产经营和融资渠道高度本地化的特点，进一步总结推广省市级融资信用服务平台建设的良好经验，重点提高区域性信息集成共享和应用效率。

加强信用信息共享应用促进中小微企业融资实施方案

（2）依托信用信息共享机制加快大数据金融产品开发应用

银行保险机构要把握好信用信息共享加快深化的有利时机，强化自

身数据能力建设，综合运用大数据等金融科技手段，充分利用内外部信息资源，拓宽融资服务场景，创新优化融资模式，完善授信评审机制、信用评价模型、业务流程和产品。扎实推进数字化转型，建设数字化运营服务体系和金融服务生态，提升数据管理能力，确保业务经营、产品研发、风险管理、内部控制的关键环节自主把控。

（3）加强信用信息安全和保密管理

银行保险机构要完善涉企信用信息的安全管理体系，落实保密管理责任，加强数据安全和隐私保护。通过各级融资信用服务平台获取的涉企信用信息不得用于为企业提供融资支持以外的活动。与第三方机构合作开展涉企信用信息应用的，应当建立安全评估的前置程序。交由第三方处理的涉企数据，应按照有关监管规定，依据"最小、必要"原则进行脱敏处理。通过第三方机构获取外部涉企数据的，要关注数据源合规风险，明确数据权属关系，加强数据安全技术保护。

 延伸阅读（思政）

金融科技公司"金融＋经营"双向赋能小微企业

在小微金融服务领域，除了银行、保险机构等传统金融机构外，金融科技企业也在积极作为。《金融时报》记者在采访中了解到，金融科技企业作为普惠金融市场的重要参与主体之一，一方面，与传统金融机构积极合作，助力银行业金融机构更好地配置信贷资源，扩大小微融资覆盖面，增强小微企业贷款的可得性；另一方面，探索体系化的小微服务生态，为小微企业提供数字化经营工具，增强小微主体的经营韧性，进而实现"金融＋经营"双向赋能，为小微企业实现更好发展提供动能。

一、助力增强小微贷款可得性

当前，我国普惠金融领域贷款保持较快增速。中国人民银行公布的数据显示，2022年三季度末，普惠小微贷款余额23.16万亿元，同比增长24.6%，增速比上年末低2.7个百分点；前三季度增加3.94万亿元，同比多增4443亿元。但小微企业金融服务仍存在一些痛点、难点问题，尤其是长尾小微企业的信贷供给和信贷结构需进一步完善。"相比于头部小微企业，长尾小微企业长期面临融资难题。在我们服务的普惠客户中，有67%的客户此前从未获得过经营性贷款。在信贷需求方面，长尾小微的规模和经营特点决定了其融资额更低、期限更短。"陆金所控股有关负责人说。

2022年4月，《中国银保监会办公厅关于2022年进一步强化金融支持小微企业发展工作的通知》明确指出，银行业金融机构要加大信贷产品创新力度，加强对小微企业信用信息的挖掘运用，着重提高信用贷款发放效率，并提到"深入推进银担合作、银保合作"。由银行和非银机构合作等形成的多层次融资供给体系可以有力支持小微信贷发展。如金融科技公司、融资担保公司通过与银行达成合作，可以与银行共同分担小微信贷风险，助力银行更好实现小微贷款"敢贷愿贷"，从而将更及时有效的信贷资源传导至小微企业。

陆金所控股相关负责人告诉《金融时报》记者，依托陆金所控股旗下的融资担保主体，陆金所控股帮助银行机构分担小微信贷风险，提升了长尾小微企业获得贷款的机会。截至2022年上半年，陆金所控股已累计服务超过1800万客户，二季度的融资发放中，有84%流向小微主体。其中，绝大多数小微客户的年营业收入在1000万元以下，雇员人数在20人以下，属于"小微中的小微"。

二、提升小微主体经营韧性

近几年来，受到外部复杂环境的影响，小微企业经营承压，但其内部韧性仍然强大。金融科技公司通过提升综合金融服务能力，多举措满足小微企业的非信贷金融需求，从金融与经营两个方向赋能小微企业，进一步增强其内部经营韧性。《金融时报》记者从陆金所控股了解到，其近期在对2072个小微客户调研后发现，小微企业主普遍具备基本的线上经营能力，但在线上经营等数字化能力上仍有较大的提升空间，且对于线上经营工具有较强的需求。75%的受调研企业使用过线上购销平台，43%的受调研企业愿意尝试新平台。除了触网率高之外，受调研企业还具备旺盛的求知欲：92%对在线课程感兴趣，其中，营销推广、线上经营等相关经验最受欢迎。

在这一背景下，金融科技公司可以发挥技术优势，助力小微企业客户提升其线上经营能力。近期，陆金所控股在持续加强小微融资支持的同时，还进一步探索体系化的小微服务生态，为小微企业提供丰富的数字化经营工具，提升其线上经营能力，为小微企业主提供多元化、全生命周期的增值服务。陆金所控股相关负责人表示，为小微企业主打造了数字化经营赋能工具，既可以为小微企业主提供借款、财富管理、保险等综合金融服务，也能够为他们拓展更广泛的商业资源与人脉网络、创造更大范畴的业务拓展空间。截至 2022 年 6 月 30 日，这一工具的累计用户数达 6.6 万人，累计访问量达 5.3 万人次。

三、创新推动业务发展

金融科技公司以科技为驱动让金融服务变得更普惠、更有温度，离不开对前沿技术的深入研究，用技术创新来推动业务发展。风险管理需要覆盖金融业务的整个流程环节，随着大数据、人工智能等全新技术的发展，金融机构正逐步推动风控管理体系朝着智能化、移动化和场景化等方向发展。有金融科技公司持续深化数字技术金融应用，健全安全高效的金融科技创新体系，搭建了业务、技术、数据融合联动的一体化运营平台，建立了智能化风控机制；还有金融科技公司根据不同产品流程，多维数据挖掘，持续提高小微用户的画像精准度，对小微企业的准入、授信进行差异化的风险把控，依托升级后的风险决策引擎推出一系列小微信贷服务解决方案，以全线上申请、高效便捷、符合小微经营需求的优势，在风险可控的前提下，为小微企业提供服务。业内人士认为，数据安全与合规是金融科技公司的生命线，在鼓励技术创新的同时，还需要高度重视数据安全及隐私保护。金融科技公司应遵循并强调数据使用最小化原则、用户知情及可选原则、最强用户隐私保护及数据安全原则。

为进一步加强数据安全底层能力，金融科技公司还通过持续升级核心技术，如数据加密与密钥管理、数据共享系统、数据分类分级、安全风险评估、数据防泄露管理、数据库安全审计、入侵防御预警阻断、数据资产泄露监控、数据应急响应等技术，全面提升技术能力，为用户提供更强的安全保障。

（资料来源：https://www.financialnews.com.cn/kj/jrcx/202211/t20221128_260398.html。）

实训探究

数字化转型中的信息保护难题及破解之术

数字化已成为金融业务发展的重要驱动力。"十四五"规划明确提及"促进数字技术与实体经济深度融合，赋能传统产业转型升级"。在数字技术赋能金融业务的进程中，如何让技术更好地服务小微企业成为当下金融业发展的重要战略方向之一。通过借助金融科技，银行业金融机构与外部金融科技服务商将共同探索全流程线上化、自动化的智能服务模式，共建小微金融数字生态平台。商业银行构建小微金融生态圈，需要引入科技服务商、场景方、上下游企业与政府部门等多方参与主体，通过生态伙伴的多元化协作与共享数据信息，使金融服务无缝链接到小微企业的经营管理活动之中。然而，在这种共享模式下，个人信息面临过度采集或者被恶意窃取的风险。深化数据运用是金融科技发展的必然趋势，但个人信息保护也是不容忽视的重要方面。而数据共享的一大难点在于要保证用户个人隐私数据不被泄露。随着金融科技的快速发展，部分网络平台在采集消费者个人信息时，通过技术手段将消费者信息物化为商品，在一定程度上弱化了消费者对个人信息的控制。

请结合相关学科知识，探求商业银行在实现数字化转型过程中如何破解数据共享与个人信息保护的难题，并完成一篇实训探究报告。

课后习题

1. 单选题

（1）银监会提出银行要建立小企业金融服务专营机构的时间是（　　）。

A. 2005 年　　　　　　　　　　　　B. 2007 年

C. 2008 年　　　　　　　　　　　　D. 2010 年

（2）下列不属于政策性银行的是（　　）。

A. 中国农业银行　　　　　　　　　　B. 中国农业发展银行

C. 中国进出口银行　　　　　　　　　D. 国家开发银行

（3）以下属于城市商业银行的是（　　　）。

A.北京农商银行　　　　　　B.浙商银行

C.杭州银行　　　　　　　　D.网商银行

2. 多选题

（1）新型农村金融机构有（　　　）。

A.农村商业银行　　　　　　B.农村资金互助社

C.村镇银行　　　　　　　　D.贷款公司

（2）非银行业金融机构包括（　　　）。

A.保险机构　　　　　　　　B.小额贷款公司

C.担保机构　　　　　　　　D.债券公司

（3）普惠型小微贷款的对象包括（　　　）。

A.小型微型企业贷款　　　　B.个体工商户贷款

C.小微企业主贷款　　　　　D.农户

3. 判断题

（1）普惠型小微贷款是指单户授信总额500万元以下（含）的小微企业贷款。

（　　　）

（2）村镇银行属于新型农村金融机构，不属于商业银行。　　　　（　　　）

（3）我国小微金融的机构主力是商业银行。　　　　　　　　　　（　　　）

4. 简答题

（1）简述我国现行小微金融机构的体系概况。

（2）简述银行业金融机构和非银行业金融机构在小微金融服务过程中有何不同。

5. 分析应用题

（1）选择几家自己熟悉或者喜欢的银行，实地走访了解其小微金融服务情况，形成一份调研报告。可以从银行的小微企业客户数量、小微企业贷款余额、小微信贷产品等多方面切入，要求内容客观真实，数据翔实，图文并茂。

（2）实地走访几家小微企业或者个体工商户，详细了解其效益情况、资金链情况，当前面临哪些困难需要银行帮忙解决等，形成文字材料，反馈给辖区内的金融机构看能否予以解决。

第 4 章
小微金融产品

学习目标

 知识目标

◎掌握小微金融产品及设计流程

◎了解小微金融产品及其服务特点和类型

◎理解小微金融产品与传统金融产品的区别

◎了解"互联网＋"背景下小微金融产品的特点

 能力目标

◎能分析小微金融产品的要素构成

◎能辩证地研判小微金融产品和服务的优缺点

◎能思考互联网背景下小微金融产品的设计思路

素养目标

◎通过对小微金融产品的定义和产品开发原则的学习,帮助学
  生养成勤于分析思考的习惯、乐于学习探究的态度、善于合
  作和创新的精神

◎通过对小微金融产品设计流程的学习,锻炼学生的独立思考
  能力,帮助学生构建金融知识学习体系

◎通过对工业互联网背景下各类小微金融特色产品的了解,培
  养学生关注时事新闻的习惯,相对系统地增强学生的思辨能
  力及理论联系实际的能力

思维导图

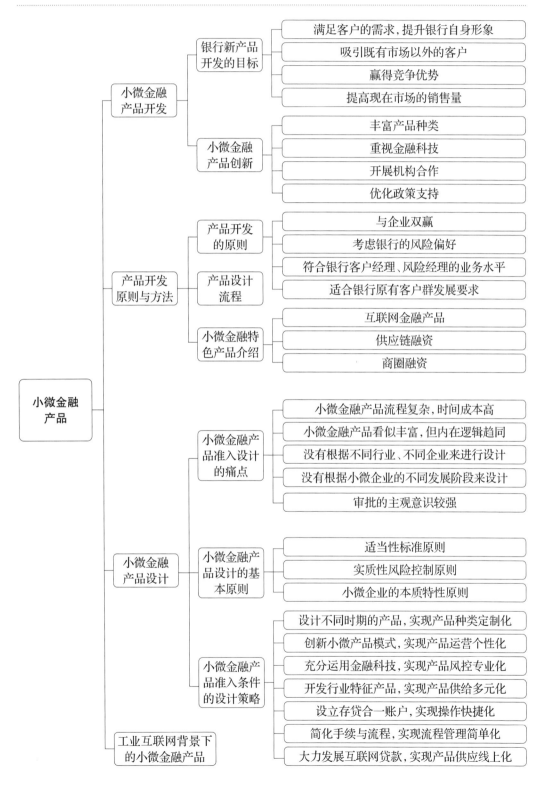

引导案例

招商银行小微金融特色产品

2022 年以来，招商银行无锡分行充分利用总行政策资源，从绿色金融、新动能行业等不同维度给予小微企业贷款优惠利率或补贴政策。与此同时，借助大数据与金融科技手段加快产品创新，帮助小微企业解决融资难问题，降低融资成本，提升融资效率。

2022 年初，招商银行推出了全新线上化产品"结算流量贷"，该产品是招商银行针对具有一定结算流水的客户，结合客户工商、税务、征信等数据信息，打造的纯信用融资产品。该产品兼具线上申请、系统审批、自助提款、随借随还等特色。目前已落地 11 笔融资，金额共计 269 万元人民币。

此外，招行于同年还新推出一款"招企贷"纯线上化信用融资产品，纯手机 App 操作，自动审批，随借随还，十分便捷，极大地满足了小微企业的融资需求。

无锡一家公司的下游客户均为航天、船舶行业的大型国有企业，疫情下运输、回款受到一定影响，并且需要在市场价格合适时囤货，经常有临时性需求。该企业于 2022 年 6 月通过招商银行企业 App 申请"招企贷"，仅 30 分钟的操作，就获批了 300 万元的信用贷款额度，并通过 App 签约、提款、支付完成全流程操作，成功提款 296 万元。企业主对"招企贷"产品高度认可，表示作为一家民营小微企业，第一次如此便捷地获得银行信用融资支持，并且有 300 万元额度。

截至 2022 年 6 月末，无锡分行已自动审批通过 7 户"招企贷"用户，共计授信 1688 万元，放款 439.5 万元。

（资料来源：http://www.js.xinhuanet.com/2022-07/15/c_1128833959.htm。）

◎ **你知道吗？**

你还了解招商银行的哪些小微金融特色产品？请做简单介绍。

小微金融产品的开发和设计是如何进行的？各自的原则和主要内容又包括哪些？

4.1 小微金融产品开发

小微金融产品是专门面向小型和微型企业及中低收入群体提供的小额度、可持续的金融产品及其服务，是连接金融机构和小微企业的桥梁。产品开发是指银行为适应市场新的需求而开发的与原来产品有着明显差异，能给客户带来新的利益和满足的产品。

4.1.1 银行新产品开发的目标

银行新产品指的是为适应市场新的需求而开发的与原来产品有着明显差异的，能给客户带来新的利益，满足客户新的需求的产品。在科学技术迅速发展的今天，在瞬息万变的市场中，银行想要站稳脚跟并获得持久性的盈利增长，就要不断地进行产品开发与创新。银行产品的开发与创新，无论是对于社会还是对于银行来说，都有着重要的意义。

（1）满足客户的需求，提升银行自身形象

首先，银行产品具有易模仿性。为了在众多的竞争者中异军突起，产品应具有鲜明的特色，才能得到客户的信任。产品的开发与创新，可以更多、更好地满足客户并体现银行的特色。同时，一家在创新潮流中永远立于前沿的银行给客户的印象必然要优于守旧型的银行。

（2）吸引既有市场以外的客户

银行的客户可分为现有客户与潜在客户。银行应对客户进行分类，针对客户的不同需求来开发新产品。随着经济的发展和人民生活水平的不断提高，客户需求也越来越有个性，需求变化的周期也越来越短，因此，银行只有不断地创新产品，才能够更好地适应这种需求变动的形势。

（3）赢得竞争优势

近年来，各个国家的金融管制不断放松，为银行经营提供了一个较为宽松的环境，也为新产品的出现奠定了坚实的政策基础。科学技术的发展及其在金融领域的应用则为金融产品开发提供了有利的物质条件。2021 年，以金融科技为技术驱动的金融创新，已经成为深化金融供给侧结构性改革、增强金融服务实体经济能力的重要引擎。截至

2022 年 6 月末，公募基金资产净值合计 26.79 万亿元，产品数量更是突破 10000 只。双双创出历史新高。这也使得银行业的竞争不断加剧，银行经营面临着巨大的压力。因此，银行只有不断推陈出新，开发新产品，才能提高在金融市场的竞争力。

（4）提高现在市场的销售量

银行通过对客户需求进行调查分析，设计出有效的金融产品，吸收客户，巩固已有的市场。同时，银行要不断扩大与改善服务范围，对产品进行重新组合，才能为客户提供更加便利、全面的服务，增强银行对客户的吸引力。

4.1.2 小微金融产品创新

长期来看，构建新发展格局需要打通经济循环堵点，补齐产业链供应链短板，推动产业链上中下游、大中小企业融通创新。要提升产业链、供应链的完整性，小微企业的健康发展是其中一项重要内容。

河南省民营和小微企业金融创新产品展播：农业银行"微捷贷"

我国在发展普惠金融、为小微企业提供金融服务方面取得了较大进展，但仍需加强金融产品创新。就近年的情况看，小微企业金融服务使用程度加深，中小企业信用体系建设成效明显，金融消费者权益得到相对更好的保护。然而，与小微企业在经济社会发展中所发挥的重要作用相比，小微企业金融服务仍有待进一步加强。金融产品是连接金融机构和小微企业的桥梁，为小微企业高质量发展提供更好的金融支持，需要进一步加强金融产品创新。

具体来讲，可以从以下方面入手。

（1）丰富产品种类

小微企业所需要的金融服务个性化特点突出且种类多样。从银行业的角度看，创新小微企业金融产品需要全面涵盖支付、结算、理财、投资、信贷等。其中，尤其需要针对小微企业融资难、融资贵问题，创新信贷金融产品，降低小微企业融资成本。面对数量众多的小微企业，在金融产品创新过程中，需要结合小微企业所处行业、经营模式、发展阶段等做好客户细分，针对性开展产品创新，设计金融服务方案，让金融服务更契合小微企业需求。

（2）重视金融科技

随着信息技术的进步，提升金融科技水平是必然的发展趋势，也是被实践验证的服务小微企业的有效方式。金融机构可以依托科技手段搭建场景、构建生态圈，丰富小微企业客户的营销渠道，提供更多更优的线上支付计算产品，也可以充分利用信用数据积累创新发展线上信贷产品，完成线上申请、线上审批、线上抵押、线上放款、线上还款等，让小微企业随时随地获得金融服务。

（3）开展机构合作

无论是从更好地满足小微企业的金融服务需求的角度看，还是从提高小微企业客户对金融机构忠诚度的角度看，在开展金融产品创新过程中都需要开展机构合作。金融机构可以发挥各自优势，在同一细分金融行业内开展机构间的合作，也可以开展跨细分金融行业的合作，甚至是与政府、园区、协会等非金融行业机构合作，以机构合作推动信息共享，不断丰富服务小微企业的内涵，为小微企业提供一站式服务。

（4）优化政策支持

小微企业经营发展面临的不确定性，会增加金融机构融资支持小微企业的风险。这就要求政府在加强金融产品创新支持小微企业的过程中，对金融机构提供相应的政策支持。近年来，中国人民银行创设普惠小微企业信用贷款支持计划，激励金融机构为小微企业提供更多的信用贷款，且后续仍会在信用信息、税收优惠、利率补贴等方面为金融机构创新产品服务小微企业提供更多的支持政策。

4.2 产品开发原则与方法

4.2.1 产品开发的原则

小微金融产品开发要从小微金融的特点出发，必须考虑并坚持以下几个原则。

（1）与企业双赢

随着社会发展和人类文明的进步，人们的思维能力、思维方式发生了很大变化。在经济领域人们不再固守"成王败寇"这一传统思维模式，而是慢慢在寻找一种互惠互利的合作模式，也就是通常所说的"双赢"。

双赢思维是一种基于互敬、寻求互惠的思考框架与心意。只有在双赢思维下，才能实现冲突各方的利益均衡，找到他们之间的利益支点。

双赢强调的是双方的利益兼顾，即所谓的"赢者不全赢，输者不全输"。这是营销中经常用的一种理论。对于客户与企业来说，应是客户先赢企业后赢；对于员工与企业来说，应是员工先赢企业后赢。

（2）考虑银行的风险偏好

商业银行的风险偏好不仅是董事会对风险接受水平的定性描述，更是基于量化体系的风险接受标准和收益期望水平。通过资产组合模型，可以将宏观层面的风险偏好分解到微观层面，实现自上而下的风险传导，同时又将微观层面的风险偏好执行情况反馈到宏观层面，实现自下而上的风险汇总。在极端情况下，银行通过测试不同风险偏好下的资本变化状况，为资本预算提供支持。

从商业银行内部风险管理的角度看，其完全可以根据不同信贷资产类别的历史损失水平和银行风险控制体系的完备程度，通过确定差异化的置信度来体现对不同信贷资产组合风险偏好的差异。

历史上，主权国家、金融机构和大型企业违约概率相对较低。特别是，我国银行业以信贷资产为主，在信贷资产中，企业授信比例远高于国际同业，其中国有或地方政府控股的大型企业，或由国有或地方政府提供隐性支持的大型企业占有相当的比例。如果这类企业的还款前景较为乐观，对其短期贷款或授信（1年以内）可以考虑以99%置信度设定相对宽松的风险偏好，以此作为内部资本配置的基础。

从组合层面看，受经济周期波动的影响，相对于短期贷款来说，企业中长期贷款违约的可能性大大增加。在内部评级法的实施下，即使是抵押品超额覆盖贷款或授信，违约损失率也不能低于35%。另外，我国企业中长期贷款或授信中有相当一部分有效期限超过5年。银行可以设定比监管要求更严格的置信度，以99.99%的置信度作为银行内部计算银行中长期贷款未预期损失的基础。

针对公司业务，鉴于违约概率表示的是债务人在未来1年内违约的可能性，对于期限在1年以上的授信申请，需要以多年期累计的违约概率计算预期损失率。在多年期累计的违约概率数据缺乏的情况下，设定预计损失率阈值应该足够保守。1年期预期损失阈值和多年期预期损失阈值的差别也意味着银行对多年期贷款或授信业务的风险偏好不同于1年期的风险偏好。

以极端情况下资本变化情况作为资本预算的依据，资本自上而下分解单笔业务的过程远比预期损失的分解过程复杂很多，要考虑单个债务人之间违约的相关性。在实施内部评级法初期，由于商业银行内部缺乏足够数据计算违约相关性，可以考虑借用内部评级法提出的以资产相关性替代违约相关性的思路。

（3）符合银行客户经理、风险经理的业务水平

银行客户经理、风险经理的业务水平决定了短期内产品的销售能力和风险控制能力，虽然其可以通过培训逐步达到标准，但考核要放慢脚步。

（4）适合银行的原有客户群发展要求

原来的客户群中没有小微企业，银行一下子要发展客户群，显然不切实际，风险很难控制。此外营销渠道也是必须考虑的。

4.2.2 产品设计流程

（1）产品定义

小微金融产品与其他金融产品一样，设计前要对市场、目标客户、销售目标加以分析，同时对产品定位、竞争对手等进行分析。设计新的金融产品要注意的方面如图 4-1 所示。

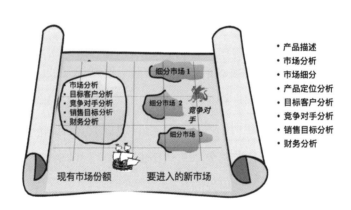

图4-1 设计新的金融产品要注意的方面

（2）产品的类型

金融产品设计根据风险程度的高低，可以依次分为仿制产品、改造产品、换代产品和全新产品。其中，仿制产品指的是对国际或国内市场上已经出现的产品进行模仿而研制生产出来的产品；改造产品指的是对老产品的性能加以改进，使其与老产品有比较显著的差异的新产品；换代产品指的是在原有产品的基础上采用或局部采用新技术研制出来的新产品；全新产品指的是新开发的金融产品。

（3）产品创新设计流程

创新要从金融机构经营的短期、长期来考虑，成熟一批，推广一批。

4.2.3 小微金融特色产品介绍

银行要为客户制作个性化金融产品服务方案，熟练掌握各项金融产品的组合，关联使用的技巧很有必要。销售、采购融资、管理、理财是金融企业的核心需求，银行进行产品组合设计，应本着"便利采购、促进销售、节省利息、强化管理、理财增值"的目的，从企业的角度来思考银行的价值。

银行的各项产品是相互关联的，单一使用效果不够理想，客户的忠诚度低，银企合作流于表面。尤其是授信产品单一使用具有一定的风险，如果银行承兑汇票与现金管理、理财结合，就可以有效提高客户的综合回报。客户经理应当能够组合银行的产品，形成对客户有价值的服务方案。

关于小微金融产品分类，可以分为互联网金融产品、供应链融资和商圈融资。

（1）互联网金融产品

互联网金融产品是指互联网金融能够呈现注册用户的动态信息，在一定程度上摆脱了依靠抵押品的传统信贷技术，可以通过这些数据来发现消费行为，用数据进行管理。互联网介入金融，主要是提供更多的产品信息及过往的历史信息，能够让信息更透明，信息的传播更迅速。

（2）供应链融资

供应链融资是指把行业内供应链条上的核心企业及其相关的上下游配套企业作为一个整体，根据供应链中企业的交易关系和行业特点制订基于货权及现金流控制的整体金融解决方案的一种融资模式。供应链融资解决了供应链融资上下游企业融资难、担保难的问题。供应链融资通过打通上下游融资"瓶颈"，降低供应链融资成本，提高了核心企业及配套企业的竞争力。供应链融资以行业核心企业为载体，涉及供应商、制造商、经销商、零售商、物流企业等众多上下游企业，涉及核心企业资金流、物流、信息流，有利于银行风险的整体控制，拓展客户基础，有利于核心企业进行行业整合，集中行业资源，降低融资成本。

供应链融资包括：订单融资、动产融资、仓单融资、保理、应收账款质押、保单融资、法人账户透支、保兑仓融资、金银仓融资、电子商务融资十大类产品，覆盖了企业经营的各个环节。

供应链融资主要的风险来自核心企业风险及其合作风险。核心企业风险主要来自经营风险和信用风险。合作风险主要来自合同风险，其风险防范重点在于考察贸易的真实背景、交易的连续性、交易对手的履约能力、业务的封闭运作与贷款的自偿性。供应链融资的营销要抓住行业内核心企业，以其为出发点向上下游辐射，通过物流、资金流的延伸最终覆盖整个行业的各个环节。

国内较多银行已建立完整的供应链融资产品体系。建行的产品有"信用快贷""抵押快贷""平台快贷""质押快贷"等。农行与农村电商合作比较密切，通过"农银e管家"App，融合"惠农e贷"网络融资、"惠农e付"结算、"惠农e商"农村电商三大功能，帮助涉农企业管理订单、在线获取交易明细，并根据企业订单数据来提供在线贷款的高效审批。

建行小微快贷动画

交行推出"蕴通e动金融服务平台"，包括"e开户""e动贷""e动付""e管家"等系列特色服务产品。除了国有银行加速构建小微金融线上流量入口外，股份制银行，如招商银行，其"闪电贷""生意贷"等产品，采用线上与线下相结合的方式，也做到了在全国铺开。平安银行的"新一贷"产品中，也有税金方案的贷款，可以在线申请纯信用贷款，支持信贷额度循环周转。另外，不少中小型银行在股份制银行之后也开展了线上业务。如北京银行、江苏银行、重庆农商行等。但是，通过市场分析调研，我们发现，这些纯线上或半线上的小微信贷产品，实际上还是偏重于抵押和税收数据的。

（3）商圈融资

商圈是指集聚于一定地域或产业内的商贸业经营群体。随着经济的发展，以商品交易市场、商业街区、物流园区、电子商务平台等为主要形式的商圈发展迅速，成为中小商贸服务企业生产与发展的重要载体。发展商圈融资有助于增强中小商贸经营主体的融资能力，缓解融资困难，促进中小商贸企业的健康发展；有助于促进商圈发展，增强经营主体的集聚力，提升产业关联度，整合产业价值链，推进商贸服务业结构调整和升级，从而带动税收、就业增长和区域经济发展，实现搞活流通、扩大消费的战略目标；同时，也有助于银行业金融机构和融资性担保机构等培养长期稳定的优质客户群体，扩大授信规模，降低融资风险。

· | 知识链接 | ·

各银行小微特色产品介绍

一、工商银行：网上质押融资、网络循环贷款、网上票据池质押融资、网上小额贷

网上质押融资是指为法人客户提供的，以金融资产质押方式办理的、用于满足日常生产经营周转的表内外融资业务，可通过网上银行、手机银行等自助电子渠道向工商银行申请办理。

中国工商银行
小微金融产品

网络循环贷款是指工商银行与借款人一次性签订循环借款合同，在合同规定的额度和有效期内，借款人通过网银自主提款、还款并循环使用的贷款，一次签约，随借随还，降低财务成本。

网上票据池质押融资是指客户可通过工商银行网银渠道，使用票据池内资产作为质押担保，通过网上银行自助申请办理的融资业务。可根据经营需要随时将持有的票据转换为现金，提高存量票据流动性。

六大行普惠小
微金融大比拼

网上小额贷是指客户可通过网上银行、手机银行、融 e 购平台等自助渠道查询可贷额度并发起业务申请，实现全线上自动处理的融资业务。可满足客户高频、小额的资金需求。

二、农业银行：小微网贷

小微网贷是指由农业银行与税务部门共享数据，由贷款人在微信公众号或企业网银等渠道在线自助申请，自动评级、授信、审批、提款，额度内随借随还、自助可循环的信贷业务。适用对象：正常缴税 2 年以上，纳税信用等级 B 级及以上，净利润为正的小微企业。该产品有以下特点：易办理，公众号在线申请，足不出户轻松申贷；高额度，最高 1000 万元，纯信用最高 50 万元；速度快，系统自动审批，实时知晓额度；低成本，随借随还，按日计息，降低财务成本。

三、交通银行：惠民贷、税融通、房二贷、快捷抵押贷

惠民贷是向优质客户推出的专属信用消费贷款，全程线上签约放款，额度最高 30 万元。特点：申请易、费用省、方便用。

税融通是根据税务机关记录的真实涉税务局数据，为持续稳定经营且信誉好的小微企业提供的生产经营性贷款。特点：授信最高信用额度200万元，担保方式多，授信期限合理，还款方式灵活。

房二贷是以交行的存量个人住房按揭贷款抵押物作为担保而用于实体经营的贷款。特点：无须结清房贷余额即可享受经营贷，省时省息，解决抵押物不足的难题。

快捷抵押贷是向信誉良好的企业经营者发放的抵押贷款，抵押物要求是在本地核心地段的住宅、办公楼及商铺。特点：申请资料简单，包括不强制要求提供财务报表等；最高额抵押方式；授信年审制度；利率低。

四、浦发银行：房抵快贷

房抵快贷的对象为符合工信部标准认定的小型、微型企业，且能提供有效房产抵押。特点：抵押率最高可达70%，贷款期限最长5年，1年期以上贷款可执行分期还款。金额：最高达1000万元。

浦发银行小微金融产品帮助解决融资难问题

五、杭州银行：抵易贷（循环贷）、抵押分期贷、云抵贷、税金贷

抵易贷（循环贷）的期限最长3年，最高金额1000万元，须以家庭成员及控股企业名下房产做抵押，期限内随借随还，循环使用，按实际使用金额、天数计息。

抵押分期贷的期限最长10年，最高金额1000万元，须以本地自有(含控股企业名下)房产做抵押，逐月归还本息，贷款本金的50%可以放到最后一期归还。

云抵贷的最高金额有300万元，须以自有本地住宅做抵押，通过手机线上申请、审批，资料简单，审批速度快，既可办理3年循环模式（随借随还、循环使用），也可办理最长10年抵押分期模式（期限内逐月归还本息）。

税金贷的期限最长1年，正常纳税的企业主均可申请，最高金额100万元，担保方式可以为信用，纯线上产品，申请、审批、支用、归还均通过手机银行操作，方便快捷，期限内可随借随还、循环使用。

六、浙商银行：小企业还贷通、小企业便利贷

小企业还贷通产品对符合续贷条件和评审要求且有转贷需求的、以自有房地产做抵押的小企业客户，在原贷款到期时，采用发放新贷款归还部分或全部本行原贷款的方式延长贷款期限。特点：续贷无缝衔接，

浙商银行小微金融

无须资金掉头。

小企业便利贷为能够提供自有房地产抵押的小微企业量身定制。主要特点：企业提供资料简单，流程简化，放款速度快，转贷过程还可配套还贷通产品，贷款期限可延长，节省转贷成本。贷款额度最高1000万元，贷款期限最长3年，还款方式可为按月（季）付息到期结清本息或按月分期还款。

七、联合村镇银行：信用贷

信用贷是根据借款人的信誉发放的贷款，满足贷款人的短期流动资金需求。贷款对象为从事生产经营活动的农户、居民、个体经营户，以及经工商行政管理机关核准登记并在规定地理范围内有固定的生产经营场所的小微企业。最高可贷300万元。无须提供抵押或第三方保证，期限最长可贷1年，手续简单，放款速度快。

八、民泰银行：随贷通

随贷通，一次授信，循环使用；随贷随还，按日计息；无手续费；贷款额度最高100万元；期限最长可达1年。对象：从事生产经营活动的自然人。用途：用于客户日常消费、生产经营、临时性资金周转。

九、泰隆银行：随贷通、融e贷

随贷通适用于平常暂时性需要资金周转、资质良好的个体工商户、小微企业主。特点：3天内急速办理，手续简单方便，适用手机、柜面等多种渠道取款。随借随还，具有较高的灵活性，授信时间内可循环使用。

融e贷的对象：贷款需求频繁，资金流正常，以及资质良好的个体工商户、小微企业主。特色：渠道多，可以通过网上银行、手机银行等电子渠道实现发放、还贷操作。可提供保证、抵押、质押担保等方式。利率多样，客户可自主选择最低利率。

（资料来源：http://www.zhuji.gov.cn/art/2022/2/21/art_1370454_21586887.html。）

4.3 小微金融产品设计

通常情况下，融资交易失败的首要原因是需求方不符合资金供给者事先设定的条件，需求是固定的，融资成功概率高低取决于准入标准的松紧。当前，由于资金供给方提出的产品准入条件与小微企业可以提供的条件存在较大的差异，导致产品的交易成功概率极低。从产品的供给方情况看，金融产品设计门槛过高，没有体现小微企业的属性特征等。因此，重构小微金融产品的设计，拉近供需条件距离才是提高小微企业融资交易成功率的关键。

4.3.1 小微金融产品准入设计的痛点

（1）小微金融产品流程复杂，时间成本高

据迪普思数字经济研究所的调研，从商业银行获得贷款的小微企业平均须提供的资料要件约 36 项，填写信息条目约 100 项，提交书面资料过百页。另据全国工商联等发布的《2019—2020 小微融资状况报告》，超过 50% 的小微企业将资金用于日常短期周转，用款行为存在"短、频、急"的特点，但仅 10% 的企业能在 1 周内从银行获得经营性贷款。申请流程复杂、服务时效弱，导致市场逆向选择。

（2）小微金融产品看似丰富，但内在逻辑趋同

目前，市场上面向小微经营户的金融产品可谓"百花齐放"，甚至一家商业银行推出的小微金融产品就多达几十种。但观察这些产品的准入条件、授信逻辑、产品额度期限等要素，实则大同小异，突破性和差别性有限。甚至有调研报告显示，约 75% 的金融机构的小微企业金融产品是大中型企业金融产品的变形，其产品形态、风控政策并不适配于小微企业。

（3）没有根据不同行业、不同企业来进行设计

社会经济活动中，行业细分化发展趋势日趋显著，而行业分布零散也正是小微经营户的特点之一。不同行业小微企业的发展路径和经营方式千差万别，形成了金融服务需求的差异性。反观目前的小微信贷供给市场，鲜少出现根据行业个性化特点设计的小微金融产品，造成一定的供需落差。

（4）没有根据小微企业的不同发展阶段来设计

企业一般分为初创期、成长期、成熟期到衰退期（或新的初创期）四个阶段。不同的发展阶段势必对应不同的企业信用资质情况，成熟期的小微企业业务相对稳定、管理相对科学、风险也相对可控，因此这一阶段的小微企业是各金融机构争相服务的对象。而对于小微企业而言，初创期和成长期是更为关键的发展阶段，但恰恰也是最难获得融资服务的两个阶段。市场上大量小微金融产品是根据成熟期小微企业的信用特点和用款需求设计的，对处于初创期和成长期的小微经营者存在隐形排斥。

（5）审批的主观意识较强

小微企业的非结构化数据较多，个性特征比较明显，发展前景的不确定性也较大，可以说，小微企业每笔贷款都可以找到贷的理由，也可以找出贷不了的理由。因此，在信贷审查批准的过程中，各个环节管理者的主观评判选择权较大。

总的来说，当前小微金融产品个性化、差异化不足，造成产品针对性、应用性不强，失去了产品供需交易成功的基础。解决小微金融融资难的问题，须从小微金融产品准入标准设计入手。

4.3.2 小微金融产品设计的基本原则

小微企业的金融产品设计之所以出现门槛过高、标准过严，以至于大量优质小微企业被排除在外的现象，根本原因在于金融机构的信贷风险文化，特别是小微金融产品设计的基本原则出现偏差。现在大多数金融机构强调信贷风险管理，提出"零风险"的目标，在这一指导思想下，金融产品必然按照服务对象各种风险可能的极限进行风险防范措施的顶格设计，对信贷从业人员实行过度的责任追究与认定。实际上，金融机构本身是高风险的企业，是在风险管理中实现溢价的，存在一定的风险是很正常的。因此，适时调整金融机构的信贷文化，优化小微金融产品的设计原则十分重要。只有坚持科学合理的小微金融产品的设计原则，金融产品才能更有市场，也才能更接地气。

（1）适当性标准原则

适当性标准原则指小微金融产品的准入条件既不能过高，也不能过低，必须在兼顾各方利益的基础上，不断提高产品的适用性。首先，要坚持风险底线的原则，不能以放弃风险管理来进行所谓的小微金融产品创新，不能用产生一个新的问题去解决另一个问题；其次，产品的设计要坚持收益覆盖风险，坚持市场定价，尊重市场规律；最后，对小微企业的扶持程度必须在商业银行容忍范围之内，即在与其他产品比较中，不能过多失去竞争优势。

（2）实质性风险控制原则

实质性风险控制原则即坚持内容重于形式的原则，只要风险可控，不必过多拘泥于贷款的形式。在实际工作中，在拥有繁杂手续要件的情况下，仍然有许多不良资产产生，而民间一些个人之间的借贷仅仅凭一张借据，有些甚至连借据都没有，但仍然到期按时收回本息。这实际上是因为出借人对借款人的实质性风险情况有了解。因此，借贷业务风险的大小并不完全取决于手续的繁简，而是对实质性风险的判断是否精准。

（3）符合小微企业的本质特征原则

产品是否适销对路并不完全由供给方说了算，而是取决于需求方的满意度。对于小微金融产品，最主要是符合小微企业的本质特征。通常情况下，小微企业的产品需求特征概括为"短、频、快、小、急"，即小微金融需求用款时间一般较短，但频率较高，办贷的手续要简单、快捷，金额比较小，在提出申请的时间上往往很着急。因此，小微金融产品设计得高大上，不符合小微企业的这些需求特征，也不适用于小微企业。小微金融产品必须手续简、审批快、效率高才行。

4.3.3 小微金融产品准入条件的设计策略

如何才能提供适应小微企业需求特征的金融产品，实现小微金融产品重构，要在尊重小微金融产品设计原则的基础上，对现行的金融产品的设计文化、定位等进行深度改革。

（1）设计不同时期的产品，实现产品种类定制化

小微企业要先后经历初创期、成长期、成熟期、衰退期，而对应的金融产品也要分别与不同时期的小微企业特点相吻合，或者说，其设计的准入条件应当根据小微企业的可能性进行设计，在风险判别上也要有所差别。初创期看小微企业的成长性和创新性；成长期主要看它的生存能力、未来的预期及指标的协调性；成熟期看它发展的稳定性；而对于衰退期的小微企业来说，则需判别其是无救还是能重生进入新的发展阶段。通过不同时期产品的研发、供给，满足不同时期小微企业的金融需求。

（2）创新小微产品模式，实现产品运营个性化

小微金融产品不在于名称多少，而在于模式是否有真正突破，模式上的创新主要是准入条件、审批流程、风险识别方法、风险控制管理手段等方面的创新，既要设计批量化的小微金融产品，也要设计个性化的金融产品，为小微企业提供尽可能快捷、方便的个性化方案。

（3）充分运用金融科技，实现产品风控专业化

产品准入门槛高主要是因为金融机构风险识别能力差，如果能精准、快速地识别小微企业的风险，科学预测未来风险，实时监控现实风险，金融机构完全可以降低金融产品的准入条件。因此，数字经济时代的数字金融，已经为金融机构精准识别、管理小微金融风险提供了可能。金融机构通过大力发展金融科技，将大数据、区块链、人工智能、物联网

科技赋能小微金融 解决融资三大"痛点"

等嵌入风险管理全过程，通过先进的技术对风险进行精准判断，科学计算现金流，提高运营效率，从而降低管理成本，提高风险管理的专业化水平，为进一步降低小微企业金融产品的准入门槛提供可能。

（4）开发行业特征产品，实现产品供给多元化

不同行业的小微企业对金融产品的需求是不同的。工业企业有一个比较完整的供应链，而商业企业只是当中的一个阶段，不同行业的小微企业的经营特征显然是不同的。因此，小微金融产品的设计要按照行业特征的要求进行，与小微企业发展的不同阶段构成网格化产品供应体系，注重多元化和个性化。

（5）设立存贷合一账户，实现操作快捷化

实现小微企业用款最便捷，又能最大限度降低小微企业融资成本，获得最大收益的方法是实行存贷合一账户管理模式。当小微企业的账户出现借方余额时，可以计付利息，而当出现贷方余额时，可以计收利息。当然贷方余额是在金融机构核定范围内透支运作的，似同贷款管理，一次授信，反复使用，操作起来十分简单、快捷，完全适应小微企业便捷化的需求。

（6）简化手续与流程，实现流程管理简单化

一是大量的背调信息应当由金融机构通过大数据系统来实现，而不是要求小微企业反复填资料；二是对于续贷的小微企业，除更新资料外，初始资料应当视同有效；三是电子化原则，推进数字信贷管理；四是大幅度减少评判指标，除了营业执照等少量证明其身份的证件要素外，能少则少。

（7）大力发展互联网贷款，实现产品供应线上化

与线下贷款相对应的是线上贷款。2020年，银保监会向社会发布了《商业银行互联网贷款管理暂行办法》，为线上贷款提供了法律依据及管理规范，也为线上贷款提供

了较大的发展空间。同线下贷款相比，线上贷款突破了时间与空间的限制，本着小额、分散、快捷的原则，为金融机构的小微金融产品创新提供了新的通道。因此，金融机构要根据线上贷款的特点，设计若干线上小微金融产品，通过平台化建设、线上申请贷款、大数据自动收集信息、智能机器人审批贷款、物联网等构建新型的风险控制系统与预警系统等，从而让小微企业有更多产品模式的选择。

宏观政策是微观政策实施的基础与前提，而微观产品的设计操作是宏观政策目标实现的基础，两者相辅相成。在宏观政策十分宽松的背景下，微观的产品设计是解决小微企业融资难的关键。因此，在推进小微金融发展的过程中，集中精力根据小微企业的本质属性特征，优化产品设计，细化工作措施，夯实小微金融成功交易的基础，是当前解决小微企业融资难的最基础性工作。

 实训探究

请查找相关资料，关注当前流行金融市场上的小微金融产品，分析和归纳这几款金融产品的特征与优势，并根据小微金融产品设计的基本原则，结合小微企业产品准入条件的设计策略，分组设计一款小微金融产品，完成一篇完整的小微金融产品设计报告。

4.4 工业互联网背景下的小微金融产品

金融业属于服务性的行业，商业银行应提供能满足金融发展需求的产品。如果银行设计的线上融资产品跟不上小企业金融需求的变化，银行的客户群将会逐步流失，银行将在市场竞争中走向衰落。所以商业银行应该主动适应客户的需求，进行服务渠道端口延伸，盈利模式参数调整，信用评级模型创新设计等方面的研究，满足小微企业对线上融资产品的需求。

4.4.1 产品设计

（1）流程优化

商业银行在"互联网＋金融产品"设计过程中，应更多地从客户需求出发，按照客户体验至上的互联网思维方式，对现有的信贷业务流程进行优化改进，借助电子渠道，设计小微企业网银循环支用业务。在传统小微企业信贷业务的基础上，将原有评级—授信—支用的业务流程，合并为评级—授信业务流程，将授信审批后的贷款支用审批合并至合同申请环节，客户经理一次性完成额度登录操作，支用环节由客户直接发起。生效额度与企业网银实时交互，客户通过企业网银直接实现7×24小时随借随还，循环使用，节约时间成本和财务成本，大大提升小微企业信贷产品的便利性。在方便客户的同时，也节省大量的人力成本，建立服务小微企业的新渠道。

（2）资源需求有机整合

①电商核心企业。

围绕电子商务发展进行新产品和服务开发，是银行中间业务创新的基本着力点。电子商务的参与者包括个人消费者、企业商家、中间经理人、电子商务运营商、银行，以电子商务运营商（电子商务核心企业）为支点，将个人消费者、企业商家、中间经理人等作为主要目标客户群体，把参与电子商务各方的金融需求作为落脚点，进行配套产品的开发。电子商务的注册客户对该商务模式来说具有较强的稳定性，因此，采用"电子商务运营商＋电子商务注册客户"模式，开发电子商务中的金融需求是着力点。在此基础上，开发适用于电子商务运营商及其客户的专属产品，就能够赢得庞大的市场。目前，我国B2B、B2C、C2C模式的电子商务交易最为活跃，其交易量占全国的比重在70%以上，商业银行应加强与采用这3种模式为经济社会提供商务服务的电子商务运营商合作，开展融资及中间业务产品创新。

②核心物流企业。

物流配送企业上下游合作商户较多，与商户之间合作也相对稳定，且物流配送企业拥有庞大的数据库做支撑。这些特点与电子商务企业具有共同的特征，银行可以采取电商类似模式，以物流配送企业为切入点，开展融资及中间业务产品创新。

（3）产业链融资

电子商务是一个产业带动性强、辐射面广的行业，从产品的生产到销售的整个流程设计，整合各方资源，提供集中物流服务、公共服务、信用保障服务、支付服务、资讯服务的一站式服务，将各个环节整合到一个平台，实现信息流、物流、商流、资金流"四流"合一。商业银行要通过电子商务平台实现产业链融资产品创新，整合理顺产业链，实现行业信息对接，使产品与企业信息更加匹配。

（4）符合小微企业成长周期

在小微企业的不同成长周期，由于风险特征不同，对金融服务构成要素的需求迫切程度不尽相同，最后表现出迥异的金融服务需求倾向。线上融资产品设计要将成长周期理论融入产品设计理念，考虑中小型企业各个时期的金融需求。

4.4.2 服务渠道

传统模式下，商业银行主要依托人员布局及线下物理网点进行业务拓展和客户服务，服务覆盖面和产品便利性受到一定局限。随着零售化转型的深入推进，小微企业客户数和业务量均有了较大的增长。传统渠道已难以满足业务快速发展的需要。商业银行应积极应用互联网、电话中心等电子渠道，提高小微企业业务效率，提升客户服务质量。互联网的应用，不仅打破了办理小企业信贷业务的时间和空间限制，实现了客户对贷款资金的随借随还，降低了客户的融资成本，同时，大大简化了小微企业信贷业务流程，降低了业务成本和人力成本，扩大了服务覆盖面，对小微企业业务零售化转型产生了重要的推动作用。商业银行小微企业在线融资产品创新应用，应在传统的小微企业信贷业务基础上，结合日趋强大的银行网银支付结算功能，真正突破时间、空间局限，实现企业贷款申请、审批、支用、还款环节的全流程线上化。

4.4.3 盈利模式

商业银行降低小微企业融资成本，提高贷款盈利性，除了通过提高小微企业贷款收益率与风险匹配，另一个途径就是减少贷款成本（资金成本和管理成本），特别是在资金成本高的今天，降低管理成本是首选途径，也是实现小微企业信贷业务零售化的目标。

（1）贷款管理"E"化

"E"化也即网络化、信息化。在客户、产品标准化的前提下，利用评分卡模型可以充分实现管理的网络化和信息化。利用包括网络、信息管理系统在内的新技术手段，以自动化为主，改变以前以人工操作为主的局面，实现从申请、调查、审批、发放、贷后风险分类和贷后管理的全流程的网络化与信息化，不仅方便小微企业借贷，而且节约了银行的成本。

（2）贷款产品循环化、按揭化

对于信用度较好的客户，在客户产品标准化的前提下，基于提供良好担保措施的企业，实现贷款还款方式的循环化和按揭化，减少经营管理环节。

（3）经营管理前台化

针对小微企业与个人贷款类似的特点，把经营管理向网点延伸，充分利用网点经营触角宽的有利之处，使网点绩效与小微企业的经营考核挂钩。

（4）贷后管理现场化和非现场化相结合

管理者通过前台的数据收集，运用系统的风险评估标准，提出风险预警，实现非现场化的大多数客户管理，针对预警事项较高的客户，重点进行现场化的走访分析，提高经营管理效率。

4.4.4 信用评级机制

创新设计评分卡信用评级体系，实现小微企业线上风险评估。商业银行小微企业零售评分卡包括申请评分卡（A卡）和行为评分卡（B卡）。

小微企业申请评分卡主要应用于小微企业新客户的信贷业务评价和审批决策。它根据小微企业历史业务数据回归形成数据驱动指标，并采用专家调整策略方式对客户的申请情况进行补充分析，对企业、企业主相关信息及债项风险影响因素进行打分，为贷款审批决策等提供依据。

小微企业行为评分卡模型完全基于小微企业客户的债项信息和相关结算、存款、还款等行为信息进行构建，主要应用于贷后企业债项的系统自动跟踪监测，以及存量业务的自动续贷审批。行为评分卡上线之后，通过监测小微企业账户行为并进行评分，根据相关规则实现小微企业系统自动风险预警。同时，小微企业贷款续贷业务将由以往单纯依靠人工判断转变为系统自动决策与人工决策相结合的方式，为商业银行运用互联网电子服务渠道实现小微企业融资业务的转型奠定了风控评价基础。

商业银行应在"互联网＋"背景下，凭借"互联网＋"的优势，跳出原有产品业务模式的束缚，通过银行端口与平台、企业网银进行有效对接，打破时空的局限，实现在线产品的多元化创新和跨界发展。

案例剖析

工业互联网给银行业小微金融发展带来的机遇与挑战

工业互联网作为新一代信息技术与工业经济深度融合形成的新型经济业态和应用模式，以数据为生产要素，以数字化、网络化、智能化为发展方向，有效连接分散化的中小微企业，并助力中小微企业提质降本增效和数字化转型升级，不断推动企业生产方式和经营方式的变革，为经济增长注入新动力。面对工业互联网带来的经济新形势，银行业的金融服务模式需要做出相应调整以适应新发展阶段。当前，银行业正面临大型金融科技公司业务竞争和监管日趋严格的双重压力。作为服务中小微企业高质量发展的主力军，银行应充分发挥资源优势，调整业务结构，完善服务体系，推动小微金融业务发展，积极应对工业互联网带来的机遇与挑战。

一、工业互联网给银行业小微金融发展带来的机遇

工业互联网赋能产业链转型升级，围绕产业链的转型升级部署创新链，从而推动产业链和创新链融合。在此过程中，将催生大量的工业基础数据，这些数据经过加工处理后将转变为对金融机构有用的信息。以工业互联网产生的信息流为引领，银行业资金流的决策和控制将更加有据可依。信息流与资金流的统一整合，将有助于银行业为中小微企业提供更优质的金融服务，促进形成互利共赢、共同发展的利益共同体，为银行业小微金融带来发展机遇。

一是增加拓客渠道，降低获客成本。稳定的客户群体是银行业可持续经营的基础。现阶段，银行业大多仍凭借传统的网点和营销团队获客，但由于其网点数量和覆盖范围有限，获客能力难以与大型金融科技公司竞争。随着金融科技公司不断创新客户服务模式，银行业的传统获客渠道受到极大的冲击，获客能力的短板日益凸显。银行业

普遍存在获客渠道单一、获客效率低、获客成本高等问题，拓宽获客渠道、提高获客效率成为银行业小微信贷业务稳健发展的首要任务。工业互联网作为企业之间的连接器和企业发展的助推器，在沟通企业与金融机构方面具有显著的优势，可发挥信息通道的作用，搭建平台汇集大量企业，为银行挖掘潜在客户。通过工业互联网平台获客，不仅可以突破时间和空间的限制，有效拓展客户数量，还可以利用工业互联网的网络效应和边际成本递减的特性，大幅降低获客边际成本。

二是打通信息壁垒，防范潜在的信用风险。受制于企业尤其是中小微企业与银行间的信息不对称，银行往往因无法准确评估企业的信用水平而拒绝放贷。信息不对称是导致中小微企业难以获取信贷的障碍，也是导致中小微企业融资难题的根源之一。此前，由于银行缺乏有效可靠的信息获取手段，信息壁垒长期存在。工业互联网可以连接人、机器等各类工业要素，加速海量数据汇集，为打通信贷双方信息壁垒提供了契机。银行利用工业互联网平台所汇集的企业生产运营、研发设计、运营管理等数据，结合税务、工商等公共数据，挖掘数据价值，助力打通信息壁垒。利用工业互联网，一方面，可以更加清晰地认识中小微企业的生命周期，完成对企业生存状态的尽职调查，建立企业异常经营的风险预警机制，提高对贷款信用风险的把控能力；另一方面，可以帮助解决尽职调查、授信审查管理成本过高的问题，进而降低中小微企业融资成本。

三是推动小微金融服务模式转变，降低运营成本。自互联网金融兴起以来，快捷、便利、客户体验优异的互联网金融服务模式和价值共创模式赢得了消费者的青睐，推动着银行业零售业务服务模式的改变。但银行业小微金融服务模式仍有调整空间。工业互联网的应用场景差异化极大、碎片化特征明显，导致其发展低于预期；因此，工业互联网的发展需要新的价值共创模式来推动，需吸引客户、企业、金融机构等参与者共同参与其价值创造过程。银行融入工业互联网的价值共创体系，将大幅拓展其客群数量，扩展其业务范围；但想要融入价值共创体系，还需改变银行产品主导价值创造的逻辑，转变小微金融服务模式，以适应产业经济数字化发展的需要。工业互联网为银行业推动小微金融服务模式转变提供了契机，有助于银行业构建自身核心竞争力。银行业搭建数字化服务体系，不仅可以增强服务能力、提高服务效率，而且可以提升人均效能、降低运营成本。

二、工业互联网背景下银行业小微金融发展面临的挑战

相比于传统小微金融发展模式，工业互联网助力下，虽然银行业小微金融在拓展获客渠道、缓解信息不对称、防范信贷风险及降低运营和获客成本等方面均可有很大程度的提高，但银行业在服务中小微企业方面仍面临一些挑战。

一是数据与科技赋能下小微金融发展方式尚需摸索。工业互联网的重要作用在于增加了银行可获取的数据量，而银行面临的挑战在于如何挖掘工业互联网提供数据的价值，摸索出一条数据与科技赋能下的小微金融业务发展路径。在银行的资产结构中，国企、基建、房地产、地方政府融资平台等占有相当的比重。这些资产要么信用等级高或抵质押物价值高，要么有政府隐性担保，业务风险较低。然而，小微金融业务完全不同于上述业务，存在抵质押物价值低、信用等级低、违约率高等问题，对业务发展方式和信贷风险管理有着完全不同的要求。低风险业务的路径依赖使得银行业缺乏发展小微金融业务的方法和能力。发展小微金融是一项系统性工程，需要新的发展理念引领，配套制度、科技、人员等各个方面的建设，明确小微金融的发展思路，规划清晰的发展路径，建立小微金融业务体制机制，提升金融科技在小微金融业务中的应用。这将是对银行业的一项系统性挑战。

二是小微金融数字化服务模式尚需探索。工业互联网作为促进小微企业数字化转型的关键支撑和重要推动力，在产业端可提供真实可靠的产业数据，在银行端连接便捷优质的金融资源，成为连接产业和金融之间的纽带。要想将金融服务嵌入工业互联网发展，银行业需要探索建立相适应的小微金融数字化金融服务模式。数字化金融服务模式可反映在两个方面：一是创新小微金融信贷产品，二是利用金融科技手段优化业务流程。一方面，针对小微金融业务金额小、频度高、周期性短的特征，需探索大数据增信模式和数据决策机制，建立配套的小微金融产品体系，提高信用贷款比例。这意味着银行业的授信审批机制、风险管理、产品创新、业务流程等都将面临调整压力。另一方面，多数银行业务流程仍集中于线下形式，业务线上化、数字化转型滞后，客户体验有待提升。因此，银行业需提高对业务数字化转型的认知度，通过金融科技手段不断优化业务流程、提高服务效率。这将给银行，尤其是科技水平薄弱的中小银行带来一定的挑战。

三是小微金融信贷文化尚需建立。工业互联网带来了小微金融业务发展的机遇，

但能否把握住这个机遇考验着银行的风险识别能力、风险评价能力、风险管理能力等。在当前银行的信贷文化中，由于缺乏对第一还款来源的把控力，往往过分依赖第二还款来源，而中小微企业的现金流不确定性较大，且抵质押和保证等手段也不适用，第一、第二还款来源均不能达到银行信贷风险管理的要求，所以多属于银行的长尾客户，不能享受银行的信贷支持。这反映出银行在小微金融业务的风险识别、风险评价、风险管理等方面存在一些短板，亟须建立全新的小微金融信贷文化，加速转变风险识别、风险评价、风险管理等思路。培育小微金融信贷文化，有助于统一思想、凝聚力量，促使发展小微金融成为授信审批、业务拓展、风险管理、科技支撑等部门的共识，针对性地提升小微金融业务的信贷风险管理能力，持久性地推进业务发展。如何建立小微金融信贷文化，成为银行小微金融可持续发展的核心问题。

四是小微金融客户管理水平尚需提升。随着工业互联网的发展，可获取的中小微企业信息量剧增，批量化地获取中小微企业客户成为可能。如何管理好更多的客户及利用信息实现精准服务成为银行业客户管理领域的难题。多数银行受限于科技实力，客户管理系统无法满足业务需求，例如，部分客户信息仍需要手工统计。客户信息统计不完整以及大数据技术运用缺乏，使得银行业在客户分析、客户维护、客户服务等方面存在较多短板和不足。例如，多数中小银行普遍未建立中小微企业的分层管理体系，未根据企业生命周期对中小微企业进行分层分类，即分成初创期、成长期、成熟期及衰退期，未能细分客群主要特征和金融需求，也未能设计并形成相对标准的产品体系和服务策略。只有建立精细化的客户管理体系，才能满足不同客户的需求、提高客户忠诚度、拓展客户价值。客户管理的最终目标是吸引新增客户、留住存量客户并充分发掘现有客户价值。提升客户管理水平是银行业的一项长期任务。

请思考：

工业互联网背景下，商业银行可以怎样设计小微金融产品？

延伸阅读 (思政)

深化小微金融服务　夯实共同富裕基础

金融支持浙江高质量发展建设共同富裕示范区，是一次具有开创性的尝试，赋予了金融促进共同富裕的公共政策属性。在此过程中，总结并推广这一尝试的经验，将进一步发挥中国人民银行、国有及政策性金融机构、政府部门在服务金融发展促进共同富裕中的作用。

2022 年 3 月，中国人民银行、银保监会、证监会、国家外汇管理局、浙江省政府发布《关于金融支持浙江高质量发展建设共同富裕示范区的意见》(以下简称《意见》)，以进一步深化金融供给侧结构性改革，推动建立与浙江共同富裕示范区建设相适应的金融体制机制，支持浙江打造新时代全面展示中国特色社会主义制度优越性的重要窗口。

金融支持共同富裕，需要以服务实体经济为根本遵循，下大力气解决好资金脱实向虚和小微企业融资难、融资贵、融资慢等问题。《意见》全文共九大方面31 条举措，其中就包括了"创新小微金融服务模式，助力缩小收入差距"这一重要方面。

引导金融服务流向，不断提高居民金融服务的可获得性，创新金融工具，丰富金融产品，对"扩大中等收入群体"和"提升低收入群体收入"有着重要意义。因此，金融需要回归为实体经济服务的本源，满足经济社会发展和人民群众需要。金融压抑将导致金融发展不足，甚至形成信贷歧视、金融排斥，利益受损害的首当其冲是小微企业和低收入群体。

小微金融服务的主要对象是中国经济的重要组成部分，是发展的生力军、就业的主渠道、创新的重要源泉。我国民营企业数量在 2012 年至 2021 年这 10 年间翻了两番，民营企业在企业总量中的占比由 79.4% 提高到了 92.1%。但受疫情和国际环境影响，市场处于低迷状态，形势不容乐观，这在很大程度上使得小微企业面临的风险和不稳定因素增加。因此，《意见》提出要深化小微金融服务，用市场化的手段来解决小微企业融资难的问题。值得注意的是，本次发布的《意见》也是因地制宜、非常具有针对性和符合地方发展特色的。如针对温州，重点在于深化民营经济金融服务，探索在示范区关键节点和重要环节上先行先试；针对台州，鼓励进一步深化专注实体、深耕小微、精准供给、稳定运行的小微企业金融服务创新；针对宁波，则聚焦持续发挥数字技术优势，面向小微企业和创业创新主体提供优质融资服务和支付服务。

然而，金融政策在推进金融包容性的同时，也面临风险外溢、金融素养、数字鸿沟等方面的挑战。这就需要在立足于机会公平和商业可持续原则的基础上，加大对个体工商户、家庭作坊、流动商贩、灵活就业人员、农村创业人群等市场主体的金融服务力度，助力低收入群体增收。在政策方面，需要进一步拓展普惠金融的内涵，将普惠金融与金融扶贫、开发性金融、绿色金融、科技金融等相结合，赋予其更重要的政策含义，探索通过便利化的金融服务提升人民群众的获得感。此次意见还提到，支持金融机构稳健发展投资基金、理财产品、信托等多元化金融产品，构建与城乡居民需求相适应的多层次、多样化财富管理体系，切实拓宽城乡居民财产性收入渠道。

金融支持浙江高质量发展建设共同富裕示范区，是一次具有开创性的尝试，赋予了金融促进共同富裕的公共政策属性。在此过程中，总结并推广这一尝试的经验，将进一步发挥中国人民银行、国有及政策性金融机构、政府部门在服务金融发展促进共同富裕中的作用。同时，也需要注重从需求端发力，加强金融知识普及和消费者金融素养教育，提升居民的金融能力，这不仅事关金融支持战略的协同性，更是提升金融政策支持的造血能力、可持续增长能力的关键。

（资料来源：《城市金融报》2022年4月6日04版。）

课后习题

1. 单选题

（1）小微金融产品开发中风险程度最高的是（　　）。

A.仿制产品　　　　　　　　B.改进产品

C.换代产品　　　　　　　　D.全新产品

（2）下列不属于小微金融产品设计阶段的是（　　）。

A.设计准备阶段　　　　　　B.设计构思阶段

C.设计发展阶段　　　　　　D.设计实施阶段

2. 多选题

（1）小微金融产品开发的原则是（　　）。

A.与企业共赢　　　　　　　B.为了保证企业利益可以进行一切尝试

C.照顾银行的风险偏好　　　D.符合银行客户经理、风险经理的业务水平

E.产品适合银行的原有客户群发展要求

（2）中国小微型信贷产品主要包括（　　）。

A.信用贷款　　　　　　　　B.联保贷款

C.无息贷款　　　　　　　　D.扶贫贴息贷款

E.抵押担保贷款

（3）小微企业产品设计的基本原则有（　　）。

A.适当性标准原则　　　　　B.实质性风险控制原则

C.小微企业的本质特性原则　D.简便性原则

（4）关于小微金融产品分类，可以分为（　　）。

A.互联网金融产品　　　　　B.供应链融资

C.蚂蚁花呗　　　　　　　　D.商圈融资

3. 判断题

（1）供应链融资是小微金融存款类产品的重要创新产品之一。（　　）

（2）坚持银行风险偏好是银行产品开发应遵循的原则之一。（　　）

4. 简答题

（1）简述小微金融产品开发的原则。

（2）小微企业融资产品准入设计的痛点有哪些？

5. 分析应用题

（1）请列举不少于4家在国内从事小微金融业务的金融机构及其代表产品。

（2）请就某一款小微金融产品做具体介绍。（提示：可从产品名称及描述、市场分析、
市场细分、产品定位、目标客户分析、竞争对手分析、销售目标、财务分析等
要点来进行介绍。）

第 5 章

小微金融技术

学习目标

 知识目标

◎了解小微金融技术的概念,理解主要技术及其特点

◎掌握小微金融运作机制及典型小微金融技术的内涵和要点

◎了解财务分析与非财务分析的作用

◎掌握资产负债表、利润表和现金流量表的分析方法

◎掌握主要财务比率的计算公式和含义

 能力目标

◎能够分析各种小微金融技术的主要特点

◎能够根据客户及其贷款需求状况,运用恰当的小微金融技术

◎能够对客户的财务信息进行分析

◎能够对客户的非财务信息进行内容分析

◎能够运用不对称偏差分析法对客户状况进行基本判断

素养目标

◎通过对小微金融技术内涵的把握,培养学生专业胜任、实事求是的职业素养

◎通过对国内外小微金融技术的探讨,引导学生在运用小微金融技术时注重符合中国实际国情

◎通过对财务信息和非财务信息的分析,培养学生一丝不苟、全面细致的工作态度

思维导图

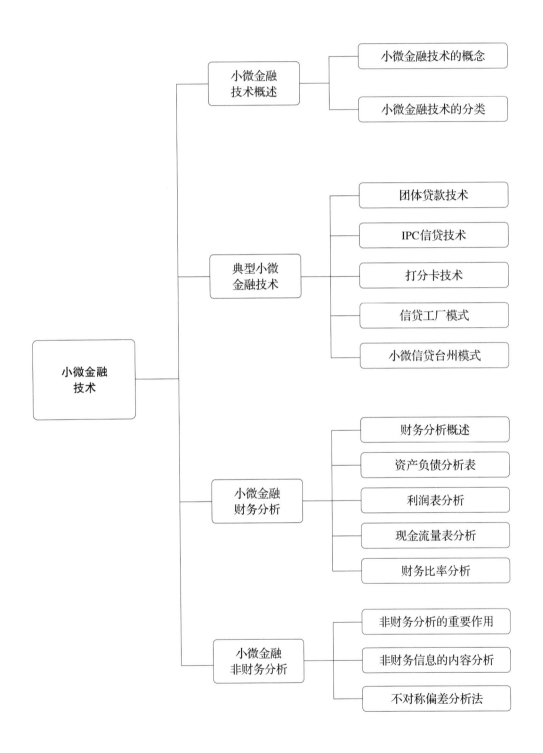

引导案例

小微金融的主要技术和方法

近年来，小微金融市场出现的一个重要变化就是业务的专业化与技术化程度普遍提高。银行普遍关注小额贷款技术和先进方法，广泛引进了国外成熟的小微贷款技术。这对小微金融市场整体品质的提升起到了十分重要的作用，"交易贷款"的特点越来越明显。

1. 批量化和规模化。批量化和规模化客户，主要在商圈、商会、协会、社区、园区、产业链等小微客户集中的区域。这些区域专业内容相似，商户之间相互了解，银行通过对目标客户群的市场调查、量身定制、批量开发，根据集群类客户的业务风险特征，设计出专门的、标准化的金融服务方案。采用这种模式进行集中调查，有利于立体化、多角度地获取各类信息，批量授信，降低了银行的成本，并通过规模化调查与授信大大提高了效率。

2. 真实性原则。针对小微企业财务信息不透明的特点，贷款调查时应以真实性为核心原则，关注客户上下游产品质量与企业主口碑，采用现场观察法、逆算倒推法、交叉检验法，着重了解客户的三品（人品、产品、押品）、三表（水表、电表、工资表）、三单（对账单、货运单、报关单）、三流（现金流、物流、信息流），辨析企业实际经营状况，关注企业主的人品和企业的真实现金流。

3. 评分卡技术和流程工厂化审批。通过收集与分析客户大量的行为、信用和背景数据，主要包括年龄、性别、婚姻、教育、收入、住房、负债、职业等信息，建立起能够有效分辨"好客户""坏客户"的数学模型，准确计算出不同属性客户群所具有的消费能力和还款概率。

近年来，有不少银行经历了从对公业务操作模式向流程化零售银行模式的根本转变。在小微业务领域打造快速、便捷的特色及上规模的小微业务操作流程。利用互联网技术梳理信贷流水线，建成真正的信贷工厂，实现贷款的批量化生产。在大数法则和收益覆盖风险核心经营理念的引领下，打造以批发销售、工厂化审批、标准化作业为主导的全新流程模式。通过开发评分卡模型和审批模型，自动实现小微企业评级、授信、信贷审批的三合一。

4.交叉销售。交叉销售是银行服务小微企业业务战略的核心。银行在贷款的同时，既可开拓企业层面的产品，如承兑汇票、信用证、保函、代发工资、POS机、贴现、融资咨询、财务管理等，也可延伸个人消费层面的服务，如网上银行、信用卡、理财、保险等，在全面满足客户需求的同时，也进一步增强了小微客户的稳定性。交叉销售可以提升客户综合贡献度，降低银行成本，为银行带来协同效应和范围经济的利润。

◎ 你知道吗？

小微金融技术的内涵是什么？小微金融技术的分类有哪些？小微金融技术起到什么样的重要作用？

5.1 小微金融技术概述

5.1.1 小微金融技术的概念

金融业本质上是一个信息行业，其运转的核心就是收集、整理、分配和使用各种信息。判断借款人的偿债能力和偿债意愿是小微金融业务分析的重点，须依靠借款人的信用信息。小微金融技术是为了控制小微金融流程中相关风险的一系列活动，是在筛选、甄别、监督目标客户和控制贷款风险过程中因信息不对称而产生的，是组织流程、管理方式、

民生银行是如何做小微金融风控的

内控要点、风险控制措施、贷款监控和回收等要素的集合体，也可以泛指一种小微金融模式。小微金融技术贯穿小微金融业务全流程。

低收入或贫困人群、小微企业等金融弱势群体难以获得传统银行体系提供的金融服务，其原因主要是信息不对称和交易成本过高。信息不对称是指交易各方所拥有的、可影响交易的信息量不对等。以贫困人群为例，他们信用记录少、收入来源通常不稳定，难以获得可靠的收入证明，难以提供抵（质）押担保或者获得其他担保，金融机构很难有效监督其资金使用，进而难以控制贷款风险。小微金融业务的单笔交易金额小，难以发挥规模效应，交易的平均费用高。这就要求创新小微金融技术，解决信息不对称下的贷款高风险和单笔交易金额小的高成本等难题。

传统贷款技术依托客户规范的财务体系、报表和良好的抵押担保，但低收入群体、农户、个体工商户和小微企业等客户一般不具有传统贷款技术要求的条件，需要创新

小微金融技术。

5.1.2 小微金融技术的分类

不同的小微金融技术解决信息不对称的路径是不同的，根据不同的信息类型、信息来源和保证合约执行的机制，小微金融技术可划分为交易型贷款技术和关系型贷款技术，具体可细分为基于财务报表的贷款、基于担保的贷款、基于信用评分的贷款和关系型贷款四类。

交易型贷款技术主要依赖定量的便于编码和传递的硬信息，适用于信息较为充分、透明的借款人，如大中型企业。硬信息是指财务信息，如资产负债表、损益表（利润表）、现金流量表中的信息，可以用来评估核实客户的还款能力。

关系型贷款技术主要依赖定性的、难以量化的软信息，适用于信息并不透明的借款人，如小微企业和个人客户。软信息包括个人和企业的，个人的软信息主要包括经营能力、个人品质、从业经历、人脉口碑、家庭关系等，企业的软信息主要涉及员工素质、企业文化、企业信誉、核心业务能力、管理制度、行业进入障碍、行业周期、行业竞争状态、国家产业政策、宏观经济政策等，软信息可以综合反映客户的生产经营状况。

（1）基于财务报表的贷款

基于财务报表的贷款是指主要根据对借款人的财务报表及其所反映的财务状况分析揭示借款人未来的还款能力，进而决定是否发放的贷款。主要适用于那些历史记录较长、信息透明度高、财务制度相对完善的大中型企业。该贷款技术根本上是以未来现金流作为还款来源的，因而将风险评估的重点放在财务指标分析上。对于一些信息不透明的小微企业客户，通常做法是信贷人员采集信息编制粗略的财务报表，以评估客户的资产负债状况和未来可能产生的现金流。

（2）基于担保的贷款

基于担保的贷款是指主要根据对借款人提供的担保情况分析决定是否发放的贷款。担保贷款具有较强的事后监控功能，可以降低借款人道德风险的发生概率。如基于设备、厂房、土地等固定资产抵押的贷款，基于应收账款、预付账款及存货等流动资产抵押的贷款，基于个人、企业、小组联保、专业性担保公司、担保基金、保险等提供保证的贷款。此外，保理和融资租赁也可认定为基于担保的贷款的特殊形式。保理是指银行买入企业的应收账款，并作为代理处理相关的账款收取事宜。融资租赁是指出租人根据承租人（用户）的请求，与第三方（供货商）订立供货合同，根据此合同，出租人出资向供货商购买承租人选定的设备。同时，出租人与承租人订立一项租赁合同，将设备出租给承租人，并向承租人收取一定的租金。

（3）基于信用评分的贷款

基于信用评分的贷款是指运用信息技术和现代数理统计模型对借款人的信息进行信用评分来决定是否发放的贷款。该贷款技术对信息采集和数据积累具有较高要求，应用范围受到限制，但具有贷款成本较低和决策效率较高的优势。大中型商业银行和互联网金融公司在小微企业贷款风控模式中主要运用信用评分技术，也称打分卡模式。

（4）关系型贷款

关系型贷款通过信息跨时期的传递来缓解信息不对称问题，是指基于较长时间和多渠道的接触（包括贷前调查和贷后检查）所积累的关于借款人的相关信息来评估贷款的风险，进而决定是否发放的贷款。相比而言，中小银行比大银行更适合采用关系型贷款，因为其业务经营集中于较小的地域范围，且管理链条较短，可以以相对较低的成本获取并处理非正规的软信息。

5.2 典型小微金融技术

·｜知识链接｜·

从"试验区"迈向"示范区"

——小微金改的"台州经验"

支持小微企业提质升级，建成浙江省认定小微企业园 126 个；拓宽小微企业融资渠道，2016 年至 2021 年，台州市新增上市公司 31 家，总数达 65 家，其中 A 股上市 61 家；创新小微企业"线上＋线下"融资对接机制，推出大量线上融资产品，发布信贷产品 758 个，线上融资总额 1968.24 亿元……

截至 2021 年末，条条数据有力佐证，一个基于台州实践，具有强烈台州辨识度的小微金融"台州模式"，在全国开始闪耀——

2015 年 12 月，国务院确定台州为"小微企业金融服务改革创新试验区"。

2021 年 12 月 16 日，2021 中国普惠金融国际论坛在台州召开。

2021 年，小微金改"台州模式"在全国金融支持民营企业高质量发展现场会上做经验介绍。国家发展改革委两次点赞小微金融"台州模式"、台州"抵息券"等工作；台州入选国家发展改革委《关于推广地方支持民营企业改革发展典型做法》，其中，台州金融破解企业融资难做法占 10 个……

在实践中探索小微金改的新路，台州正从国家级小微金改"试验区"向"示范区"加速迈进。

"小微金改全国看浙江，浙江看台州。"台州市金融办党组书记、主任胡新民说。台州已初步创造了有中国特色、可持续、可复制的"政府有为、竞争有度、信用有价、联动有效"的小微普惠金融"四有"经验。

一、首创一平台

长期以来，融资难、融资贵问题束缚着中小微企业的良性发展，其背后的深层问题便是银企信息不对称。如何助企破局？台州首创金融服务信用信息共享平台，构建数字化征信体系，破解银企信息不对称难题。

金融活，经济活；金融稳，经济稳。

平台有效汇集了 30 多个部门 118 大类 4000 多细项，73 万余家市场主体 4.23 亿条信用信息，免费提供银行使用，使贷前调查成本从户均 20 小时、400 元左右降低为零，被央行领导称为小微征信服务的"台州模式"。

浙江双眼井酒业有限公司是一家专业从事酒类生产制造的小微企业。近年来，订单逐步增多，企业亟待流动资金补充。

当得知企业有融资需求时，浙江泰隆商业银行通过台州市金融服务信用信息共享平台的查询，主动上门提供融资服务。因企业经营效益较好，仅两天就收到 200 万元流动贷款资金，年利率低至 4.35%。

"真是解决了资金周转的燃眉之急。"企业主说。平台打破信息壁垒，通过"信息共享"实现智能化、线上化的贷款调查，助力银行提升小微金融服务，为无数小微企业打开了"便捷融资"之门。

2020 年 9 月，台州市金融服务信用信息共享平台作为浙江省首批创新试点单位和全国唯一一个"上链"的地方政府性平台，被纳入"长三角征信链"试点，台州 23 万多家小微企业信用信息"上链"，实现在长三角更大范围内的数据共享。

二、首创一基金

"多亏有信保基金的支持，公司这几年发展迅速。"台州旭升卫浴有限公司负责人罗华奋说。和众多中小企业一样，从家庭小作坊到国家高新企业，旭升卫浴得益于市小微企业信用保证基金的保驾护航。

近年来，台州首创小微企业信用保证基金，构建地方政府性融资担保体系，破解企业增信难问题。

经济是肌体，金融是血脉，两者共生共荣。

采取"政府出资为主、银行捐资为辅"的方式，设立中国大陆首个小微企业信用保证基金。基金年担保费率不超过 0.75%，且不附加收取额外费用或增加第三方担保。针对政府重点支持的行业与项目，推出"500 精英企业""创业贷款""农户贷款"等众多免费、低费专项担保产品。

构建上下共建模式。以国、省、市共建方式，开展信保基金扩容，将基金规模从 5 亿元扩至 11.7 亿元。2020 年 11 月，台州在国家融资担保基金首批投资入股的地级市基金综合考评中获第一，获国、省两级财政 1.6 亿元增资。

服务规模全国领先。截至 2021 年，有近 12 亿元基金规模，在保余额 149.91 亿元，放大倍数 12.21 倍；累计服务企业 3.56 万家，承保 616.15 亿元，平均费率仅 0.68%，累计代偿率 0.59%，服务规模居全国地级市政府性担保机构前列。台州信保基金已被推广复制到国内 10 余个地区，其实践经验也被国家担保基金多次借鉴，已经成为全国政府性融资担保机构典范。

三、创新五大机制

近年来，台州持续优化政企银联动金融生态，通过制度创新，紧盯企业最忧、最急、最需的问题，努力将试验区不断升级——

创新商标专用权质押融资机制，构建无形资产质押体系，破解小微企业抵押物不足问题。2015 年，台州在全国率先开展商标质押融资地方试点，2016 年 6 月国家工商总局在台州召开经验交流会，推广台州经验和做法。至 2021 年末，全市累计办理商标质押权登记 3084 件，办理量占全国 1/3、连续 7 年居全国首位。

构建小法人银行"伙伴式"金融服务机制，"深耕小微、精准供给"有机结合，破解银企对接不精准问题。20 家地方法人银行不断创新微贷技术，形成"小法人银行"服务"小微企业"的"两小"特色金融服务，独特的微贷技术满足小微企业多元化、特色化、差异化融资需求。

打造持续向好的地方金融生态运行机制，"有为政府、有效市场"同频共振，破解政银联动不协同问题。率先实施"政银联通"工程，将涉及工商企业登记、社保就业登记、不动产抵押登记等领域 173 个事项接入全市 450 家银行窗口一站式代办，实现"政府少投入、银行增客源、群众得实惠"三方共赢。

畅通上下联动、直补惠企帮扶机制，"财政补贴、银行让利"同向发力，破解降本减负落实不快问题。在省内首发总规模 1 亿元的"抵息券"，市县两级财政与 12 家地方法人银行按 1∶1 出资，用于受困小微企业抵扣贷款利息，已发放"抵息券"10270 万元，惠及企业 27135 家，涉及贷款 392 亿元。

优化全方位、多层次的资本市场衔接服务机制，"直接融资、间接融资"同步提升，破解银企资金来源难问题。抢抓长三角一体化和资本市场注册制改革机遇，深入实施"凤凰行动"计划，推动企业"小升规、规改股、股上市、市做强"，为企业提质升级提供全周期金融服务。至 2021 年末，全市支持地方法人银行发行主动性负债、开展资产证券化业务 7955.57 亿元。

（资料来源：台州市人民政府网站专题专栏之"奋进新征程"。）

5.2.1 团体贷款技术

孟加拉国格莱珉银行小微金融模式的运作机制主要包括小组联保、动态激励、分期还款和担保替代，其作为小微金融运作机制的一般经验，在国际上许多成功的小微金融实践中都有所体现。

（1）小组联保

小组联保也称为小组贷款，其基本模式是那些互相之间比较了解且风险水平相近的借款人组成联保小组，并把风险较高的潜在借款人排除在小组之外；小组中的成员要对其他成员的违约承担一定的担保责任，一人违约则全体小组成员均将无法继续取得贷款，违约的借款人面临来自小组其他成员的巨大社会压力。这种模式解决了小微金融机构面临的信息不对称和抵押担保不足问题，小微金融机构实际上把个体贷款模式下本应由自己承担的风险识别责任的绝大部分，转移给了互相之间更加了解的潜在客户群体。这种小组联保机制的信用发现功能，有利于克服信息不对称造成的逆向选择问题，也有助于降低小微金融机构承担的高昂交易成本。

（2）动态激励

动态激励是小微金融中确保高还款率的另一个机制。如果借款人在借款后续的还款过程中表现良好，那么他就有较大机会反复得到相同的金融服务，在后续借贷中获得更高额度的贷款（也被称为后续放款承诺），可能获得优惠利率，简化贷款手续；如果借款人发生拖欠或者未能偿还贷款，他再次获得贷款的可能性就随之降低，甚至再也不能得到任何贷款。动态激励用较小的贷款额度来进行尝试，以发现借款人的真实信用水平，可以用来帮助解决信息不对称和道德风险问题。

（3）分期还款

除了小组联保和动态激励机制以外，许多小微金融机构都采用了不同于一般商业银行传统信贷合同的分期还款制度，这类似于住房按揭贷款的分期还款制度。它要求借款人在借款和进行投资后不久，就开始每周或每两周、每月、每季度进行还款。

分期还款制度在小微金融领域的作用如下：一是通过对客户的现金流要求进行贷款风险控制。由于要求借款人在借入贷款几周后就开始归还贷款，其实质是要求借款人必须具有某种形式的资产或收入。虽然理论上客户可以用贷款资金投入的项目产生的收入还款，但事实上很少有项目能够在很短时间内就产生周期性收益。因此，客户必须有其他收入可以用于还款，这实质上是要求客户以其他资产或收入为还款进行担保。二是"早期预警"功能。由于借款人需要在借款后很快就开始相对高频度地还款，小微金融机构能够从每次的还款情况上判断借款人的风险状况，提早发现具有较高风险的贷款，从而避免所有的贷款风险在期末的时候集中暴露。三是有利于降低管理成本。小微金融客户通常缺乏专业的财务管理能力，定期等额还款的安排易于理解和操作，能够降低借款人的交易成本，容易被借款人接受。对小微金融机构而言，操作也较为简便，同时可以对大量借款人的还款进行集中处理，降低管理成本。

（4）担保替代

小微金融主要是面向中低收入群体和小微企业发放贷款，这些客户不能提供商业银行所需要的合规的抵押担保品而被排除在正规金融体系之外，因此大多数小微金融机构都不明确要求客户提供担保品，而是设定各种抵押担保替代。这种安排如"小组共同基金""强制储蓄"，其方式是金融机构在贷款发放时就要求借款人（或借款人小组）将贷款本金的一部分集中存放于小微金融机构，作为借款人的储蓄或基金，实际上是要求借款人提供一定比率的资金作为抵押。在小微金融的实践中，担保替代形式也在不断创新，可以是在正规金融市场不受法律保护的某种动产或者可以预期的未来收入和现金流，也可以是政策性担保基金、担保公司或保险担保等。

5.2.2 IPC 信贷技术

（1）IPC 信贷技术概述

IPC（德国国际项目咨询公司）成立于 1980 年，是一家专门为发展中国家和经济转型期国家提供小微金融咨询的专业咨询公司，IPC 在中小微企业贷款方面具备了完善的技术体系，在进行对外技术咨询项目中取得了较好的效果。我国于 2005 年由世界银行和国家开发银行牵头在 12 家中小银行率先引入 IPC 小微金融技术。

盘点小微金融的四种风控模式

IPC 信贷技术重视实地调查和信息验证，主要通过客户经理调查走访、信息交叉验证等方面进行培训，提升客户经理辨别虚假信息和编制财务报表的能力，从而防范信用风险。

IPC 信贷技术的创新之处在于关注借款人的还款意愿、经营情况和现金流来决定是否放贷，而不是根据客户资产价值评估决定。与其类似的技术有法国沛丰的小贷技术、印度尼西亚人民银行的小贷技术等，它们都是侧重人与人沟通的技术，由信贷员做决策。

IPC 信贷技术的信贷流程包括市场营销、贷款申请、信贷分析、信贷审批、贷款发放、贷款回收 6 个环节，大体上和我们传统的信贷没有什么区别，这也是该技术在国内广为接受的重要原因之一。每个环节的细节都充分考虑了小贷的特点，能简单的尽量简单。比如，最简单的资产负债表只有 7—8 项，简单的要求让信贷员容易掌握，也方便从客户那里获取重要信息。

在组织管理上，IPC信贷技术一般要求小贷业务以独立的事业部方式运作，总行设小贷中心，分行设区域经理，归小贷中心总经理直接领导，区域经理下面即是最小的信贷团队（一般在支行），该团队一般在10人左右，包括1个主管岗、1个后台岗和8个信贷员岗，后台岗在业务上和主管岗没有直接管理关系，日常工作上后台岗归主管岗管理，较好地实现了内部交叉审核。

在IPC信贷技术中，图表工具特别重要，图表工具由于可读性强，容易使非专业人士迅速掌握关键信息，主要工具包括时间轴工具、上下游分析工具、资产负债表工具、损益表工具、现金流量表工具等。时间轴工具主要描绘企业或者企业主的从业历程，上下游分析工具用"输入—本企业—输出"的关系图，描绘企业的概要业务流程，这两个方面在宏观上说明了企业是干什么的。资产负债表、损益表和现金流量表则用于分析企业是否有足够的现金流来支付贷款。一般把年收入的70%作为贷款还款上限。

（2）IPC信贷技术要点

IPC信贷技术的要点是告诉信贷员如何访谈，并对获取的信息进行交叉检验，分析还款意愿和还款能力，控制内部操作风险。具体可概括为四个方面：一是以软硬信息分析为基础，二是以交叉检验为判断方法，三是以还款能力和还款意愿为放贷的主要依据，四是控制内部操作风险。

①以软硬信息为基础。软信息反映客户的还款意愿，包括客户基本信息和经营信息两个方面。客户基本信息主要包括客户年龄，教育水平，其他人对客户的评价，婚姻状况，客户的性格特征，客户是否有不良嗜好、不良信用和犯罪记录，客户是否是本地人，客户是否还有其他收入或支出，客户的社会地位，等等。客户经营信息主要包括客户的经营经验、客户的经营历史、客户的经营记录、客户的社会关系、客户的经营背景、客户的贷款用途、客户的经营目的等。

硬信息是指财务信息，反映客户的还款能力。财务信息主要包括期初投资、现阶段客户手中的现金及银行存款、应收预付账款、存货、设备、其他固定资产、银行借款、应付账款、销售收入、可变成本、相关固定费用、家庭成员其他收入、生意外支出等。

②以交叉检验为判断方法。交叉检验是一种确认客户向客户经理所描述信息的真实性和一致性的方法，是IPC信贷技术的核心。交叉检验有两个作用：一是获取精确的关键数据，二是用于验证申请人的诚信。交叉检验就是对多个方面、多个角度、多

个侧面获取的数据进行核对，如果数据偏差在一定范围内，比如在5%以内即认为是合理的。一个数据要成为对贷款分析有价值的信息，必须经过至少三种方法的检验。广泛的交叉检验是确保做好分析的重要手段，交叉检验的对象包括软信息和硬信息。

③还款能力和还款意愿是放贷的主要依据。客户不论大小，只要具备相应的还款能力和还款意愿，就不失为优质客户。紧扣这样的标准来筛选客户，就能不唯大、不唯抵押论。考察客户偿还贷款能力的流程主要是客户经理通过实地调查，了解客户的生产、营销、资金运转等状况，自行编制财务报表，分析客户的还款能力，也就是借款人未来能够用于偿还贷款的现金流。未来现金流从来都是贷款认可的第一还款来源，这并非小微金融技术所独创。衡量客户偿还贷款的意愿首先要评估客户个人的信用状况，具体包括个人声誉、信用历史、贷款申请的整体情况和所处的社会环境。然后，要求提供严格的抵押品，以降低客户的道德风险。对还款积极的客户给予激励，包括可能得到更大金额和更优惠条件的贷款以及获得长久性的融资途径等。

④控制内部操作风险。控制内部操作风险需要强调内部制度建设，建立和实施简洁有效的贷款业务处理程序，降低交易成本。客户经理的道德风险和操作风险是IPC信贷技术必须要控制的主要内部风险，客户经理对一笔贷款的全过程负责，其收入也直接跟信贷业绩挂钩。这促使客户经理既要关注贷款规模又要高度重视资产质量，对客户经理的激励和约束机制是内部制度建设的核心内容。同时，对客户经理的不诚信行为实行"零容忍"制度，一旦发现其与客户勾结或收取好处，就要立即处理，必要时进行公告甚至诉诸法律。

（3）IPC信贷技术应用的局限性

第一，管理压力大。从贷款申请到贷款调查再到贷款发放，客户经理是全流程操作业务。虽说可以更有效地为客户提供服务，但客户的所有信息均是由客户经理收集并分析的，那么对客户经理的职业素养、经验积累和道德操守都有很高的要求，从而，对客户经理的管理就要非常细致，同时培训压力非常大，在人员管理方面会给小微金融机构带来很大的压力。

第二，营运成本较高。基于单户的分析技术，需要大量的信贷人员，对于贷款机构来说，发放一笔大额贷款和一笔小额贷款用的人力基本上是一样的，但收益是不同的。

随着客户信用信息的完善，大数据分析技术的运用和金融科技手段的使用，客户经理的业务效率会大大提高，贷款成本降低。

5.2.3 打分卡技术

（1）打分卡技术简介

打分卡技术是将对客户的信用评分作为贷款发放的重要依据，是以计算机技术为核心，以取代人力为特征的大规模自动化处理方法。打分卡技术的应用已经从传统的信用卡扩展到了汽车贷款、住房按揭、小企业贷款等诸多业务中，使用场合包括营销评分、申请评分、行为评分、回款催收评分等。

2005 年前后，中国大中型银行开始打分卡技术的研究，目前打分卡的使用还处于探索阶段，部分单位用于辅助决策，部分单位用打分卡的结果做营销方向选择等。我国大多数的小微企业仍然无法提供打分卡所需要的可信信息，还是需要通过客户经理的调查获取，导致打分卡技术优势减弱。但是，在一些特定场景领域和互联网信贷中，打分卡技术已经成为贷款决策的主要分析工具。比如，针对淘宝店店主的经营数据推出的阿里小贷，后发展成为网商银行的"310"贷款模式（3 分钟填写贷款申请材料，1秒钟实现贷款到账，整个过程 0 人工干预），即在贷款决策中应用了打分卡技术。

（2）打分卡技术开发

打分卡开发方法，包括逻辑回归、神经网络、决策树、马尔可夫链、生存分析等，用得最多的是传统的逻辑回归。采用逻辑回归的打分卡开发基本流程大致为选取样本、定义好坏标准、寻找可用变量、选择变量、评分模型开发、设置取舍点 6 个环节。

打分卡技术的核心原理是使用一组变量，通过变量取值得到一个客户信用评分，该评分后面对应的实际上是好坏比率。对于信贷来说，掌握了好坏比率，就明确了未来的盈利情况。

（3）打分卡技术的应用案例

①中国建设银行的应用。自 2013 年 8 月开始，中国建设银行针对单户授信在 500万元以下的小微企业推出了评分卡信贷业务，结合客户经营的特点，建立小微企业评分卡信贷专属业务流程，通过批量化的客户群筛选、模式化审批、以非现场风险预警监测为主的贷后管理和标准化的业务操作，大幅提高了业务流程效率。在原贷款到期前，由系统根据评分卡模型指标自动筛选客户进入续贷名单，审批通过后客户可继续

使用贷款额度而不必先还后贷。到2014年6月，中国建设银行已通过评分卡为近7000户小微企业办理了信贷业务，贷款余额超过70亿元。

为建立适应小微企业特点的信贷业务流程，中国建设银行通过对6万多户小微企业客户的财务指标、账户行为、定性指标三大类344个指标，累计86.7亿条数据进行逻辑回归分析，针对500万元及以下的小额贷款客户建立了申请评分卡的评价模型，围绕小微企业履约能力、信用状况及交易信息等数据信息进行客户评价，解决了原来单一依靠小微企业财务报表的问题，提高了对小微企业客户评价的针对性和有效性。

②美国富国银行的应用。富国银行从1994年开始对10万美元以下的贷款通过信用评分来做决策，大部分贷款仅通过邮件、电话或分行柜台发放，没有信贷员。富国银行已成为美国小微企业贷款额排名首位的银行。

富国银行为了控制风险，设计了一套记分卡系统，对小微企业贷款申请者进行风险评估。根据企业所处行业、企业经营年限、账户存款月、收入总额、经营场所、企业信用记录、企业金融资金和负债总额等7个因子的综合得分，得出每个申请者的总分，筛选出自动通过的申请者、需要淘汰的申请者和需要进一步审核的申请者。通过这种记分卡的设计，富国银行获得了信用良好的小微企业客户，减少了潜在的信贷风险。为了持续开展风险管理，富国银行将记分卡技术应用到贷后的风险管理中，使用"行为评分"来监控小微企业借款人的信用状况和变化，依据对拖欠贷款额、贷款目的、超额守信额度等进行综合信用评价的结果，决定采取调整贷款定价、提高授信额度、关闭账户等风险管理措施，从而保持业务的稳定性和盈利性。

5.2.4 信贷工厂模式

（1）信贷工厂模式概述

信贷工厂是指进行小微企业贷款管理时，设计标准化产品，将不同产品的信贷作业过程打造成工厂的"流水线"，主要包括客户营销、客户评级、信贷业务操作和贷后管理四大流程环节。从前期接触客户，到贷款的调查、审查、审批、发放，再到贷后管理、贷款回收等工作，均采取流水线作业和标准化管理。

信贷工厂是工业化流水线生产模式在小微企业信贷领域的运用，强调标准化操作，实行产品销售和后台作业相分离，信贷操作集中处理，执行统一的业务操作规程，每一个放贷环节都由专人负责，批量发放，提高业务办理效率。

信贷工厂的主要特点是"产品标准化、作业流程化、生产批量化、队伍专业化、管理集约化、风险分散化"。根据这些特点，小微金融机构可以做到在既定的风险容忍水平内，提高效率，扩大规模，降低成本。

在信贷工厂模式下，金融机构的工作主要分为三大部分：一是标准化。金融机构将申请贷款的行业和公司材料进行简化，对贷款进行调查、审批和监督，尽可能实现标准化管理。二是流程化。主要是对客户经理、审批人员和贷后监督人员进行专业化分工。三是软信息。为了控制贷款过程中的风险，在以上标准化、流程化作业的基础上，工作人员从多角度、多渠道收集企业的软信息，例如，向知情人士、行业协会或是上下游客户等进行外围调查，从而对客户情况进行交叉验证。

（2）信贷工厂模式的应用

信贷工厂模式起源于海外。新加坡淡马锡公司旗下全资子公司富登投资信用担保有限公司以差异化争取市场优势，将全新的产品信贷工厂模式带入了中国。中国国内已经有中国建设银行、中国银行、杭州银行等采用这一模式。

中国建设银行在同业当中首先应用信贷工厂模式。2007年，中国建设银行首先在江苏镇江试点运行，实行的是产品销售和后台作业相分离，采用审批人派驻，评级、授信、支用同时申报的"三位一体"模式，为客户提供一站式服务。

杭州银行是国内较早采用信贷工厂模式的银行之一。2005年，杭州银行引入澳大利亚联邦银行作为外资战略股东，随后在澳大利亚联邦银行协助下开发了小企业信贷标准化操作模式。杭州银行的小企业贷款实现了"单线审批，直接授权"，符合条件的小企业可以很快获得贷款，不符合标准则不能获得贷款，是典型的信贷工厂模式。

在信贷工厂模式下，信贷数量爆炸式增长增加了银行的风险监控难度，防止不良信贷泥沙俱下是银行在采用信贷工厂模式时要监控的第一风险。信贷工厂模式对国内银行原有的信贷管理体制提出了变革的要求，同时，信贷管理机制也必须进行改革，以适应高效审批。

5.2.5 小微信贷台州模式

小微金融全国看浙江，浙江看台州。在这个领域，台州的三家城市商业银行——台州银行、浙江泰隆商业银行、浙江民泰商业银行一直有着标杆式的意味，许多经验做法甚至成为行业办法制定过程中重要的参考标准。

台州银行：独具特色的小微金融服务之路

（1）台州银行小微金融模式

台州银行把多年实践的小微金融技术总结为"下户调查、眼见为实、自编报表、交叉检验"十六字箴言。

台州银行30年

小微企业没有规范的报表，要了解企业真实的经营状况，客户经理必须亲自走访到户，打破信息不对称，这就是"下户调查"；调查内容包括企业的生产状况、库存情况和销售情况，必须一一亲眼验过，即"眼见为实"；针对很多企业没有规范报表的情况，信贷人员根据亲眼看到的各种情况"自编报表"——资产负债表和利润表，并通过这两张自制报表决定贷款与否以及贷多贷少；最后一步"交叉检验"很关键，通过借款人各类信息之间的钩稽关系验证信息的真实性、准确性、完整性，当所有验证方法取得一致结果时，准确性就高，不一致时，就说明贷款调查有待深入。

"三看三不看"是台州银行独有的风险识别技术。信贷人员"不看报表看原始、不看抵押看技能、不看公司治理看家庭治理"，捕捉最原始的信息，以此判断和识别企业的还款能力与风险。

台州银行也在推行线上线下融合化、数字化和智能化的小微金融平台。把客户的服务一部分从线下转移到线上，加快移动端迁移，比如，客户经理利用平板电脑现场做开户、贷款调查和资料审核。系统后台对接很多大数据平台和风控模型，以前单靠人来审，现在是数字风控模型和现场判断相结合，同时引入人工智能和人脸识别等技术。以前一个客户经理最多可以服务100多个小微客户，极限是200个；通过技术改进，现在一个客户经理可以服务五六百个小微客户。

（2）泰隆银行小微金融模式

小微金融风险控制的关键是如何在非标信息中提炼出对风险管理有价值的信息，

这就要求信贷人员不能再盯着传统的财务报表，而是要根据不同的小微企业经营类型采取更为实际、有效的风控手段。泰隆银行在实践中探索小微企业信贷服务和风险控制技术，总结出一套以"三品三表、三三制"为特色的小微企业信贷模式。

泰隆银行微电影《业在深山》

"三品"即人品、产品、押品。一看人品，主要是解决"信不信得过"的问题，考察客户的还款意愿；二看产品，主要是了解客户的经营情况是否良好，考察客户的还款能力；三看押品，主要是反映客户的还款保障。

对于生产型和外贸型小微企业，除了解财务报表外，更重要的是看水表、电表和海关报表，即"三表"。通过水表、电表了解企业生产的用水用电情况，可以用来分析企业经营的变动情况；通过海关报表、出入库单查看企业一定时期内货物报关或出入库情况，了解企业销售规模和淡旺季；还可以通过查看企业在银行的现金流水账、日记账等，大致了解企业的经营是否正常。

"三三制"是指老客户贷款3小时办结，新客户贷款3天内答复。这是对客户服务效率的承诺。

为改变传统小微信贷调查技术需要大量客户经理进行现场调查的"人海战术"，泰隆银行广泛应用大数据技术，借助地方政府等提供的信息平台，使"三品三表"模型化。从人品信息中提炼50多项指标，从产品、押品、客户行为和社会信息中提炼上百项指标，建成了"客户评分模型""信用卡风险评分模型""客户关系管理系统"并投入使用。通过人工现场调查与系统模型判别相结合，有效提高了风控能力，规避了由信贷员自身素质带来的风险问题。与此同时，泰隆银行借助移动互联网发展建设电子化渠道，打造小微信贷工厂作业模式，以平板电脑作业为依托对客户进行分类，建立差异化的调查、审查、贷后检查模板等，提高客户经理作业效率和专业化水平，实现信贷全流程现场作业，提升客户体验。

（3）民泰银行小微金融模式

"让合适的客户都能借到钱，让客户能更方便地借到钱，让客户能更便宜地借到钱"是民泰银行在创立之初明确的客户服务"三大目标"。在"三大目标"的指导下，民泰银行逐步探索形成了"根据地"模式，并总结出"五个一""九字诀"的特色做法。"五个一"指的是重点开发"一

民泰银行宣传片

个村居、一个园区、一个市场、一个行业、一个商会（协会）"。

"九字诀"信贷调查技术加快审批流程。"九字诀"即看人品、算实账、同商量。看人品，就是在贷款服务中更注重分析判断借款人的个人品行，考察借款人的诚信史，从借款人的生意伙伴、亲属朋友和工作同事处了解信息，做到对借款人品行"知根知底"，及时充分地掌握非财务信息；算实账，就是做到"一查三看"，包括查征信，看水、电、税"三费"，看台账、看资金流量和结算情况，来判断借款人的借款背景、偿债能力；同商量，是指银行不仅仅关注贷款本身的风险，更是参与到企业发展的关键环节，与客户真诚沟通，帮客户设计个性化融资方案。

5.3 小微金融财务分析

5.3.1 财务分析概述

（1）财务分析的含义

客户财务分析以客户财务报表为主要依据，运用一定的分析方法，对客户的财务过程和结果进行研究和评价，以分析客户财务状况、盈利能力、资金使用效率和偿债能力，并由此预测客户的发展变化趋势，为贷款决策提供依据。小微金融的财务分析要基于小微金融客户的特点，灵活运用相关财务分析知识和方法，目的是评估小微金融客户的偿债能力。

（2）财务分析的内容

商业银行等金融机构最关心借款人现在和未来的偿债能力。借款人的偿债能力与借款人的盈利能力、营运能力、资金结构等密切相关，为了准确计算和评价借款人的偿债能力，为贷款决策进行的财务分析应侧重这些内容。

盈利能力是指借款人获取利润的能力。盈利是借款人偿还债务的重要资金来源，借款人盈利能力越强，还本付息的资金来源越有保障，债权的风险越小。

营运能力是指借款人经营中各项资产周转的运用效率，能够反映借款人的资产管理水平和资产配置组合能力，营运能力越强，借款人所取得的收入和盈利就越多，盈利能力就越强，则偿债能力越强。

资金结构是指借款人全部资金来源中负债和所有者权益所占的比重与相互间的比

例关系。借款人资金来源合理，经济基础就牢固，就有较强的偿债能力，尤其是长期偿债能力。

（3）财务分析的方法

客户财务分析的方法主要包括趋势分析法、结构分析法、比率分析法、比较分析法和因素分析法。

①趋势分析法是将客户连续数期的财务报表中的相同项目的绝对数或相对数进行比较，以揭示它们增减变化趋势的一种方法。这种分析方法可以揭示客户财务状况的变化趋势，找出其变化原因，判断这种变化趋势对客户发展的影响，以预测客户未来的发展前景。

②结构分析法是以财务报表中的某一总体指标为基础，计算其中各构成项目占总体指标的百分比，然后比较不同时期所占百分比的增减变动趋势。结构分析法除用于单个客户有关指标的分析外，还可将不同客户间不能直接比较的各项目的绝对数转化为可以比较的相对数，从而用于不同客户之间或同行业平均水平之间的财务状况的比较分析，以对客户的财务经营状况及在同行业的地位做出评价。

③比率分析法是在同一张财务报表的不同项目之间、不同类别之间，或在两张不同财务报表如资产负债表和利润表的有关项目之间做比较，用比率来反映它们之间的关系，以评价客户财务状况和经营状况的一种方法。比率分析法是最常用的一种方法。

④比较分析法是将客户的有关财务指标数据与同行业平均水平或在不同企业之间进行比较，找出差异及其产生原因，用于判断客户管理水平和业绩水平。

⑤因素分析法是找出并分析影响客户经营活动的各种因素，包括有利因素、不利因素、外部因素和内部因素等，抓住起主导作用的影响因素，提出相应的解决办法，做出正确决策。

5.3.2 资产负债表分析

（1）资产负债表的构成

资产负债表由资产、负债和所有者权益构成，以小微企业为例，根据贷款业务财务分析的需要，一般将资产负债表科目设置如下。

资产一般分为流动资产和非流动资产。流动资产是指一年内或在一个营业周期内变现或者耗用的资产，主要包括货币资金、应收款、预付款、存货等；非流动资产是指借款人在一年内不能变现的那部分资产，主要包括固定资产、长期投资等，小微企业的资产以机器设备、交通工具、不动产等固定资产为主。

负债一般分为流动负债和长期负债。流动负债是指借款人在生产经营过程中应付给他人的资金，是借款人承担的应在一年或在一个营业周期内偿还的债务，主要包括应付账款、预收账款、短期借款、其他应付款等；长期负债是指借款人为购置机器设备、扩充生产能力等扩大经营规模的活动通过举债或发行债券而筹集的资金，主要包括长期借款、长期应付款等。

所有者权益代表投资者对净资产的所有权，净资产是借款人全部资产减去全部负债的净额。主要由两部分组成：一是资本金，二是在生产经营过程中形成的资本公积金、盈余公积金和未分配利润。

小微企业的资产负债表结构和常用科目如表 5-1 所示。

表 5-1 小微企业资产负债表结构和常用科目

资产	负债

流动资产：
 货币资金
 应收款
 预付款
 存货
  原材料
  库存商品
……
非流动资产：
 固定资产
  机器设备
  交通工具
  不动产
 长期投资
……
	流动负债：
	 应付账款
	 预收账款
	 短期借款
	 其他应付款
	……
	长期负债：
	 长期借款
	 长期应付款
	……
	所有者权益

资产合计：	负债和所有者权益合计：

（2）资产结构分析

资产结构分析是指通过计算各项资产占总资产的比重，来分析判断借款人资产结构的合理性。由于借款人所在行业和资产转换周期的长短不同，所以其资产结构也不同。在分析资产负债表时，一定要注意借款人的资产结构是否合理，是否与同行业的比例大致相同。

（3）资金结构分析

借款人的全部资金来源于两个方面：一是借入资金，包括流动负债和长期负债；二是自有资金，即所有者权益。借款人资金来源结构状况直接影响其偿债能力，资金结构合理，借款人的经济基础就牢固，就能承担较大的风险，就有较强的偿债能力，尤其是长期偿债能力。

借款人合理的资金结构是指资金不仅要从总额上满足经营活动的需要，适应资产转换周期，并且资金的搭配即短期负债、长期负债及所有者权益三者的比例也要适当，这样才能以最小的资金成本取得最大的收益。

（4）项目分析

①货币资金。货币资金是流动性最强的资产，同时也是收益最差的资产，虽然占比一般不大，但对企业的正常运营十分重要。

②应收账款。应收账款是典型的风险资产，存在可能收不回来的风险。积极的意义是表明产品适销对路，销售顺畅。应重点分析应收账款的规模、集中程度、账龄等。

③存货。存货是一项特殊资产，存货量越大，占用的资金也越多，说明企业生产过剩，销售困难。适当的存货保有量对企业正常的生产经营非常必要，过多或过少的存货都会对企业产生不利影响。存货分析需考虑计价方法、适销性和使用寿命、结构比例、可靠性等。

④固定资产。固定资产包括固定资产原值、累计折旧、固定资产净值。固定资产原值反映了企业拥有的固定资产的规模，累计折旧反映了固定资产的价值损耗，固定资产净值则反映了固定资产的新旧程度。一般来说，固定资产的折旧会影响利润的大小，多提或少提折旧会歪曲企业的经营成果。固定资产的市价持续下跌，或技术陈旧、损害、长期闲置等原因导致其可回收金额低于账面价值的，应当将可回收金额低于其账面价值的差额作为固定资产减值准备。固定资产分析可以掌握固定资产的市场价值和变现能力。

⑤短期借款和应付账款。短期借款和应付账款是流动负债分析的重点。企业借入短期借款用于生产经营，可以为股东增加财富；但是短期借款如果数额较大，近期的偿债负担加大，此时手中的货币资金也短缺的话，则会出现偿债危机。适度的应付账

款可以节省企业的资金，当应付账款的数额较大时，会加大企业的信用风险。

⑥长期借款。长期借款主要用于扩大生产经营规模，而不是用于生产经营周转。长期借款具有偿还期长、债务金额较大、可分期偿还的特点，既可能给企业带来效益，也可能给企业带来风险。

5.3.3 利润表分析

利润表又称损益表，它是通过列示借款人在一定时期内取得的收入、所发生的费用支出和所获得的利润来反映借款人一定时期内经营成果的报表。通过利润表可以考核借款人经营计划的完成情况，可以预测借款人收入的发展变化趋势，进而预测借款人未来的盈利能力。

（1）利润表的调整

利润表是根据"利润＝收入－费用"原理编制的。根据这个原理，借款人在计算利润时，是以其一定时期内的全部收入总和减去全部费用支出总和。这种方法简单易懂，能够反映全部收入总额和成本费用总额，但它只是对借款人的各种收入和成本费用做了简单的归纳，不能满足小微金融机构分析利润表的需要。小微金融机构对利润表进行调整的步骤如下。

第一步，从主营业务收入中减去主营业务成本、营业费用、营业税，得出主营业务利润，即毛利润；

第二步，以主营业务利润为基础，加上其他业务利润，减去管理费用、财务费用，得出营业利润；

第三步，在营业利润上加投资收益和营业外收入，减去营业外支出，得出利润总额；

第四步，从利润总额出发，减去所得税，得出当期净利润。

这种方法可以清楚地反映出借款人净利润的形成过程，准确地揭示出净利润各构成要素之间的内在联系，为盈利分析奠定基础。

（2）利润表分析方法

利润表分析通常采用结构分析法。利润表结构分析就是计算出产品销售成本、产品销售费用、产品销售利润等指标各占产品销售收入的百分比，计算出各指标所占百分比的增减变动，分析其对借款人利润总额的影响。

结构分析法除了用于单个客户利润表相关项目的分析外，还经常用于与同行业平均水平比较分析。利用结构分析法将不能比较的绝对数转化为可以比较的相对数，就可以对不同企业之间的盈利能力做出评价。

借款人在正常生产经营期间，利润表各项目之间都应有一个正常的、合理的比例关系和合理结构。在利润表分析中应对内在结构的异常变化给予高度的重视，并正确判断这种变化对借款人财务状况的影响。

对于小微企业客户来说，利润表的项目分析应重点关注主营业务收入（销售收入）和主营业务成本（销售成本）。如有无虚构销售收入，主营业务成本是否真实，计算方法是否一致，多期之间是否存在突增、突减等情况。

5.3.4 现金流量表分析

作为小微金融机构，对客户进行财务分析的最重要目的在于了解客户的还款能力。一般来说，盈利客户比亏损客户偿还贷款的可能性大。但是，一家盈利客户可能因为不能偿还到期贷款而面临清算，而另一家亏损客户却因能偿还到期贷款而得以维持经营。其道理在于利润是偿还贷款的来源，但不能直接用来偿还贷款，偿还贷款使用的是现金。客户在生产经营过程中，既发生现金流入，又发生现金流出，其净现金流量为正值或是负值，金额为多少将决定其是否有现金还款。所以，贷款人最直接关心的应该是借款人的现金流量。

（1）现金流量表的概念

现金流量表是反映企业在一定会计期间内的经营活动、投资活动和筹资活动中现金及现金等价物流入和流出的财务报表。它的作用在于，分析企业创造净现金流量的能力，进而更清晰地揭示企业的资产流动性和财务状况。

从编制原则上看，现金流量表按照收付实现制原则编制，将权责发生制下的盈利信息调整为收付实现制下的现金流量信息，便于信息使用者了解企业净利润的质量。编制现金流量表首先要明确现金及现金等价物等相关概念。

现金流量表中的现金既包括现金，又包括现金等价物。

①现金包括库存现金、活期存款和其他货币性资金，其他货币性资金包括外埠存款、银行汇票、银行本票、信用卡、信用证及存出投资款等。银行存款和其他货币性资金

中有些不能随时用于支付的存款，如不能随时支取的定期存款等，不应作为现金，而应列作投资。提前通知金融企业便可支取的定期存款，则应包括在现金范围内。

②现金等价物是指企业持有的期限短、流动性强、易于转换为已知金额现金、价值变动风险很小的投资。其中，期限短一般是指从购买日起 3 个月内到期。总之，现金流量表中的现金包括：库存现金、活期存款、其他货币性资金及 3 个月以内的证券投资。现金流量表中的现金必须不受限制，可以自由使用。

（2）现金流量计算与分析

流量是相对存量来说的一个概念。存量是某一时点的数据，流量是一定期间内所发生的数据。现金流量包括现金流入量、现金流出量和现金净流量，现金净流量为现金流入量和现金流出量之差。

现金流量表将现金流量分为三大部分，即经营活动现金流量、投资活动现金流量、筹资活动现金流量。

现金净流量＝经营活动的现金净流量（流入－流出）＋投资活动的现金净流量（流入－流出）＋筹资活动的现金净流量（流入－流出）　　　　　　　　（式 5-1）

①经营活动现金流量。经营活动现金流入的主要项目包括：销售商品、提供劳务收到的现金；收到的税费返还；收到的其他与经营活动相关的现金。经营活动现金流出的主要项目包括：购买商品、接受劳务支付的现金；支付给职工或为职工支付的现金；支付的各项税费；支付的其他与经营活动有关的现金。一个正常经营的企业，它在创造利润的同时，还应创造现金收益，相对于净利润而言，企业的经营活动现金流量更能反映企业真实的经营成果。

针对经营活动现金流，还要特别开展两方面分析。一是操纵分析，即分析经营活动现金流是否有被操纵的可能性；二是充裕性分析，即经营现金流量能否满足公司的运营需求。

②投资活动现金流量。一般来说，出售证券（不包括现金等价物）、出售固定资产、收回对外投资能够带来现金的流入；而购买有价证券、购置固定资产会带来现金的流出。

对投资活动现金流量进行分析时，需要结合企业的具体情况，重点观察投资现金流的特征是否符合企业的发展阶段，是否与企业的发展战略和发展方向一致，由此才能进一步判断公司的运营情况。

③筹资活动现金流量。一般来说，取得短期与长期贷款、发行股票或债券能够带来现金的流入；而偿还现金借款、分配现金股利会带来现金的流出。

对筹资活动现金流量进行分析时，同样需要结合具体情况。例如，当公司的筹资活动现金流量大于零时，有可能是企业扩大规模，也有可能是投资失误出现亏损或经营现金流量长期入不敷出。一些由报表衍生得到的财务比率，如销售现金比率、资本购置比率、再投资现金比率等，同样可以用来分析企业的现金流量表。

销售现金比率＝经营活动现金净流量 ÷ 销售额　　　　　　　　（式 5-2）

销售现金比率反映了企业当期经营活动获取现金的能力，比率越高，说明企业获取现金的能力越强。

资本购置比率＝经营活动现金净流量 ÷ 资本支出　　　　　　　（式 5-3）

资本购置比率反映企业用经营活动产生的现金流量净额维持和扩大生产经营规模的能力。资本购置比率越大，说明企业支付资本支出的能力越强，资金自给率越高。当比率达到 1 时，说明企业可以靠自身经营来满足扩充所需的资金；若比率小于 1，则说明企业需要靠外部融资来扩充所需资金。

再投资现金比率＝经营活动现金净流量 ÷（固定资产＋长期证券投资＋其他资产＋营运资金）　　　　　　　　　　　　　　　　　　　　　（式 5-4）

再投资现金比率反映企业经营活动现金流量用于重置资产和维持经营的能力，体现了企业的再投资能力。国外学者认为，该指标的理想水平为 7%—11%。

5.3.5 财务比率分析

财务比率分析也称为财务报表综合分析，主要包括盈利能力分析、短期偿债能力分析、长期偿债能力分析和营运能力分析等。

（1）盈利能力分析

盈利能力就是获取利润的能力，借款人的盈利能力在某种程度上比偿债能力更重要，因为借款人正常经营并产生利润是偿还债务的前提条件。反映借款人盈利能力的比率主要有销售利润率、营业利润率、税前利润率和净利润率、成本费用利润率、资产收益率、所有者权益收益率，统称为盈利比率。

①销售利润率。

销售利润率（毛利润率）＝销售利润÷销售收入净额×100%　　　　（式5-5）

销售利润＝销售收入净额－销售成本－销售费用－销售税金及附加　　（式5-6）

销售利润率用来评价借款人产品销售收入净额的盈利能力。该指标越高，表明销售收入中销售成本占比越低，企业产品的附加值越高。比较连续多年的销售利润率，可以判断和掌握销售活动盈利能力的发展趋势。

②营业利润率。

营业利润率＝营业利润÷销售收入净额×100%　　　　　　　　　（式5-7）

营业利润＝销售利润－管理费用－财务费用　　　　　　　　　　　（式5-8）

营业利润率反映每元销售收入净额所取得的营业利润。该比率越高，说明借款人盈利水平越高。

③税前利润率和净利润率。

税前利润率＝利润总额÷销售收入净额×100%　　　　　　　　　（式5-9）

利润总额＝营业利润＋投资净收益＋营业外收入－营业外支出　　　（式5-10）

净利润率＝净利润÷销售收入净额×100%　　　　　　　　　　　（式5-11）

净利润＝利润总额－所得税　　　　　　　　　　　　　　　　　　（式5-12）

这两个比率越大，说明每元销售收入净额所取得的税前利润和净利润越多。这两个比率直接关系到客户未来偿还债务的能力和水平，更加受到重视。

④成本费用利润率。

成本费用利润率＝利润总额÷成本费用总额×100%　　　　　　　（式5-13）

成本费用总额＝销售成本＋销售费用＋管理费用＋财务费用　　　　（式5-14）

成本费用利润率越大，说明同样的成本费用能取得更多利润，或者同样利润只需花费较少的成本费用。

在分析借款人盈利能力时，应将上述各个指标结合起来，并运用利润表中各个项目的结构分析，综合评价客户盈利能力的高低和变动情况，引起变动的原因及其对客户将来的盈利能力可能造成的影响。

⑤资产收益率。

资产收益率＝净利润÷资产平均总额×100%　　　　　　　　　　（式5-15）

资产平均总额＝（期初资产总额＋期末资产总额）÷2　　　　　　（式5-16）

资产收益率是反映借款人资产综合利用效果的指标，也是反映借款人利用债权人和所有者权益总额所取得盈利的重要指标。资产收益率越高，说明资产的利用效率越高，营运能力越强，盈利能力越强。

⑥所有者权益收益率。

所有者权益收益率＝净利润÷有形净资产×100%　　　　　　　　　（式5-17）

所有者权益收益率越高，说明所有者投资收益水平越高，营运能力越好，盈利能力越强。

（2）短期偿债能力分析

短期偿债能力是指客户以流动资产偿还短期债务即流动负债的能力，反映客户偿付日常到期债务的能力。大多数情况下，短期债务需要现金来偿还，因此，短期偿债能力应注意一定时期的流动资产变现能力的分析，而一般不太注重借款人盈利能力的分析。

反映短期偿债能力的比率主要有：流动比率、速动比率和现金比率等，统称为偿债能力比率。

①流动比率。

流动比率＝（流动资产÷流动负债）×100%　　　　　　　　　　（式5-18）

流动比率用于测定企业运用流动资产支付短期负债的能力。如果该比率过低，则表示企业可能发生债务问题；如果该比率过高，则表明企业资金未得到有效运用，影响资产的使用效率和盈利能力。

理论上，只要流动比率高于1，客户便具有偿还短期债务的能力，但由于有些流动资产不能及时足额变现，按照稳健性原则，一般认为流动比率在2左右比较适宜，实际中应视客户的行业性质及具体情况而定，不可一概而论。该比率只有和同行业平均流动比率、本企业历史的流动比率进行比较，才能知道是高还是低。

②速动比率。

速动比率＝（速动资产÷流动负债）×100%　　　　　　　　　　（式5-19）

速动资产是指易于立即变现，具有即时支付能力的流动资产。

速动资产＝流动资产－存货－预付账款－待摊费用－待处理流动资产净损失

（式5-20）

速动比率可用作流动比率的辅助指标，若流动比率较高，但速动资产却很少，借款人的短期偿债能力仍然较差。速动比率比流动比率能够更加准确、可靠地评价借款人资产流动性及其短期偿债能力。

一般认为，速动比率为1较为合适，但这个标准并不是绝对的，实际工作中应根据借款人的行业性质及其他因素进行综合评价。如零售行业由于其销售收入大多为现金，一般没有应收账款，可以保持低于1的速动比率；相反，一些应收账款比较多的客户，速动比率应大于1。另外，影响速动比率的重要因素是应收账款的变现能力。速动比率有可能是客户为筹措资金调整后的结果，因此，应对整个会计期间和不同会计期间的速动资产情况进行分析。

③现金比率。

现金比率＝（现金类资产 ÷ 流动负债）×100%　　　　　　　　　（式5-21）

现金类资产是速动资产扣除应收账款后的余额，包括货币资金和易于变现的有价证券，最能反映客户直接偿付流动负债的能力。现金比率越高，表明客户直接支付能力越强。但一般情况下，客户不可能也没必要保留过多的现金类资产，这样会丧失许多获利机会和投资机会。

在分析客户短期偿债能力时，可将流动比率、速动比率和现金比率结合起来观察，特别是还可将营运资金指标结合起来全面分析，能够起到评价借款人短期偿债能力的最佳效果。营运资金是指流动资产与流动负债的差额。

（3）长期偿债能力分析

长期偿债能力是指客户偿还长期债务的能力，体现客户对债务的承受能力和偿还债务的保障能力，长期偿债能力是反映客户财务状况稳定程度的重要标志。

长期债务的偿还资金来源是客户的经营利润，如果客户具有足够的盈利能力，就不用担心今后本金和利息的偿付能力。有关盈利能力前面已经述及，下面将从考察借款人偿还债务的保障能力，即财务杠杆比率角度，分析借款人偿还长期债务的能力。杠杆比率主要包括资产负债率、负债与所有者权益比率、负债与有形净资产比率、利息保障倍数等。

①资产负债率。

资产负债率＝负债总额 ÷ 资产总额 ×100%　　　　　　　　　　（式5-22）

资产负债率又称负债比率，对小微金融机构来说，借款人的负债比率越低越好。负债经营对借款人具有一定风险，负债规模应控制在一定合理水平内。因此，小微金融机构应根据客户的经营状况和盈利能力，正确测算借款人的负债比率，以保证其权益在经营环境恶化时得到保障。

②负债与所有者权益比率。

$$负债与所有者权益比率＝负债总额÷所有者权益×100\% \qquad （式5-23）$$

负债与所有者权益比率也称为债务股权比率，用于表示所有者权益对债权人权益的保障程度。该比率越低，表明借款人的长期偿债能力越强，但该比率也不必过低，否则不能充分发挥所有者权益的财务杠杆作用。

③负债与有形净资产比率。

$$负债与有形净资产比率＝负债总额÷有形净资产×100\% \qquad （式5-24）$$

$$有形净资产＝所有者权益－无形资产－递延资产 \qquad （式5-25）$$

负债与有形净资产比率更能合理地衡量借款人清算时对债权人权益的保障程度，特别是在无形资产和递延资产数额较大时更是如此，因为这些资产的价值存在极大的不确定性。该比率越低，表明借款人的长期偿债能力越强。

④利息保障倍数。

$$利息保障倍数＝（利润总额＋利息费用）÷利息费用 \qquad （式5-26）$$

利息费用一般包括流动负债利息费用、长期负债中进入损益的利息费用、进入固定资产原价的利息费用以及长期租赁费用等。利息保障倍数越高，说明借款人支付利息费用的能力越强。根据稳健性原则，应以倍数较低的年度为评价依据，但无论如何，利息保障倍数不能低于1。

（4）营运能力分析

营运能力是指通过借款人资产周转速度的有关指标反映出来的资产利用的效率。借款人偿还债务和盈利的能力，在很大程度上取决于对资产的有效运用程度。营运能力分析常用的比率主要有总资产周转率、流动资产周转率、固定资产周转率、应收账款周转率、存货周转率、营业周期等，统称为效率比率。

①总资产周转率。

$$总资产周转率＝销售收入净额÷资产平均总额×100\% \qquad （式5-27）$$

总资产周转率可以用来分析所有资产的使用效率，包括固定资产和流动资产。该比率值越大越好，说明借款人利用其全部资产进行经营的效率越高，盈利能力越强。

②流动资产周转率。

流动资产周转率＝销售收入净额÷流动资产平均净值×100%　　　　　（式5-28）

流动资产周转率越快，周转次数越多，说明流动资产的运用效率越高，进而偿债能力和盈利能力均得以增强。

③固定资产周转率。

固定资产周转率＝销售收入净额÷固定资产平均净值×100%　　　　　（式5-29）

固定资产周转率高，表明固定资产利用较充分，也说明固定资产投资得当、结构合理，能够发挥效率。固定资产净值随折旧时间推移而减少，随更新改造而增加，都会影响固定资产周转率。在不同行业间比较时，要考虑采用不同的折旧方法的影响，不同行业固定资产状况也不同，因而也会相差较大。

④应收账款周转率。

应收账款周转率＝赊销收入净额÷应收账款平均余额×100%　　　　　（式5-30）

赊销收入净额＝销售收入－现销收入－销售退回－销售折让－销售折扣

（式5-31）

应收账款平均余额＝（期初应收账款余额＋期末应收账款余额）÷2

（式5-32）

应收账款周转率一般以年为计算基础，如果季节性生产和销售的企业，每月、每季度销售收入和营收账款变化很大，也可按月、季度计算。应收账款周转率越高，周转次数越多，说明收回赊销账款的能力越强，应收账款的变现能力和流动性越强，管理工作的效率越高。

还可以通过计算应收账款回收期（周转天数），即应收账款账龄来反映应收账款的周转情况，应收账款回收期表示应收账款周转一次平均所需的天数，回收期越短，说明应收账款变现速度越快，流动性越好。

应收账款回收期（周转天数）＝计算期天数÷应收账款周转次数＝应收账款平均余额×计算期天数÷赊销收入净额　　　　　（式5-33）

由于企业公开财务信息资料中很少表明赊销净额，所以在计算时可采用销售收入净额替代。应收账款余额应是扣除坏账准备后的净额。

⑤存货周转率。

存货周转率＝销售成本÷存货平均余额×100%　　　　　　　　　（式5-34）

存货平均余额＝（期初存货余额＋期末存货余额）÷2　　　　　　（式5-35）

存货周转率是反映销售能力和存货周转速度的指标，也是衡量生产经营环节中存货营运效率的综合性指标，通常按年计算。

存货是流动资产中最重要的组成部分，常常达到流动资产总额的一半以上。因此，存货质量好坏、周转快慢，对客户资产周转循环长短具有重要影响。存货周转速度不仅反映了流动资产变现能力好坏，经营效率高低，同时也表明客户的营运能力和盈利能力强弱。

存货周转情况也可用存货持有天数表示。一般而言，存货持有天数增多，说明或是存货采购过量，或是滞销积压存货比重较大，或是存货采购价格上涨；而存货持有天数减少，说明可能耗用量或销量增加，但是过快的、不正常的存货周转率，也可能说明没有足够的存货可供耗用或销售，或是采购次数过于频繁，批量太小，等等。

存货持有（周转）天数＝存货平均余额×计算期天数÷销售成本

（式5-36）

⑥营业周期。

营业周期＝存货周转天数＋应收账款周转天数　　　　　　　　　（式5-37）

营业周期是指从外购承担付款义务，到收回因销售商品或提供劳务而产生的应收账款的这段时间。一般情况下，营业周期短，说明资金周转速度快；营业周期长，说明资金周转速度慢。较短的营业周期表明对存货和应收账款的有效管理。营业周期对于决定流动资金贷款的期限具有参考价值。

5.4 小微金融非财务分析

5.4.1 非财务分析的重要作用

非财务信息又称软信息，是除借款人的财务因素、担保条件之外，对贷款偿还产生影响的其他各种相关因素的统称。非财务信息是不以货币为计量单位，不一定与借款人财务状况相关，但与其生产经营活动密切联系的各种因素。非财务分析与财务分析相互印证、相互补充，为信用评价结果提供充分和必要的依据。

从小微金融的客户对象看，自然人和小微企业主一般都不能提供规范的会计信息，无法及时、全面、准确了解其收入、家庭财产、对外经济往来等财务情况，只能主要依靠对非财务信息的分析，判断还款可能性；即使借款人为法人客户，所提供的会计信息不完全、不真实的现象也比较普遍，仅依靠客户提供的会计报表得出的财务分析结论，也很难准确判断其还款能力，必须借助非财务信息分析来弥补财务分析的缺陷。尤其对小额信贷客户而言，财务信息的不完整决定了非财务信息分析的重要性。

判断借款人的信用。在实际工作中，有些不良贷款的形成并不是因为借款人没有还款能力，而是借款人"有钱不还"，或者是金融机构缺乏对贷款的严格监督和催收。所以，金融机构进行信贷决策时，既要关注借款人的还款能力，也要分析借款人的信用。而借款人的信用如何，在财务报表上基本没有体现，必须进行非财务因素分析。

判断借款人的还款能力。在分析借款人的还款能力时，习惯用资产负债率、流动比率、速动比率等财务指标对借款人的现金流和财务能力进行分析。但是，财务分析主要是对借款人的历史还款能力的分析，而偿还贷款本息取决于借款人未来的还款能力。事实上，借款人的经营状况受其行业风险、经营风险、管理水平等多种因素的影响和作用，且处于不断变化之中。未来的经营状况是由过去、现在和将来种种因素影响与作用的结果，当前的非财务因素可能就是未来贷款风险的预警信息。所以，进行非财务分析不仅是必要的，而且有助于增强财务分析预测的可靠性，可以对借款人的还款能力做出更加全面、客观的预测及评估。

5.4.2 非财务信息的内容分析

（1）个人基本信息

客户个人基本信息主要包括客户的年龄、婚姻状况、户籍状况和房产信息、受教育程度、个人嗜好、从业经验、家庭收入与开支、保证人信息等。

（2）企业经营信息

企业非财务因素分析主要包括行业风险、经营风险、管理风险、社会和自然因素及还款意愿等方面。

①行业风险分析。

每个借款人都处于某一特定的行业中，每一特定行业因所处的发展阶段不同而具有其特有的行业风险。尽管这种风险具有一定的阶段性特征，但在同一行业中的借款人可能需要共同面对某些基本一致的风险。一般而言，行业风险分析的主要内容如下。

a.成本结构。固定成本占比较高的行业，一般具有较高的经营杠杆，这些企业只有扩大产量才能降低成本，增加盈利。变动成本占比较高的行业，其企业的变动成本也较高，变动成本具有相当的弹性，即当产量下降或销售下降时，企业可以通过压缩变动成本来降低总成本的方法保证盈利或减少亏损，如裁员或减薪等。固定成本在总成本中的占比越高，抗风险能力越差。

b.行业的成熟期。行业成长一般经历四个主要阶段，即导入阶段、成长阶段、成熟阶段、衰退阶段。仔细分析借款人所处行业的发展阶段，小微金融机构就有可能预见到借款所面临的主要挑战，从而预防贷款风险。一般来说，行业处于导入阶段时，小微金融机构一般不介入过多信贷资金；处于初期阶段，小微金融机构贷款面临较大风险的可能性大；进入成长阶段后，对借款人的风险分析主要围绕企业的管理水平、产品性能等，这个阶段是小微金融机构介入该行业的合适时机；行业进入成熟阶段后，小微金融机构主要应研究行业成熟阶段的寿命长短，以免在贷款存续期间，行业就进入衰退阶段。

c.行业的经济周期性。行业风险与经济周期密切相关，如果行业与经济周期正相关，则其随宏观经济的繁荣而繁荣，随宏观经济的萧条而萧条。如果行业与经济周期负相关，则其随宏观经济的繁荣而萧条，随宏观经济的萧条而繁荣。在实际工作中，判断宏观经济周期要比判断行业周期相对容易一些，小微金融机构可以借助宏观经济的研究成果和行业与宏观经济周期之间的关系提前判断行业的周期性变化，降低贷款风险。

d.行业的盈利性。维持公司的运营需要盈利能力，一个长期不盈利的公司必将倒闭。整个行业也是一样，如果一个行业的多数公司由于费用超过收入而赔钱，行业的持续存活能力就受到了质疑。对于小微金融机构来说，信贷的最小风险是来自一个繁荣与萧条时期都持续大量盈利的行业，最大风险则来自一个普遍不盈利的行业。

e.行业的依赖性。不同的行业之间存在着相互依存关系。一般地说，对其他行业发展的依赖程度越高，该行业中借款人的潜在风险就越大。企业的这种依赖性在实践中表现为对某一个或多个特定行业的依赖、对重要客户的依赖、对重要原材料供应商的依赖、对销售渠道的依赖等。如果借款人的客户或供应商仅限于几个行业，则这笔贷款成为问题贷款的可能性就较大。

f. 行业政策和有关环境。行业政策对行业的发展具有重要影响，行业政策的主要形式有投资控制、税收倾斜和其他措施。行业政策的变化既有突然性，也有必然性，小微金融机构应事先对这种必然性加以研究，分析政策的调整方向、目标与小微金融机构经营目标的异同，相应调整客户策略。通货膨胀、环境保护、地区经济优势、科技进步等环境因素的变化可能会给某些行业带来负面冲击或正面推动，小微金融机构应足够关注。

②经营风险分析。

行业风险分析只能够帮助小微金融机构对行业整体的共性风险有所认识，但行业中的每个企业又都有其自身特点。一般来说，企业经营风险可以从企业总体特征、产品、原料供应、生产、销售等方面进行分析。

a. 企业的总体特征。企业的总体特征包括企业生产或销售规模、企业所处的发展阶段、产品多样化及经营策略等。

小微金融机构在分析企业规模问题时，必须注意以下几点：第一，规模的主要衡量指标是销售量而不是生产量；第二，规模是一个相对概念，必须与同行业的其他企业比较才有意义；第三，规模并非总是越大越好，规模应适度；第四，适度的规模是保证企业生存、发展的必要条件。

企业所处的发展阶段与行业所处的发展阶段有一定的联系，即行业的快速发展可以为企业的快速发展提供良好的行业环境。但企业的发展阶段又具有独立的一面，即在行业发展的每个阶段中，都有企业处在创立、快速发展、成熟稳定、退出行业或破产倒闭状态。

企业必须解决以下问题：达到什么样的目标；目标实现的可能性或合理性；为实现目标所采取的策略是否可行；为实现目标的必要支持是否足够；经营环境发生变化时，经营目标应否调整，如何调整；等等。

b. 企业产品与市场分析。产品分析主要是解决产品在社会生活中的重要性和特性问题、产品的质量问题、产品的买方定位、产品的价格等方面。产品特性与市场营销是相关的，产品具有优势，市场营销工作的难度就小一些。如果一个企业的产品与替代产品在价格上的差距较大，消费者可能会转向替代产品。如果该企业有许多替代品或没有转换成本，替代品可以即刻对该产品构成压力，企业经营风险极高。

市场分析主要围绕市场竞争的激烈程度、企业对市场价格和需求的控制能力、客户的分散程度及销售方法等。企业要在市场竞争中生存、发展，则必须根据市场需求开发、设计、生产商品，并通过适当的营销手段将产品推销出去，实现盈利。产品和市场的任何一方面存在缺陷，都有可能影响到产品的销售进而影响到贷款的按期偿还。

在采购环节，主要风险有原材料价格风险、购货渠道风险和购买量风险。原材料的价格直接影响企业的生产成本；如果企业的购货渠道单一，一方面增加了原材料及时供给的难度，另一方面也不利于企业在购进原材料时进行讨价还价；购买量大小与企业的存货管理计划、生产规模、原材料价格走向、原材料的紧缺程度、企业的资金实力等内容有关。

在生产环节，可能对贷款偿还构成影响的因素有生产的连续性、对生产技术更新的敏感性、抵御灾难的能力、环境保护和劳资关系等。小微金融机构必须认真分析这些问题及其可能对贷款造成的影响，并采取合适的措施保证贷款的安全。

在销售环节，能否顺利将产品送到目标客户手里，是实现利润的重要环节。促销策略、渠道、售后服务、包装、运输、付款方式等无不影响着消费者的购买欲望。小微金融机构对销售环节应引起充分重视，因为它对企业未来的还款能力有着极其重要的影响，甚至可以说，不具备较强营销能力的企业是危险的，是不可能长久生存的企业。

③管理风险分析。

企业能否保持长盛不衰，主要看其是否具备必要的管理能力。借款人管理风险分析主要包括管理层素质、管理能力等方面。从某种意义上说，企业经营能力的好坏往往是其管理能力在经营活动中的反映。

a.管理层的素质和经验。管理层的素质主要包括管理层的文化程度、年龄结构、团队精神、道德品质等。国内企业普遍存在管理层作为一个整体时素质低下的问题，即管理层当中绝大多数个体可能具有企业管理人员的必备条件，但由于缺乏团队精神、敬业精神、职业道德或出于个人利益等方面的考虑而使得管理层作为一个整体时不能形成合力，从而使管理层的主要精力过多地陷入人事关系和事务性的工作中，不能专心于管理企业。

b. 管理层的稳定性。企业主要管理人员的离任、死亡、更替等均会对企业的持续、正常经营管理产生重大影响。企业管理层的不稳定性对贷款安全的影响多表现在以下方面：新管理层对其任期以外的借款大多采取"拖"的态度，或者持不配合甚至不认账的态度，新管理层可能重新选择往来小微金融机构而使银企关系发生重大变化或躲避贷款金融机构的监控等。

c. 经营思路和作风。企业在经营思路上是否统一会影响企业的经营和发展。如过分地以利润为中心，企业的经营行为必定短期化，必然会影响到企业的长远利益，影响到企业的稳定、持续的还款能力。管理层经营作风对企业经营的稳定性也具有实质性影响，如过于冒险的经营作风可能使企业的经营和小微金融机构的贷款都面临较高的风险，过分追求企业王国的扩大必然会使企业热衷于外延扩张而不是注重苦练"内功"，最后必然是管理水平不能适应企业规模扩大的需要而使企业陷入困境。

d. 关联企业的经营管理。企业的母子公司、主要供应商、购货商等与企业在股权、资金、产品、原材料、管理人员等方面有着密切的关联性，它们在生产经营、财务状况、法律诉讼等方面的变化将直接影响到企业原材料的采购、产品销售、应收账款的回收、投资收益的高低等，从而影响到企业的还款能力。小微金融机构在关注借款本身的同时也要对其关联企业给予足够重视，避免"城门失火，殃及池鱼"的情形发生。

e. 员工素质。员工的年龄结构、文化程度、专业水平及稳定性等因素直接影响到企业的技术开发与运用、产品创新、产品质量及企业管理理念的进步。企业间的竞争主要体现在人才的竞争，企业不重视人才，将难有未来。

f. 财务管理能力。财务管理水平的高低对企业的盈利性有着重要影响，因为管理会计可以帮助企业分析成本上升的原因及采取何种措施可以控制成本的过快增长，可以通过预测说明企业可能在何时会遇到流动性问题及相应的解决办法，可以从经济学的角度科学分析某项投资的合理性及相关的筹资、融资成本和方法。通过财务报表的真实性、准确性测量企业的财务管理水平。

g. 法律纠纷。借款人遇到的一些法律纠纷，对借款人的还款能力会造成一定影响，甚至影响到贷款的偿还。小微金融机构应密切关注借款人遇到的劳资纠纷、债权债务纠纷或违法事件，以及从第三方处得到的不利于企业的法律传闻等，并分析这些法律纠纷将会给小微金融机构带来的不利程度。

5.4.3 不对称偏差分析法

不对称偏差分析法最开始是运用在 IPC 信贷技术中的，现在看来就是风控模型的初级手工版本。现在流行的大数据模型有相当部分借鉴了不对称偏差分析法的思路。它能有效剥离且呈现出风险点，最终就客户信息维度做出可视化的风险判断，从而帮助信贷人员发现客户风险点。

运用不对称偏差分析法，我们首先需要设立软信息风险维度，也即所谓的"标杆"信息，设立"标杆"需遵循客观原则、分层原则、少量"标杆"原则。不对称偏差分析法是将客户的不同方面以坐标的形式进行展示，并通过某一客户实际情况的描述得到偏差度，偏差度不作为量化指标，而是通过偏差方向的组合，做出风险判断。不对称偏差分析法可帮助风控人员发现贷款的潜在风险点，指出其需要重点分析的方向。不对称偏差分析法的操作步骤如下。

（1）制定不对称偏差分析的坐标

小微金融机构可以根据其服务客户群体的基本特征制定坐标，如婚姻状况、年龄、受教育程度、从业经验、贷款历史、私人资产、保证人年龄、保证人婚姻状况等要素，组成一连串的坐标要素。

（2）在各坐标要素上根据客户的情况做出线性显示

信贷管理人员根据客户的实际情况，在坐标上标出客户所处位置。根据对标准客户的描述，越正常的客户，线性显示越平坦，线性描述如果出现偏差，信贷管理人员可根据偏差方向，结合其他方面的信息做出判断，并根据实际需要对该方面进行重点分析。

（3）对客户进行综合评价

客户线性描述越平坦，客户就越接近标准要求，其分析要求就可以相对降低。反之，客户线性描述偏差越大，客户经理就越须沿着偏差方向对客户进行分析。以上在各坐标要素上的评价共同构成对客户的综合评价结果，作为是否发放贷款的重要决策依据。

随着大数据的普及、风控大数据建模的兴起，不对称偏差分析法因为客户信息维度数量的限制，已经不足以满足我们对风控模型越来越精细化的要求。但是，不对称偏差分析法作为风控模型的雏形，特别是在风险维度取舍思路上及异常发生后风控人员对客户风险的迅速反应上，仍是值得借鉴与学习的。

 案例剖析

个体户贷款评估与分析案例

贷款案例：李女士现年 42 岁，从 2010 年开始在当地县城经营服装生意，现有两个品牌男装专卖店。两个店的装修一年前投入了约 80 万元（店面一般每三年重新装修一次），租金每年共 65 万元，店铺的位置都在县城较好的地段。李女士现有库存服装 95 万元，其中去年及以前的库存价值约 18 万元，当年的春装、夏装、秋装价值约 77 万元。现在要进冬季的服装，首批进货需要 120 万元，李女士现在只有 60 万元的现金，因此申请贷款 60 万元，期限 1 年。李女士的丈夫是警察，在当地交警队上班，有一女儿，22 岁，协助自己经营，有一套住房，据李女士自己所说，她在省城还有一套住房（但不愿提供产权证明）。当年 8 月在邮储银行贷款 10 万元，按月归还，已还一个月。

贷款评估与分析过程如下。

一、对客户的财务评估

1. 销售收入的评估。（1）如借款人有销售记录，可根据其记录计算确定。（2）对于服装专卖店来说，其供货厂商一般都会与其定期对账，有较明细的对账单，可根据借款人与供货厂商的对账单确定其进货量，再根据其进货量和毛利润率推算其销售额。（3）一般情况下，借款人会通过银行转账的方式支付厂商的货款，通过查看其银行转账记录分析其进货量，再根据其进货量和毛利润率推算其销售额。同时，借款人也会将大部分销售额存入银行账户，通过计算其银行对账单的存入金额可大致推算出销售额。

2. 销售成本的评估。（1）上述销售收入评估中的进货额就是其进货成本。（2）也可访问其供货厂商相关产品的供货价格确定。

3. 费用的评估。（1）门面和仓库租金根据租房合同确定。（2）工人工资根据工资发放表确定，如没有工资表，可询问工人的工资额和工人人数确定。（3）运费、税费、水费、电费等费用。如有单据，按单据计算确定；如没有单据记录，合理估算确定。

4. 利润。用销售收入减去成本费用可计算出利润。

5. 对李女士资产的确定。（1）存货：可清点库存各种款式服装的数量，再根据各自的进货单价确定存货的价值。（2）自有资金60万元可查看现金和银行账户余额确定。（3）自有房产根据当地的房价行情和住房面积评估确定（李女士称省城另有住房，但不愿提供产权证明，不计入资产内）。

关于是否将店铺装修计入其资产的问题：由于此类服装专卖店对装修的要求很高，一般隔几年就要重新装修一次，更新很快；同时，借款人一旦不再经营服装，或将店铺转让出去，其装修将被破坏后重新装修，其原有的装修将变得毫无价值，因此，根据谨慎性原则，以及在实际操作中的经验，店铺的装修不宜计入资产价值内。

6. 对于其负债，可通过查询李女士本人及其家人的征信记录确定在其他金融机构的贷款额，通过询问本人，访问其员工、朋友、供货商、邻居等确定有无其他负债情况。

7. 此类借款人的现金流特点：服装销售的旺季在春季、秋季、冬季，淡季在夏季，因此，其现金流特点是春秋、冬季较大，夏季较小。

二、对客户的非财务分析

李女士经营服装销售已有10多年，有较丰富的经营经验；店铺经营位置好。

三、该笔贷款的风险分析

1. 品牌男装有较明显的销售淡旺季。

2. 李女士服装库存产品较多，特别是还有大量以前年度的商品。服装的款式流行趋势变化较快，如在当季不能销售完，由于跟不上流行的款式，就很有可能成为滞销商品。因此，李女士应通过打折促销等方式处理过多的库存商品。

四、贷款建议

对于这笔贷款，借款人申请60万元，贷款用途合理，可以发放。由于将要进入冬季的销售旺季，借款人现金流充足，因此，适用按月还本付息的贷款产品，同时，为了防止借款人出现意外风险，借款合同除了由李女士夫妻签字外，最好要求其女儿作为共同债务人在借款合同上签字。

（资料来源：凌海波、邱俊如《小额信贷实务》。）

请思考：

作为银行信贷员，如何通过贷前调查评估客户的风险？

 延伸阅读（思政）

央行：推动建立金融服务小微企业敢贷愿贷能贷会贷长效机制

为贯彻落实党中央、国务院关于稳增长稳市场主体决策部署，针对金融机构内生动力不足、外部激励约束作用发挥不充分等问题，中国人民银行印发《关于推动建立金融服务小微企业敢贷愿贷能贷会贷长效机制的通知》（以下简称《通知》），从制约金融机构放贷的因素入手，按照市场化原则，进一步深化小微企业金融服务供给侧结构性改革，加快建立长效机制，着力提升金融机构服务小微企业的意愿、能力和可持续性，助力稳市场主体、稳就业创业、稳经济增长。

《通知》指出，要健全容错安排和风险缓释机制，增强敢贷的信心。各银行业金融机构要探索简便易行、客观可量化的尽职免责内部认定标准和流程，推动尽职免责制度落地。加快构建全流程风控管理体系，提升小微企业贷款风险识别、预警、处置能力。落实好普惠小微贷款不良容忍度监管要求，优先安排小微企业不良贷款核销。积极开展政银保担业务合作，合理提高担保放大倍数，简化担保流程，提高担保效率。

《通知》强调，要强化正向激励和评估考核，激发愿贷的动力。各金融机构要牢固树立服务小微经营理念，在经营战略、发展目标、机制体制等方面做出专门安排，提升金融供给与小微企业需求的适配性。完善成本分摊和收益分享机制，将贷款市场报价利率内嵌到内部定价和传导相关环节，提高精细化定价水平，推动普惠小微综合融资成本稳中有降。进一步改进完善差异化绩效考核，加强政策效果评估运用，持续优化地方融资环境。

《通知》要求，做好资金保障和渠道建设，夯实能贷的基础。发挥好货币政策工具总量和结构双重功能，用好降准、再贷款再贴现、普惠小微贷款支持工具，持续增加普惠小微贷款投放。科学制订年度普惠小微专项信贷计划，确保普惠小微贷款增速不低于各项贷款增速，全国性银行要向中西部地区、信贷增长缓慢地区倾斜。加大小微企业金融债券、资本补充债发行力度，积极开展信贷资产证券化，拓宽多元化信贷资金来源渠道。继续完善普惠金融专营机制，探索形成批量化、规模化、标准化、智能化的小微金融服务模式。加强部门联动，常态化开展多层次融资对接，提高融资对接效率，降低获客成本。

《通知》明确，要推动科技赋能和产品创新，提升会贷的水平。健全分层分类的小微金融服务体系，强化金融科技手段运用，合理运用大数据、云计算、人工智能等技术手段，创新风险评估方式，提高贷款审批效率，拓宽小微客户覆盖面。加快推进涉企信用信息共享应用，丰富特色化金融产品，推广主动授信、随借随还贷款模式，满足小微企业灵活用款需求。发挥动产融资统一登记公示系统、供应链票据平台、中征应收账款融资服务平台作用，便利小微企业融资。发挥普惠性支持措施和针对性支持措施合力，加大对重点领域和困难行业的金融支持力度。

近年来，人民银行深入开展中小微企业金融服务能力提升工程，持续优化金融政策体系，加强传导落实，督促引导金融机构优化内部资源配置和政策安排，加大对小微企业金融支持。2022年4月末，普惠小微贷款余额20.7万亿元，同比增长23.4%，连续36个月保持20%以上的增速，普惠小微授信户数5132万户，同比增长41.5%，是2019年末的1.9倍；4月新发放普惠小微企业贷款利率5.24%，处于历史较低水平。

下一步，人民银行将加强组织实施和政策宣传解读，加快落实稳经济一揽子措施，督促和指导各金融机构认真抓好《通知》落实落细，努力打通长效机制落地的"最后一公里"，切实提升小微金融服务质效，支持小微企业纾困发展，助力通过稳市场主体来稳增长保就业保基本民生。

（资料来源：http://www.gov.cn/xinwen/2022-05-26/content_5692366.htm。）

 **实训探究**

深化小微金融服务 夯实共同富裕基础

2022 年 3 月，中国人民银行、银保监会、证监会、国家外汇管理局、浙江省政府发布《关于金融支持浙江高质量发展建设共同富裕示范区的意见》，以进一步深化金融供给侧结构性改革，推动建立与浙江共同富裕示范区建设相适应的金融体制机制，支持浙江打造新时代全面展示中国特色社会主义制度优越性的重要窗口。金融支持浙江高质量发展建设共同富裕示范区，是一次具有开创性的尝试，赋予了金融促进共同富裕的公共政策属性。在此过程中，总结并推广这一尝试的经验，将进一步发挥中国人民银行、国有及政策性金融机构、政府部门在服务金融发展促进共同富裕中的作用。同时，也需要注重从需求端发力，加强金融知识普及和消费者金融素养教育，提升居民的金融能力，这不仅事关金融支持战略的协同性，更是提升金融政策支持的造血能力、可持续增长能力的关键。

（资料来源：盘和林《深化小微金融服务 夯实共同富裕基础》。）

请结合本章内容，查找相关资料，关注金融支持浙江建设共同富裕示范区政策，探究如何利用小微金融技术推动共同富裕建设，并完成一篇实训探究报告。

课后习题

1. 单选题

（1）小微金融中所说的硬信息一般主要是指（　　　）。

A. 财务报表　　　　　　　　　B. 财务信息

C. 非财务信息　　　　　　　　D. 软信息

（2）哪种小微金融运作机制具有"早期预警"功能？（　　　　）

A. 小组联保   B. 动态激励

C. 分期还款   D. 担保替代

（3）我国引入德国 IPC 小微金融技术是（   ）年。

A. 2003   B. 2004

C. 2005   D. 2006

（4）以下反映企业短期偿债能力的指标是（   ）。

A. 流动比率   B. 资产负债率

C. 应收账款周转率   D. 销售利润率

（5）以下反映企业长期偿债能力的指标是（   ）。

A. 现金比率   B. 存货周转率

C. 速动比率   D. 资产负债率

（6）流动资金的资产转换周期由（   ）组成。

A. 存货周转期   B. 应收账款周转期

C. 存货周转期与应付账款周转期之和

D. 存货周转期与应收账款周转期之和

2. 多选题

（1）以下属于交易型贷款技术的是（   ）。

A. 基于财务报表的贷款   B. 基于担保的贷款

C. 基于信用评分的贷款   D. 关系型贷款

（2）以下属于软信息的是（   ）。

A. 从业经历   B. 人脉口碑

C. 营业收入   D. 员工素质

（3）台州银行小微金融技术的"十六字箴言"包括（   ）。

A. 下户调查   B. 眼见为实

C. 自编报表   D. 交叉检验

（4）浙江泰隆商业银行小微金融技术中的"三品"是指（   ）。

A. 人品   B. 产品

C. 商品   D. 押品

（5）浙江民泰商业银行的"九字诀"小微金融技术是指（　　　）。

A. 看人品　　　　　　　　　B. 看原始

C. 算实账　　　　　　　　　D. 同商量

（6）下列属于反映借款企业盈利能力的指标有（　　　）。

A. 利息保障倍数　　　　　　B. 所有者权益收益率

C. 资产收益率　　　　　　　D. 成本费用利润率

（7）以下属于针对个人的非财务分析的内容是（　　　）。

A. 年龄和户籍　　　　　　　B. 个人嗜好

C. 从业经验　　　　　　　　D. 收入来源

3. 简答题

（1）请简述小微金融技术的概念与分类。

（2）小组联保和担保替代在小微金融中有什么作用？

（3）动态激励和分期还款在小微金融中有什么作用？

（4）IPC 信贷技术的要点有哪些？

（5）打分卡技术和信贷工厂模式的内涵是什么？

（6）请简述台州银行贷款调查技术"十六字箴言"、泰隆银行"三品三表三三制"、民泰银行"九字诀"的具体内涵。

（7）如何对借款人个人基本信息进行内容分析？

4. 分析应用题

（1）各类小微金融技术的应用场景对客户经理处理小微金融业务有何启示？

（2）基于小微企业财务报表，进行财务报表基本分析和财务比率计算。

第6章

小微金融营销

学习目标

知识目标

◎掌握金融客户分类的方法

◎掌握寻找目标客户的方法

◎掌握目标市场策略选择需考虑的因素

能力目标

◎能对金融客户进行分类

◎能正确地选择恰当的目标客户

◎能分析不同营销策略的优缺点

素养目标

◎培养学生的社交能力、语言表达能力和应变能力

◎培养学生在营销工作中的信心、耐心和抗挫折能力

◎培养学生在营销工作中的团队合作意识、协作能力和勇于实践的精神

思维导图

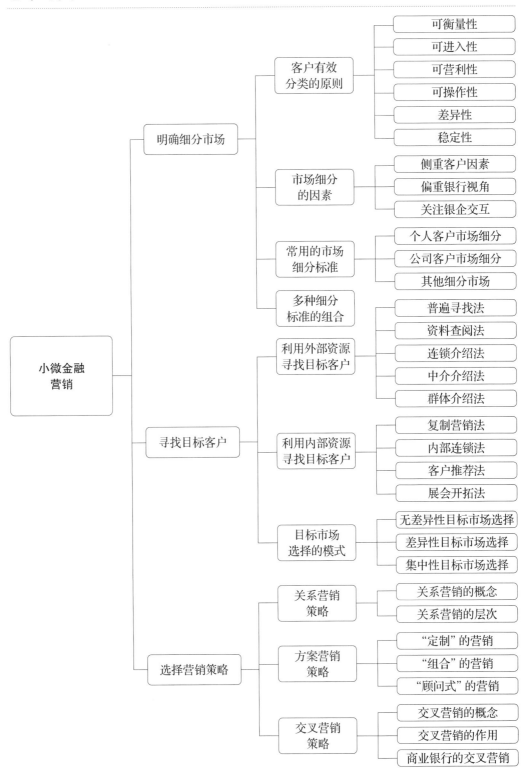

引导案例

我国各类银行的目标市场定位

一、大型国有商业银行

大型国有商业银行具有资产规模大、经营品种多、金融产品创新能力强、网点分布广泛的特点。对公司业务应抓好抓优，对个人业务应以中等收入阶层为核心，定位于存款、中间业务和消费信贷并举的多元化服务。

二、上市股份制商业银行

在整个金融市场范围内同竞争对手竞争，也可以选择若干细分市场开展有针对性的服务作为辅助策略。如定位于公司型、中产阶层客户，或定位于高附加值的产品或服务，如招商银行定位于发展网上银行和个人金融业务。

三、地方性中小商业银行

充分利用贴近地方政府、中小企业和市民的有利条件，定位于中小企业、个人金融和中间业务等细分市场。

四、邮政储蓄银行

充分依托和发挥邮政的网络优势，完善城乡金融服务功能，以零售业务和中间业务为主，为国民经济和社会发展以及广大居民提供金融服务；逐步开展零售类信贷业务和公司业务，与国内其他商业银行形成良好的互补关系，有力地支持社会主义新农村建设。

◉ 你知道吗？

资料中不同类型的商业银行是根据什么标准来进行市场细分的？

6.1 明确细分市场

在现代广阔而复杂的市场中，任何一家公司的资源、人力、物力、资金都是有限的，没有一家公司可以完全获得整个市场，也不可能用一种产品和销售模式应对所有的客户，更不可能向所有的客户提供所有他们需要的产品，金融服务营销也是如此。面对资源有限、客户众多和需求差异等情况，小微金融机构只有通过市场细分，才能发现可以充分发挥其资源优势的细分市场，并在该细分市场中取得竞争优势，达到扬长避短的目的。

因此，在开展营销工作前，有必要对客户进行分类，设计出用以指导营销工作人员选择客户的基本标准。当然，各种类型的客户具有不同的特征和属性，其选择的标准也各不相同。小微金融机构通过细分市场，选择适合自己的目标市场，可以集中人、财、物等资源，争取局部市场上的优势，然后再占领自己的目标市场。

6.1.1 客户有效分类的原则

市场细分就是企业根据客户需求的差异性和购买行为的差异性，把整个市场区分为若干个由类似需求的顾客群体组成的小市场的过程。

为保障分类结果的针对性和有效性，应选择合适的分类方法，并采取有序的实施步骤。

（1）可衡量性

可衡量性是指每个细分市场的特性，如规模、效益及可能带来的业务量的增加等指标，这些都是可以确定和度量的。例如，邮币卡和字画古董收藏的投资市场，以分散的民间活动方式为主，不容易获得足够、准确的信息，其资料的可获得性较差。

（2）可进入性

可进入性即细分市场之后，企业可以通过适当的营销组合策略进入该市场。如果细分后的市场无法进入，可望而不可即，则这种细分市场的划分毫无意义。如票据业务细分市场很难出现在现金交易盛行的地方，而在金融市场发达成熟的地区较为盛行。此外，垄断性行业和政策限入业务会影响市场的可进入性，如证券公司为客户理财，提供的金融产品不能包括储蓄和借贷业务，在储蓄倾向较强的地区，可能会排斥一大批客户，使得市场规模难以扩大。

（3）可营利性

可营利性即企业的每个细分市场都应具有产生利润的潜力，其成本是合理的，市场规模是合适的，最终可以使企业有利可图。如一个普通大学的餐馆，如果专门开设一个西餐窗口以满足少数师生酷爱西餐的需求，就会由于这个细分市场太小而得不偿失。

（4）可操作性

可操作性是指能够设计出细分市场的有效方案，并有能力向该市场提供服务。当然即使再有吸引力的细分市场，如果无法提供服务，这种划分也会失去意义。例如，一家银行的社区支行发现了七大有吸引力的细分市场，但是它的雇员太少，难以对每个细分市场单独制订营销方案，即使有了方案，也没有能力去实施，只好放弃。

（5）差异性

差异性即每个细分市场的差异应该是明显的，由此，每个细分市场应对应不同的、具体的营销活动，对不同的促销活动也应有不同的反应。

（6）稳定性

细分的子市场必须在一定时期内保持相对不变，不会出现大起大落，以便金融企业制定较长期的市场营销组合战略，有效占领目标市场而避免出现短期行为。

6.1.2 市场细分的因素

市场细分的基础是顾客需求的差异性，所以凡是使顾客需求产生差异的因素都可以作为市场细分的标准。细分市场时，营销人员要想获得企业开展营销活动所需要的细分结果，关键是要选择恰当的细分变量。采用的细分变量不同，结果也就不同。

商业银行开展客户分类管理时，分类因素可包含客户自身客观属性，还可与银行经营目标、关注点等因素相关，使分类结果可理解、可解释、可应用。

（1）侧重客户因素

按照企业自身特性进行分类，如企业规模、企业生命周期（如成立时间、所处发展阶段等）、企业类型等。以下以企业类型分类为例。

①按照所在国家／地区分类：可分为本国、外国，或亚洲、美洲、欧洲等；国内区域可以按华北、华东、华南等分类，也可按省（区、市）划分。

②按照主营行业分类：可对国标行业大类或细分子类分类，或基于本行关注重心归并成几类自定义的大行业统称（如传统行业、新兴行业、受管控行业）；也可根据行业景气周期特点进行划分，如周期性行业和非周期性行业。

③按照所有制形式分类：分成国有、股份制（民营）、外资、混合所有制等。

④按照组织架构分类：分为集团企业（含母公司和下属企业）、单一企业等。

该类方法除了便于统计分析，还可设定与企业运营模式、业务特点、发展阶段、银行债务承载能力等相适应的业务发展策略和管理机制。

（2）偏重银行视角

从银行关注的重点出发进行分类，可以包含服务层级分类、内部信用评级分类、风险预警等级分类等。其中，服务层级分类是根据本行认为的客户重要程度进行划分的。分类依据既可以是客户本身的知名度和影响力，也可以是客户对本行过往或未来发展的支持力度、贡献程度等。此种分层的着重点是有机匹配内部政策和外部服务，打造不易替代的核心专业优势和声誉，提升客户黏性，或根据分类结果的变化及时采取针对性措施。

（3）关注银企交互

根据银行和企业在业务等方面的交互成果、发展状况等进行分类，如以合作关系、交易频率、资产质量等分类。这样做的有利点是能够细化展示各项产品需求、满足程度和业务拉动效果，剖析业务贡献来源、分布和瓶颈，提升薄弱领域的覆盖率和贡献度，夯实高层级客户的保有率，提高低层级客户的层级。

分类方向的思路框架具体取决于银行经营目标的核心关注点和实施客户分类管理的根本目的等。

6.1.3 常用的市场细分标准

对于金融机构而言，客户首先被分为性质差异较大的两大类，即个人客户和公司（企业）客户，然后再分别按不同的标准进一步细分。

由于个人客户在年龄、性别、职业、收入、文化程度等方面存在差异，公司客户在企业规模、产品特征、业务特点、经营状况、风险大小等方面存在差异，其对金融产品和服务的需求也各不相同。拥有这些具有不同需求的客户，究竟以什么标准加以细分，自然影响和制约着市场细分能否达到最终目的。

（1）个人客户市场细分

个人客户的特点是单笔业务资金规模小但数量巨大。一般而言，个人客户市场的细分标准通常分为地理细分标准、人口统计细分标准、心理特征标准、利益标准等。

①地理细分标准。

行政区划、地理位置、气候、城市大小、密度等，都可成为划分依据。

我国金融机构可根据各地区之间的需要和偏好的不同，以及自身的实力决定在其中一个或一些地理区域中开展业务。如设置新的营业机构或营业网点时，即是按照地理变量来划分的，任何一家金融机构都不会随随便便设立一处营业机构。因为作为一家自主经营、自负盈亏的企业，它总是要最大限度地用好它有限的资源以求获得最大收益。这就决定了它只会把自己的营业机构或网点设置在最有发展前途的区域内。

分析地理因素的目的在于便于金融机构选择设置网点的数量和位置，并正确确定金融产品的品种和档次。主要的地理因素有以下几项。

a. 国外客户和国内客户。对这两类客户提供服务的方式与手段要有差异，如交流的语言、金融产品载体的文字、输入有关业务时所要履行的手续等要有所不同。

b. 城市客户、城郊客户、农村客户。城市客户需要多元化的金融产品和服务，城郊和农村客户则主要选择便利的位置。

②人口统计细分标准。

人口统计细分标准指的是根据人口的特征，如年龄、性别、收入、职业和地位等来对服务对象进行划分。如根据职业上的差别，金融机构可以将律师、会计师、医生或其他白领阶层作为特定的服务对象。而针对购房者提供各种住房信用抵押贷款服务，则是以收入作为根据进行市场细分的。客户群体最常用的标准主要有以下两点。

a. 年龄。

不同年龄阶段的人，有不同的生活工作经历和生活观念，对待风险和收益的态度也不同。例如，25—34岁年龄组，注重财富积累和高消费，对财产的增值要求高于保值要求，愿意为获取高额投资回报承担高风险；35—45岁年龄组，大多面临"上有老下有小"的家庭环境，他们一要考虑家庭消费，二要考虑子女教育开支，三要准备个人和家庭其他成员的养老基金等，他们渴求财产的保值与增值，厌恶高风险，因此既重视消费理财，又需要投资理财；46—60岁年龄组，对储蓄、政府债券和保险特别是养老及医疗保险较为感兴趣。

b. 收入。

收入和职业也是重要的细分因素。高收入者的工作比较繁忙，偏爱由中介为其理财，对高风险的投资理财有较好的心理承受力；中等收入者的职业稳定，对消费理财和投资理财有兴趣，风险偏好不高；低收入者的职业不稳定，对储蓄存款的搭配感兴趣，尤其对国债理财更感兴趣，风险偏好较低。

c.家庭生活周期。

根据家庭生命周期理论，人在年轻单身时由于收入有限，对资金需求量较大，但家庭积蓄较少，对消费理财更感兴趣。已婚且有一定积累的家庭，其理财目的重在对子女的教育支付。他们不仅需要生活理财，更需要投资理财。中老年家庭一般与子女分居，在个人理财上关注消费、医疗和养老，重视对低风险金融产品的投资。具体如表6-1所示。

表6-1　家庭生活周期

人生阶段	年龄	生活方式	金融产品要求
学生	18岁以下	主要依靠父母资助，经济来源有限	简单方便的储蓄账户
年轻人	18—23岁	接受高等教育或开始工作，收入水平较低	转账、投资或信贷简便的储蓄账户
年轻夫妇	23—28岁	准备或已结婚，生活安定，为家庭各项开支制订计划，准备积蓄	联名账户、储蓄账户、消费贷款、保险
有子女家庭	28—45岁	收入增加，有孩子，购买耐用品、住房等高价品	联名账户、住房按揭、教育基金、消费贷款、保险
中老年人	45岁至退休	收入较高或有遗产，个人可支配收入增加，有财务规划需求	储蓄和投资、偿还按揭、财务顾问服务
退休人士	退休以后	有一定积蓄，有退休保障收入	现金收入管理、信托服务、财务顾问

③心理特征标准。

人群的心理特征与所属的社会群体、生活方式和个性等有关。

a.社会群体。

社会群体是指人们之间的关系有相对的同质性或持久性，按一定等级序列排列的集合，每一个群体的成员具有类似的价值观、兴趣爱好和行为方式。因此，不同社会群体对金融产品和服务的感受是不一样的。

b.生活方式。

客户的生活方式可以表现为追赶时髦，或讲究经济实惠等。为了迎合人们生活方式的差异，中国建设银行推出了量身定做的"精彩人生"系列产品：青少年是"花样年华"品种，公司业务经理是"白领一族"品种，公务人员是"行政精英"品种，海外回国人员是"海外归鸿"品种，老年人是"悠闲晚年"品种。广东发展银行为频繁搭乘飞机往返的商务、公务人员提供"南行明珠信用卡"，为喜欢到香港旅游的购物者提供"香港旅游购物卡"。

c.个性特征。

个性是指一个人特有的心理特征，它是一个人对其所处环境做出一系列和连续不断的反应，常常用自信、支配、被动、顺从、保守、爱冒风险和适应等来描述。

保守型个性的客户在购买金融产品时总是选择相对安全、可靠、风险小的金融企业及其产品，他们关心的是自身投资的安全，收益则放在第二位。而爱冒险的客户刚好相反，他们更注重投资收益或财产的增值，愿意冒一些风险来换取可观的回报。我国基金市场上有许多不同类型的基金产品，其意在对不同投资者偏好的细分和选取。

④利益标准。

一个产品或服务能带来多大利益，不同的消费者对它的重视程度不同。同样，对于金融产品具有的利率、期限、风险等要素，如果按利益重要性排序，不同群体的表现是不同的。金融机构通过利益标准分析客户群，设计并推出适应不同利益追求者的差异性产品和服务。

（2）公司客户市场细分

金融机构的公司客户，通常按照机构营业额、种类、行业属性、企业规模、地理位置和心理因素进行细分。公司客户所涉及的金额是个人客户所不能比拟的，金融机构向其提供的业务种类和业务范围也要比个人业务更丰富、广泛和复杂。因此，企业客户是金融机构的重要客户。

①企业规模划分细分标准。

企业规模的差异在很大程度上决定着企业对金融产品需求的差异。企业按规模一般可分为大型企业、中型企业、小型企业和微型企业。

②行业分类标准。

行业可以从产业分工的角度分为三类，即第一产业——农业，第二产业——制造业，第三产业——服务业。其中，各个产业又可以进一步划分成分工更细、经营更具体的行业。例如，制造业可具体分为钢铁、电力、交通等基础制造业，以及机械、化工、汽车制造业和电气设备行业，等等；服务业可细分为贸易、房地产、通信、餐饮、娱乐、航空、物流、教育、金融和法律、财务咨询等行业。许多金融机构在内部针对自己关注的细分市场，设立与之对应的业务部门，并有研究部门给予宏观、中观的分析研究报告，给予对应的业务发展对策支持。

③信用等级标准。

信用等级标准是国际通用的传统划分方法。如把企业作为授信对象可将其分成AAA级、AA级、A级、BBB级、BB级、B级等，银行用此来区分对不同企业的授信方式和授信额度，提供相应服务，也作为营销的细分市场。

④企业生命周期标准。

一个企业一般经历初创阶段、成长阶段、成熟阶段、衰退阶段，这为细分公司市场提供了又一个依据。例如，风险资本投入高成长、高风险的新技术企业，一般在其初创阶段进入，追逐高收益。而商业银行借贷资本一般在企业的成长阶段介入，获取的收益相对较低，但收益具有较高的稳定性。

⑤地理位置标准。

一般的地理位置划分标准与个人客户市场类似，但要特别注意我国的区域经济发展规划，要将其作为一个符合国情的重要地理位置标准。区域经济发展规划可以体现国家经济战略布局的重心，更会成为市场参与者最关心的内容。

（3）其他细分市场

①旅游者市场。

随着收入的增加，旅游的人越来越多。对于金融企业而言，这些金融产品和服务项目是备受旅游者欢迎的：各种形式的旅游保险、旅行支票、信用卡、度假贷款、货币兑换等。

②出国人员市场。

一国公民长期或短期到他国就业或接受教育，也可以形成一个客户群体。金融企业服务于这些特殊的出国人员有三大好处：第一，通过为他们提供财务咨询、投资比较、保险、建立离岸的资金账户等，从中获取利润和佣金；第二，人员跨境往来一定伴随资金往来，进而增加货币汇兑、结转业务，带来相关收益；第三，他们最终回国时，金融企业借助以往建立起来的友好关系，可以在国内仍与其保持合作关系。这是一个富有吸引力的潜在市场。

③妇女市场。

妇女几乎占总人口的一半，过去金融机构大多忽视了这个重要的市场。现代妇女大多有自己的职业和收入。越来越多的妇女受过较好的教育并位居管理层，具备了施加商业影响的能力。具有独立地位的女性，她们的生活方式和态度（比如对待生孩子）也在发生改变。这对于金融机构而言意味着新的细分市场，为金融顾问、贷款服务、投资、抵押等金融服务提供了新的机会。

按年龄进一步细分出老年妇女市场，她们拥有的财富在社会总财富中占有相当大的比重。例如在美国，老年女性控制43%的美国家庭财产，美国5100万名股东中，妇女占35%；美国成人女性购买人寿保险单的数量占总数的40%，保险费为总数的30%。老年妇女成为一个有巨大潜在利润的细分市场。许多年迈的妇女往往不清楚各种纳税规定，也没有能力选择最佳的投资机会，这就为金融企业提供了更多的业务机会。

"她经济"蓬勃发展

④学生市场。

学生市场是金融机构未来的市场。金融机构对学生市场的营销，期待的是学生毕业以后，继续保持对银行的认同和忠诚。在英国，学生市场是界定清楚、发展迅速的细分市场之一。著名的巴克莱银行最先将其营销活动直接定位于学生，为学生的小额贷款提供各种鼓励性优惠利率。今天的学生可能就是明天商界的成功人士。银行越早得到这些客户，以后留住这些客户的可能性就越大。

美国大通银行的细分市场策略

6.1.4 多种细分标准的组合

以上介绍了多种市场细分的标准和方法，但并非每一种细分方法都有效。金融机构进行市场细分时，往往不是也不该只按照某一种标准来进行，而应把几种细分标准结合起来使用。一家银行按照地理变量把全国市场细分为若干区域，而一旦选定其中的某一区域，又有可能按照营业额变量、行业变量来划分设立只集中于某一特定行业的业务部门，或者在另外一些区域上按照人口统计变量来进行细分。图6-1展示了个人投资理财市场中的地理位置、家庭、收入和投资喜好四个维度的多重细分组合。

细分市场时使用的因素越多，分得越细，越容易找到市场机会，当然，操作起来也越麻烦，成本也会越高。所以，在细分某一个具体市场时究竟使用几个因素为好，要通过综合权衡确定，既不是越少越好，也不是越多越好。

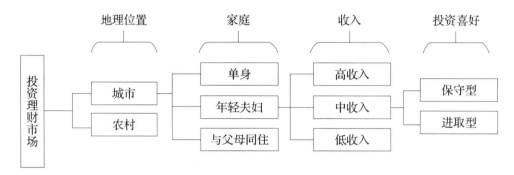

图6-1　个人投资理财市场细分的方法

| 知识链接 |

平安银行新的细分市场

一天，有客户找到平安银行申请授信融资。这家公司以经营有色金属原材料为主，是该地区铝型材生产厂家的重要供货商。由于是贸易企业，尽管每年销售额很大，利润情况也很好，但自身负债比例较高，也没有不动产抵押给银行，一时又难以找到符合银行要求的企业担保。一般情况下，大多数银行会拒绝企业的融资要求。

这时，平安银行意识到：可否用客户手中的铝锭做银行贷款的抵押品呢？可是，平安银行发现此举将面临以下问题。

1. 用企业手中的铝锭质押，银行要面对押品的质量认定、存放、监管等一系列问题。

2. 如果到期客户不赎货，银行是否能在最短时间内将货物变现，以便将银行与客户的损失都保持在最低水平？

3. 对客户来说，所抵押物资为在销售商品，只有实现销售才能有钱偿还银行借款。货物质押给银行，企业又如何进行销售？

面对市场需求，平安银行经分析后，决定延伸原有业务流程，将其扩展至铝锭仓储、运输及授信客户上下游业务合作伙伴等整个业务链，通过借款人自有动产（铝锭）质押方式向其融资。

这项业务的成功，使平安银行对有类似需求的潜在客户进行了广泛的深入调研。结果，一个新的细分市场展现在人们面前：该细分市场的企业参与物流交易频繁，是商品流通中的一个环节；流动资金相对紧张，规模不大，财务报表有虚假成分或相对较差；货物价值波动较小、存储稳定且相对可控。孤立地审核这些企业，它们均无法满足银行正常的放贷要求，但这些企业的销售收入均为其自有或采购物资在向其下游企业销售过程中实现。

平安银行意识到，企业物资和资金的双向流通是银企合作的有效切入点。于是，将融资企业上下游业务伙伴一并纳入银行信贷业务流程，以企业法人自有动产或货权为质押，以贷款、承兑、商票保贴、国际贸易融资等多种融资形式发放，用于满足企业物流或生产领域配套流动资金需求的"动产及货权质押授信融资业务"应运而生。

随着该项业务的不断深入开展，动产及货权质押授信业务的范围由有色金属逐步扩大到钢铁、建材、石油、化工、家电等十几个行业，甚至连电信公司的电话储值卡都可以拿到银行来融资，银行的目标市场得到充分细化。

6.2 寻找目标客户

开发客户的首要问题是选择目标客户。目标客户是企业在既定的市场细分的基础上确定重点开发的客户群。谁能拥有更多的优质客户资源，谁就能抢占市场先机，在竞争中处于有利地位。

随着我国市场经济的发展和对外开放的扩大，金融客户在金融需求方面呈现出多样化和个性化趋势。营销者不能瞎跑乱撞，必须根据金融机构所提供产品的内容及特点，采取一定的方法，才能发现那些可能成为目标客户的潜在客户。

6.2.1 利用外部资源寻找目标客户

（1）普遍寻找法

这种方法也称逐户寻找法或者地毯式寻找法。其方法的要点是在营销人员特定的市场区域范围内，针对特定的群体，用上门、电话、电子邮件等方式对该范围内的组织、家庭或者个人无遗漏地进行寻找与确认。

陌生拜访的技巧

比如，将某市某个居民区的所有家庭，或者将某个商业区的所有商户作为普遍寻找对象。

优点：既可锻炼营销人员的陌生拜访能力，又可了解市场和客户。

缺点：费时费力，成果无法预测，并带有一定的盲目性。

（2）资料查阅法

营销者要有较强的信息处理能力，通过资料查阅寻找客户，既能保证一定的可靠性，也可减少工作量，提高工作效率，同时可最大限度减少业务工作的盲目性和客户的抵触情绪，更重要的是，可以展开先期的客户研究，了解客户的特点、状况，提出适当的客户活动针对性策略等。这种方法需要资料的时效性和可靠性。此外，还要注意对资料的积累（行业的或者客户的），日积月累往往能帮助营销者更有效地开展工作。

有关政府部门提供的资料，有关行业和协会的资料，国家和地区的统计资料，企业黄页，工商企业目录和产品目录，电视、报纸、杂志、互联网等大众媒体上发布的信息，客户发布的消息、产品介绍，企业内刊等都是营销者可利用的资料。

优点：信息量大，使用方便，可以多使用银行的一些票据信息，因为客户更容易接受银行的产品及服务。

缺点：由于信息来自各个渠道，应注意判断资料与信息的可靠性和时效性，如有些网站几年前发布的信息一直未更新。

（3）连锁介绍法

连锁介绍法又称为关系开拓法，这种方法是营销者通过他人的直接介绍或者提供的外部资料来源信息寻找客户，可以通过熟人、朋友等社会关系，也可以通过企业的合作伙伴等进行介绍，主要方式有电话介绍、口头介绍、信函介绍、名片介绍、口碑效应等。

利用这个方法的关键是营销者必须注意培养和积累各种关系，为现有客户提供满意的服务和可能的帮助，并且要虚心地请求他人的帮助。口碑好、工作能力强、乐于助人、与客户关系好、被人信任的营销者一般都能取得有效的突破。

连锁介绍法由于有他人的介绍或者有成功的案例和依据，成功的可能性非常大，同时也可以降低营销费用，减小成交障碍，因此营销者要重视和珍惜。

优点：客户可靠性高，金融风险相对较低。客户对金融产品的认可度高。

缺点：客户容易产生比较心理，在融资产品的定价上灵活性降低。

 **案例剖析**

通过客户介绍营销

某大型化工企业是客户经理的贷款客户，在对这家大型化工企业做贷后检查时，客户经理发现其资金主要流向某个原料供应商。客户经理发现这个情况后，考虑把那个原料供应商也开发成自己的客户，这样一来，资金就可以封闭运作，不仅能够增加存款，还容易控制客户风险。于是客户经理找到了大型化工企业的老板，请他帮忙引荐，并告诉这位老板，如果本行能够与对方合作，就能通过对原料供应商的支持，更有效地保证对化工企业的原料供应，这是合作多赢的局面。这位老板明白了客户经理的想法后特别支持，并亲自带客户经理去那家公司，帮客户经理又成功开发了一个优质客户。通过这种客户推荐客户的方法，客户经理的客户群体就会像滚雪球一样，越滚越大。

（4）中介介绍法

关系作为媒介在现代营销中起着一定的作用，营销人员可充分利用家庭、朋友、同事等关系，甚至延伸朋友的朋友以外的任何人，最大限度延伸自己的社交半径，甚至发展一定的专门信息提供人员，搭建自己的信息采集渠道网络。总之，利用和开拓一切可以利用的关系，加大个人客户存量，有利于提高业务成功概率。常见的中介类型有以下几种。

①社会团体。

银行的某项服务若能获得某一个社会团体的认可并向团体内的人员公布，就可增加客户对银行的信任感。

②银行的现有客户。

现有客户是银行口碑、服务最好的宣传者。主要是通过现有企业客户的财会部门负责人和办事人员传播银行的某项服务，信息接收者会感到更可信、放心。

③非银行金融机构部门负责人和工作人员。

如证券公司、信托公司、财务公司等机构的负责人和工作人员。

④亲朋好友。

对新加入银行的营销人员来讲，找这些人支持业务往往比较可行。

优点：中介介绍法既锻炼营销人员的社交能力和市场敏感度，又可有效盘活身边可利用的资源；营销人员通过中介认识有可能需要金融企业服务的客户，需要中介提供客户的名称及简单情况。这种方法有助于减少营销人员的盲目性，增加被介绍客户对其的信任度。

缺点：如个人搭建信息渠道，需要一些经营支出；维系关系时也会产生支出。

（5）群体介绍法

一些组织，特别是行业组织、技术服务组织、咨询单位等，手中往往集中了大量的客户资料及相关行业和市场信息，通过群体介绍的方式寻找客户，不仅是一个有效的途径，有时还能够获得这些组织的服务、帮助和支持，比如在客户联系、介绍、市场进入方案等方面的建议。

例如，商会是一个联合组织，其成员都是自愿加入的，商会存在的目的也是为其会员解决一些单个会员不能解决的问题。营销人员先通过商会切入企业，成功开拓几个客户，再通过商会里个体与群体之间的相互影响，引起"群体效应"，达到由点及面的发散营销。

优点：企业切入较容易，借用团体的影响力，提升金融品牌的亲和力。

缺点：实力强劲的团体和部门，凭营销人员单枪匹马较难深入，需要领导配合切入。

· | 知识链接 | ·

企业团体——商会

在我国，有一种经济组织是从事商业活动的各个主体为了共同的目标而自愿组织起来的，我们把它统称为商会。国内的商会首先是一个联合组织，也就是说成员之间是相互独立、平等的。其次，参加商会一般应遵循自愿原则，政府不会强制企业入会。而商会建立的目的是要做单个企业和会员所无法做到的事情，或者说联合起来共同做事情。因此，商会经常会与银行合作，为其会员寻找融资的渠道，所以商会对其会内企业的影响力是比较大的。

6.2.2 利用内部资源寻找目标客户

（1）复制营销法

以银行为例，可通过深入研究银行内部现有的成功案例来复制营销。营销人员在营销时，从资深的客户经理、部门领导等处得到有价值的信息资源，然后充分研究本行的授信产品，认真研究产品成功的使用案例，在确定的行业、确定的客户方位内寻找客户，力求形成自己的品牌。不要盲目出击一个客户，先评估一下：银行能否接受这样的客户？可以用什么样的产品与客户建立合作？银行能够得到什么？本行是否有同类客户的先例？通常本行曾有先例的客户，说明同类客户的贷款易通过，这样操作成功率会很高。

优点：节省客户经理的营销成本和营销时间；商业价值可靠，容易被同类客户接受。

缺点：本行的成功案例都是资深客户经理的营销成果，复制需要获得行内决策层的认可和支持；而其他银行的成功案例不容易获取，又具有局限性。

（2）内部连锁法

内部连锁式开拓客户法简称内部连锁法，就是将银行内部的票据作为沟通的桥梁，营销其上下游的关联企业客户。一种较为有效的方式就是从银行承兑汇票中获得关联企业的联系信息。例如，通过收款企业和出票企业的基本信息，确定上下游企业的名称、地址和电话，这些均属于企业注册后的公开信息，通过内部连锁法可以更高效地获取这些信息，免去在企业官方网站或工商管理信息系统中手工检索的麻烦。

优点：能高效地获得关联企业的公开联系信息，且信息的准确度高；以合作企业作为纽带联系其上下游企业，可以较好地拉近与客户的距离，提高成功概率。

缺点：银行承兑汇票业务由主管柜面业务的运营部门负责，且柜面业务系统与营销业务系统相对独立，营销部门的员工调取承兑汇票的影像资料需要跨部门、跨业务系统，对银行内部的协作与资源共享程度有一定要求。

（3）客户推荐法

企业融资有时会比较急，尤其是中小企业客户。此类客户经常主动上门，并且需求明确，所以成单率较高。另外，因其需求迫切，所以议价能力一般较弱。不过客户一般会同时向多家银行提出融资需求，这种情况下客户经理需要靠便捷、高效的服务来吸引客户，做好自我介绍，主动出示证件并说明意图，消除客户戒心。另外，要对该部分客户提出的风险性服务要求做全面的资信评估，并通过参加交流会或利用媒体等多种渠道收集目标客户信息，深入了解客户风险和价值。

优点：客户由于急需融资，成单率较高。

缺点：由于客户急于融资，客户经理及银行本身的审核效率和风险容忍度可能会造成客户对服务不满意。

（4）展会开拓法

"展会"顾名思义就是银行以展示自身产品为由，创造与客户面对面沟通机会的一个载体。银行一般会定期举办一些展会（也称为"产品说明会"），在说明会上，客户经理拥有与许多潜在客户或现有客户面对面交谈的机会，在这短暂的时间里所获得的客户资源要比平时奔波一个月甚至更多时间找到的客户资源还要多。

在说明会上，银行会用专业的方式介绍本行的产品，比客户经理自己介绍产品的效果要好很多。会议的茶歇或吃饭期间，是客户经理与客户沟通的最好时机。客户经理要利用好这个时机，跟客户建立互信的关系，并全面地收集客户资料，以及做好公司产品的宣传与介绍，为之后挖掘客户需求和超越客户期望做好准备。

优点：客户经理与客户之间建立互信，以更专业的方式向客户介绍和宣传产品。

缺点：展会不经常有，客户不一定都有时间来参加。

有效寻找客户的方法远远不止这些，只要客户经理仔细观察和研究，就会发现有效的方法无处不在。以上几种方法具有一般性和普遍性。客户经理还可以根据个人的能力和资源寻求适合自己的营销方式。

 案例剖析 ....

如何锁定目标客户

A银行经过调研发现，有一部分潜在客户至今既未进入该行的视野，也未引起其他银行的重视，这部分客户就是可投资现金资产在10万—100万元的白领阶层。这个阶层年龄在25—45岁之间，年收入一般在5万—30万元，最低受过大学本科教育，有车有房，熟悉电脑操作，爱好分析问题并有主见，风险承担能力强，但由于平时工作繁忙没有时间去银行营业厅，因此很少为银行所重视，银行业也没有为他们提供相应的服务。

A银行地处经济发达地区，周边有很多大公司的总部，这部分潜在客户群数量较大。银行认为，只要通过相应的服务和营销安排，就能够开拓和持续维护该客户群，因此把该客户群定位为核心客户群。

6.2.3 目标市场选择的模式

（1）无差异性目标市场选择

无差异性目标市场选择策略是指银行将产品的整个市场视为一个大的、同质的目标市场，从而推行单一的产品和标准化服务，运用单一的营销组合与营销策略，来满足尽可能多的市场需求。可口可乐公司在20世纪60年代以前曾以单一口味的品种、统一的价格和瓶装、统一的广告主题将产品面向所有顾客，就是采取的这种策略。

苹果公司的市场定位

采取无差异性目标市场选择策略时，银行推销功能单一的借记卡，通过设计密码系统、ATM布置、发展广泛的特约商户，以单一产品、单一价格、单一促销方式和单一分销渠道就可满足需要。

优点：银行提供的金融产品和服务的产品品目、产品线及产品标准等简单、统一，利于标准化生产和推广销售。由于这种策略经营品种少、批量大、市场调研费用低，可降低管理成本和营销支出，有利于用低价格争取客户，具有规模优势。

缺点：难以满足所有购买者的需求，特别是在同一市场中有多家银行施行无差异营销时，竞争压力将会特别大，利润实现会比较困难。通常，这种大细分市场竞争日益激烈之后，许多金融机构转而追求市场中其他较小的细分市场，不再采取无差异性的营销策略。例如，从借记卡到信用卡、联名卡及各种各样个性化的卡的变化过程，就是银行从无差异大众市场逐步细化到小众市场的过程。同样，保险市场也在发生类似变化。

（2）差异性目标市场选择

差异性目标市场选择策略是指银行依据客户不同类型、不同层次的需求特点，将整个金融市场划分为若干细分市场，从中选择两个或两个以上的细分市场为目标市场，并对不同的目标市场实施不同的营销组合策略。比如，服装生产企业针对不同性别、不同收入水平的消费者推出不同品牌、不同价格的产品，并采用不同的广告主题来宣传这些产品。又如，可口可乐公司针对市场的变化，调整了目标市场策略，实施差异化营销。它不仅继续生产销售可口可乐，还针对不喜欢可乐的消费者推出了芬达、雪碧等不同口味的饮料。产品包装不仅有塑料瓶装，还有玻璃装及罐装；不仅有小包装，还有大瓶装；甚至还推出水壶式的包装，以迎合儿童的需要。

金融业采取差异性目标市场选择策略要针对客户投资理财的不同需求，设计名目众多的金融产品和服务。证券公司对客户施行差异性市场策略，按客户收入高低、风险偏好、交易总量和频率等，将客户分为 VIP、中档、普通等不同级别，分别享受不同的交易渠道、不同的设备、不同的信息内容和咨询建议。少数高级客户甚至可以享受研究专家的特别服务。

优点：差异性目标市场选择策略具有明显的优点，因为面对多个细分市场，有多样的产品，能较好地满足客户的不同需求，增强金融机构对目标市场的渗透能力，赢得更多的客户，从而扩大市场份额。另外，由于企业是在多个细分市场上经营的，一定程度上可以减少经营风险；一旦企业在几个细分市场上获得成功，有助于提高企业的形象和市场占有率，如果失败则只是从某一细分市场退出。

缺点：可能会使商业银行面临管理费用、销售费用大幅度增加，经营过程复杂化的问题。银行需要拥有较为雄厚的人力、财力、物力等条件，并在权衡成本收益后决定是否实施这种策略。

（3）集中性目标市场选择

集中性目标市场选择策略也称密集型市场策略，是指银行既不面向整个金融市场，也不将力量分散到若干个细分市场，而是集中人力、财力、物力进入一个或少数几个细分市场，提供高度的专业化服务。

当金融机构的资源有限时，可考虑第三种策略——集中性目标市场选择策略。采取这种策略的商业银行追求的是在一个较小的细分市场上占有较大的市场份额，而非在一个较大的细分市场上占有一定的市场份额。如将目标市场定位于中小企业，采取这种策略时，银行可以集中全部力量为一个或几个细分市场提供金融服务，通过专业化经营来降低经营成本，提高市场占有率，获取市场竞争优势。

这一策略特别适合于资源力量有限的中小企业。中小企业由于受财力、技术等因素制约，在整体市场上可能无力与大企业抗衡，但如果集中资源优势在大企业尚未顾及或尚未建立绝对优势的某个或某几个细分市场上进行竞争，就有可能取得成功。例如，美国花旗银行确定的细分市场策略，使其成为世界上最大的债券和商业票据交易商，另一些银行把信贷资金集中在使用短期贷款的商贸企业市场，还有些银行专门针对中长期大型基础设施项目的建设项目市场。美国通用金融公司，专门做以通用车型为主的汽车融资服务，以专业化的汽车金融闻名全球。一些专业性的金融机构往往都倾向于集中性目标市场策略，如信用卡公司、汇兑公司、房地产金融公司、社区信用社等。保险机构的财产保险、寿险的分工，也在一定程度上体现了集中性目标市场的经营理念。这些以提供某一专门服务见长的金融机构，往往是其所在细分市场中的佼佼者。

优点：集中性目标市场选择策略有许多优点，通过对少数几个甚至是一个细分市场进行"精耕细作"，对目标细分市场有较深入的认识，更能建立特殊的声誉。由于设计、销售和推广的专业化，金融机构能享受许多经营上的规模经济性，往往能获得较高的投资回报率。这种策略特别适用于那些资源有限、实力不强的中小金融机构。将有限的人力、物力和财力资源集中，实行专业化服务经营，以节约成本和支出，进而在目标市场上占据优势地位。

缺点：集中性目标市场选择策略具有一定的风险性，最为突出的风险在于由于目标市场划分过细，经营目标领域过分狭窄，可能会因为某种市场环境因素突变而使银行陷入困境，并且因无法寻求风险分摊而导致银行风险集中爆发。因此，银行在采用这种策略时，需要密切关注市场动向，并制订适当的应急措施或预案，以求做到"进可攻、退可守、进退自如、减少风险"。

显然，上述三种策略各有利弊。银行需要根据自身资金实力、市场地位、人力储备、内部经营管理等各种因素综合考虑。实际运用中，既可以选择单独一种策略，也可以并用多种策略。

6.3 选择营销策略

6.3.1 关系营销策略

20世纪90年代以来，关系营销作为一种新型的市场营销模式，得到了各界的普遍认同。关系营销就是将企业置于社会经济大环境中，把建立和发展企业与相关个人及组织的关系作为企业市场营销的关键变量，通过识别、建立、维护和巩固企业与客户及其他利益相关人的关系，把握住现代市场竞争的特点。

市场营销策略

（1）关系营销的概念

关系营销是指银行的营销活动应建立和巩固与客户的关系，通过集中关注和连续服务，与客户建立一个互动良好的长期性关系，以实现银行一段时间内利润的最大化。

关系营销的核心思想是要正确处理好与顾客的关系，把服务、质量和营销有机地结合起来，通过与顾客建立起长期稳定的关系，实现长期拥有客户的目标。

关系营销的重点在于保持客户，它所关注的是客户的终生价值。因此，关系营销要求保持持续的客户联系，以建立沟通和信任的桥梁。关系营销高度强调客户服务，认为客户满意度和长期关系是建立在良好客户服务基础之上的。在关系营销中，服务质量问题的核心是"人"的问题，需要所有员工加以关注，它不仅仅是一个孤立存在于产品研发与生产过程中的问题。

传统营销与关系营销的差别如表6-2所示。

表6-2　传统营销与关系营销的比较

传统营销	关系营销
关注单次交易	关注保持客户
较少强调客户服务	高度重视客户服务
有限的客户承诺	高度的客户承诺
适度的客户联系	高度的客户联系
质量是生产部门所关心的	质量是所有部门所关心的

（2）关系营销的层次

学者贝瑞和帕拉苏拉曼归纳了三种创造客户价值的关系营销层次，即一级、二级和三级关系营销。级别越高，潜在回报就越高。

①一级关系营销，也被称作频繁市场营销或频率市场营销。它维持顾客关系的主要手段是利用价格刺激增加目标市场客户的财务利益，即对那些频繁购买与按稳定数量购买的客户给予财务奖励。如香港汇丰银行、花旗银行等通过它们的信用证设备与航空公司开发了"里程项目"计划，当客户积累的飞行里程达到一定标准后，两家银行将共同奖励那些经常乘坐飞机的客户。

②二级关系营销既增加目标客户的财务利益，也增加社会利益。这种情况下，营销在建立关系方面优于价格刺激，企业人员可以通过了解单个客户的需要和愿望，使服务个性化，来增加公司与客户的社会联系。二级关系营销把人与人之间的营销和企业与人之间的营销结合了起来。

③三级关系营销增加了结构纽带，同时附加财务利益和社会利益，形成结构性关系。这种服务通常以技术为基础，并被设计成一个传送系统，而不是仅仅依靠个人建立关系的行为，为客户提高效率和产出。良好的结构性关系将提高客户转向竞争者的机会成本，同时也将增加客户脱离竞争者转向本企业的利益。

 延伸阅读（思政）

赠予老友的"锦囊"竟是"客户信息"

刘某曾在A银行从事客户经理工作多年，该银行业务系统能查询下载全省范围内的客户信息。刘某下载客户资料以备后用。后来，刘某跳槽去了B银行W分行从事客户经理工作。在新员工入职培训中，刘某结识了B银行T分行客户经理杨某。刘某与杨某在闲聊时谈到如何通过精准营销拓展业绩。刘某遂将自己私自下载、保存的部分客户资料作为精准营销"锦囊"赠送给杨某，帮助杨某利用这些客户信息寻找目标客户。

有一次，杨某在外出拓展一家房企客户的时候，对方营销人员提出想要杨某帮助提供客源资料。杨某本着"互助"的精神免费将刘某赠予自己的客户资料提供给了房企营销人员。后来，事情暴露，刘某与杨某被警方以侵犯公民个人信息罪采取强制措施。

《中华人民共和国刑法》（以下简称《刑法》）规定，任何单位和个人违反国家有关规定，获取、出售或者提供公民个人信息，情节严重的构成犯罪。根据《最高人民法院、最高人民检察院关于办理侵犯公民个人信息刑事案件适用法律若干问题的解释》，非法获取、出售或者提供行踪轨迹信息、通信内容、征信信息、财产信息五十条以上的，应当认定为《刑法》规定的"情节严重"的情形。刘某、杨某的行为触犯了上述法律规定，也违反了监管部门和银行内部关于客户信息保护的制度及要求。

6.3.2 方案营销策略

方案营销也称模式营销，它是随着信息技术的发展而出现的一种新型的营销模式。方案是针对特定客户的个性化产品，在差别化营销的时代，企业视野中的市场已被分而治之，按各个相对同质的目标市场来制定相应的营销策略。而在方案营销的思维模式下，企业视野中的市场已被划分到最细，即把客户当作个体来区别对待，实行完全的"客户化"策略，以及真正的"一对一营销"。

方案营销是银行为优质客户提供个性化服务的一种方式，针对客户的需求和现状、结合银行自身优势向其提供一整套"量身定做"的全方位综合性的金融解决方案。该套方案可以是包括存贷款、结算、贸易融资、支付便利、投资理财、资产管理等在内的一系列金融产品的组合，是银行在深刻研究客户需求，以及客户参与沟通的基础上，向客户提供的超值服务。通过方案营销，银行赢得了客户的信赖与忠诚，为银行与客户的长期合作关系创造了可能。

方案营销有着丰富的内涵，它是"定制"的营销、"组合"的营销，还是"顾问式"的营销。

（1）"定制"的营销

定制营销是指企业在大规模生产的基础上，将每一个客户视为一个单独的细分市场，根据个人的特定需求来进行市场营销组合，以最大限度地满足每个客户的特定需求的一种营销方式。

定制营销是相对于大众化营销或无差异营销而言的。后者是指经营商大量生产、大量配销一种产品给所有的消费者，忽略市场需求中几乎全部的个性化因素。

在大众营销年代，企业在生产和销售产品时，所考虑的客户需求往往是客户一般的、共同的和静态的需求，商业银行仅需要设计制作大批量、标准化的金融产品，提供统一的规范化服务，即可满足大多数客户的需要。此时，客户的个性化需求由于经济技术条件、银行业发展水平及客户自身成熟程度的限制而受到严重压抑，以致呈隐性状态。而知识经济年代的客户需求是多种多样、瞬息万变的。定制化服务模式要求银行营销人员既要掌握客户共性的、基本的、静态的和显性的需求，又要分析研究客户修改的、特殊的、动态的和隐性的需求，它强调一对一的针对性、差异性和灵活性服务。

客户需求的变化呼唤着商业银行市场营销思路与营销方式的转变。显然，按照具有同质需要的客户群体细分市场并据此选定目标市场、制定营销组合的传统方式，已经无法适应消费者各个相异的需要。只有在现有细分市场的基础上进行再细分，直至细分至服务对象个体，并为其专门定制金融产品和服务，才能真正满足每个客户的个性化需求。而方案营销通过向客户提供一整套"量身定做"的全方位综合性金融解决方案，极大地满足了客户的个性化需求，真正实现了市场细分的极限化，即打破按需求类别对客户市场进行群体分割、积聚的传统细分方式，将市场细分到终极限度，把每个具有独特个性的客户视为一个细分市场，并将其作为银行的目标市场，从本质上体现了定制营销的内涵。定制营销作为满足个性化需求的最佳营销方式，符合金融产品设计的人性化、个性化发展趋势，是新时期商业银行营销战略的必然选择。

（2）"组合"的营销

从方案营销的定义中我们知道，所谓的"方案"可以是包括存贷款、结算、贸易融资、支付便利、投资理财、资产管理等在内的一系列金融产品的组合。

客户需要的往往不会是单一的某个银行产品，尤其是随着社会进步和经济发展，客户需求的多样化趋势更为明显，比如个人客户可能有存取款、消费信贷、汇款、投资理财等需求，而公司客户则更为复杂，例如生产性企业在采购原料、销售产品、公司财务管理等不同方面有着不同的金融需求，而满足各个方面的需求比如采购原料时需要的又是多种银行产品。

过去的银行由于处于卖方市场，往往是被动地等待客户上门，即客户在发现自己需要某种产品时，再到银行去购买相应产品，这种方式割裂了客户需求的整体性，使得满足客户某种需求的多种银行产品在时间（购买时间）和空间（购买地点）上分离。方案营销中"方案"的实质就是满足客户需求的金融产品的组合，这种"组合"营销的方式不仅能满足客户的多方位需求，节省客户到银行多次交易的时间，提高运作效率，而且有助于挖掘客户的潜在需求，并使客户把分散在其他银行的业务聚焦在一家银行办理，提高客户的忠诚度，实现与客户的长期合作。

举例来说，为满足国内一家进出口企业外汇方面的需求，某银行为其提供了汇入汇款＋开立外汇账户＋外汇结构性产品／外汇理财产品＋外汇质押人民币贷款的产品组合方案。开立经常项目外汇账户以及提供汇入汇款服务，满足了客户经常从国外汇入款项的需求，同时降低了客户的结汇成本；而外汇结构性产品／外汇理财产品则满足了客户外汇收入中可能的沉淀存款的营利性需求，最后，外汇质押人民币贷款产品使得客户在获得融资的同时，避免了结汇成本，同时也节省了将来进口付汇的换汇成本。

（3）"顾问式"的营销

顾问式营销是指商业银行在客户营销过程中，通过为客户提供咨询服务，解决客户提出的问题，为客户提供个性化解决方案，在解决方案中将银行的产品销售出去，在满足客户需求的同时，实现银行价值最大化目标。

顾问式营销与传统营销的区别表现在"六个不同"。

一是营销者的角色定位不同。传统营销的营销人员是企业的代表，因而处处维护商业银行的利益；而顾问式营销的营销人员不仅是商业银行的代表，更是客户的代表，不仅要维护商业银行的利益，更要维护客户的利益。

二是营销的手段不同。传统的营销主要是通过柜面等客户服务和陌生拜访来获得客户，时常过度宣传；顾问式营销主要通过缘故法来获得客户，而且营销时实事求是地介绍金融产品，通过良好的形象和良好建议来取信客户，重在说服。

三是对营销者的素质要求不同。传统营销对人的素质要求较低，一般通过简单培训即可上岗；顾问式营销对人的素质要求较高，必须经过系统培训才能上岗。

四是营销的侧重点不同。传统营销重在卖商品；顾问式营销重在卖形象。

五是营销的目的不同。传统营销追求"自身利益最大化",顾问式营销追求"顾客满意最大化"。

六是营销流程的长度不同。传统营销的营销流程较短,将产品推出去就意味着营销流程结束;而顾问式营销流程较长,将产品推出去只意味着一个营销流程的开始,强调售后服务。

从方案营销的实施方式中我们可以看出,方案营销从实质上而言就是一种顾问式的营销,因此也称为顾问式方案营销。此模式下,银行将客户纳入方案设计过程,与客户相互交流,挖掘客户潜在需求,拟定出对顾客来说最具有价值的产品与服务的组合。这种相互依赖与相互影响,不仅有助于银行获得客户的信赖和忠诚,创造银行与客户之间的长久利益关系,同时还能使银行方案的修正与客户遇到的问题同步,使银行与客户的长期合作成为可能。

为此,银行的客户经理面临着一系列的转变:第一,不再只是单纯地推销金融产品,而是要销售解决金融问题的策略和方案;第二,要向更高层的决策者和更广泛层面的客户推销;第三,营销者必须成为客户心目中可信赖的顾问和咨询者,而不仅仅是金融产品的提供者。

6.3.3 交叉营销策略

(1)交叉营销的概念

交叉营销是一种发现客户多种需求,并满足其多种需求,从横向角度开发产品市场的营销方式。简单说来,就是向拥有公司 A 产品的客户推销其公司的 B 产品。交叉营销的核心是向一个客户销售多种相关的服务或产品。这一个客户必须是你能够追踪并了解的单位客户,而这里的相关因素可以有多种参数,例如销售场地相关、品牌相关、服务提供商相关等。

交叉营销有两种形式:一种是在企业内部,对本企业的原有客户进行交叉销售;另一种是跨行业的交叉销售,通过相关行业间的数据共享,将潜在客户变成企业的实际用户。这实际是企业提高市场占有率的一种有效方式。

(2)交叉营销的作用

交叉营销对银行业的影响主要体现在以下两个方面。

①交叉营销可帮助银行及时、有效拓展业务。

交叉营销首先要通过建立完善的客户关系管理系统（CRM）来整合相关企业的信息，从而及时、准确地获取客户资料，有效拓展银行业务。银行和其他金融机构各自利用自己的资源和信息平台，通过各自的销售渠道开展业务。其实，银行在向客户提供贷款账务管理的同时，也可以进一步向客户提供有关财产等金融服务的建议。如果商业银行能够善加利用共同的整合后的CRM信息系统，将不同业务融于同一销售渠道之中，则可以更为合理地利用资源，获得规模经济的商业模式。

对于我国银行来说，它们的分支系统与服务网点提供了实施零售金融产品交叉营销的最佳操作平台；同时，对于客户来说，很多日常必需品式的金融产品如果通过银行分支系统实施一次到位的操作似乎更加方便快捷。

②交叉营销有利于银行客户的深层次挖掘及潜在客户的开发。

美国富国银行，注重把几件产品组合在一起销售，既节约成本，又向客户让利。该行把自身客户看作巨大的增长机会，80%的银行业务和盈利增长来自向现有客户销售更多的产品，而销售成本仅相当于吸引新客户的1/10。

富国银行的一位副总裁曾说："客户拥有一家银行的产品数量越多，对这家银行的依赖就越大，该客户流失的可能性也就越小。"在交叉销售的过程中，客户不会简单地把企业提供产品和服务看成纯粹的交易，而往往觉得有友谊、情分、关系、尊重及其他因素包含其中，从而愿意为此多付出代价。因此，通过数据挖掘等技术对客户信息进行细分，再进行有针对性的交叉销售，最终可提高银行已有客户的忠诚度并且可以更低的成本接触潜在客户。总之，业务的深层次拓展和客户忠诚度的提升是交叉营销的主要好处。

（3）商业银行的交叉营销

①交叉营销以客户需求为中心。

把握客户需求是开展交叉销售的前提条件。只有通过建立良好的客户关系，银行才能更好地了解客户，发现客户的多样性需求，进而充分利用交叉销售的机会。

客户关系是商业银行成功进行交叉销售的最主要因素。交叉销售做得较好的银行不仅具备以客户为中心的经营理念，而且在组织结构、流程设计、产品组合定制等方面都以客户需求为导向，通过优质服务提高客户满意度和忠诚度，不断巩固客户关系，进而有效开展交叉销售。

②小微企业和中高端个人客户成为交叉营销的重要目标。

在众多的客户分类中，小微企业和中高端客户在存贷款、现金管理、支付结算、私人银行和财富管理等方面都有广泛的需求，对银行具有较高的"黏性"；同时，小微企业所需要的贷款、现金管理等业务都是周期较长的产品，有助于银行与之建立长期稳定的关系，从而成为银行交叉销售的重点目标。因此，银行通过产品组合的形式向这些客户销售包括资金结算、贷款和理财产品等在内的金融服务，成为银行主要的利润增长点。

③不同销售渠道、区域的交叉营销效果不同。

交叉销售与销售渠道密切相关，不同的销售渠道产生的效果不一样。其中，通过营业网点进行交叉销售的效果最好，通过邮寄进行交叉销售的效果最差。

由于传统银行的交叉销售率要高于网上银行，因此目前大多数银行主要依靠物理网点和客户经理来实施交叉销售，但随着信息一体化和网上银行的快速发展，传统银行与网上银行结合进行交叉销售的机会将越来越多。

④小型银行的交叉营销业绩优于大型银行。

各家银行根据自身规模、发展目标和外部环境来选择市场定位，采取不同的营销策略开展交叉销售。有的银行立足于高净值客户，通过销售长期投资产品来实现销售和利润增长。例如，美国瓦乔维亚银行和法国兴业银行主要针对高净值客户开展共同基金与理财产品的交叉销售；有的小型银行则在市场定位上避免与大型银行直接竞争，在市场定位上选择零售个人业务和小微企业业务，寻求差异化发展。

由于小型银行与客户的联系更加紧密，能更好地理解和把握客户需求，提供更加优质的服务，因此往往可以实现较高的交叉销售率。

 实训探究

客户李某对金融产品较为熟悉，某天他到某支行营业厅办理业务，大堂经理甲与支行客户经理乙上前营销基金。

甲："李老师，买点基金吧！××基金不错，是股票型的，收益高，去年半年收益率达××%，还被推荐上过几个基金评级网，评上×星级，真的很好，包你收益不错。"

客户听后笑而不应。

这时，客户经理乙主动上前："李老师，想必您一定知道基金产品的收益与风险，虽然我也可以先给您介绍本行最近销售的几只基金，但我想介绍一下如何选择基金品种更合适。"

客户有兴趣，说："你讲讲。"

乙："首先应如实讲，基金是收益与风险并存的个人金融产品。在选择基金时，为了规避风险，您不但应选择一些股票型基金，也应选择一些债券型与混合型基金。这样在股市波动时，才能抵御或防范更大的风险。"

客户问："那你讲讲到底该如何选？"

乙笑道："您可以上网看各类基金的详细资料。一是可以将各类基金的收益率排个队（一年、半年、三个月、一个月），分析其在不同时段，特别是在股市涨、跌时的表现；二是在收益较好、抵御风险较强的基金中，查看其主要持仓股票及变化；三是对比一下，您初选的基金所属的公司的其他基金收益、风险如何；四是可查看一下分管这只基金的经理人资历、客户业绩等，就会有初步的选择打算了。如果您觉得可以一试，登录网上银行买基金，手续费最低可打四折。"

客户李某听后，高兴地办了该行的借记卡，开通了网上银行业务、银信通业务，同时，存入账户几万元，说回去就试试在网上银行购买基金。

1. 两位营销人员（甲、乙），谁做得更好一些？主要表现在哪些方面？

2. 除了好的服务态度外，还有哪些营销技巧？

课后习题

1. 单选题

（1）对关系营销理解不正确的是（   ）。

A. 银行的营销活动应建立和巩固与客户的关系

B. 最终目的是实现银行一段时期利润的最大化

C. 银行为优质客户提供个性化服务的一种方式

D. 通过集中关注和连续服务与客户建立互动的长期联系

（2）"既增加目标顾客的财务利益，也增加社会利益"属于关系营销的哪个层次？（　　）。

A. 一级关系营销 　　　　　　　　B. 二级关系营销

C. 三级关系营销 　　　　　　　　D. 四级关系营销

（3）对方案营销内涵理解不正确的是（　　）。

A. "定制"的营销 　　　　　　　　B. "组合"的营销

C. "顾问式"的营销 　　　　　　　D. "需求式"的营销

2. 多选题

（1）小微金融营销策略中关系营销的主要手段包括（　　）。

A. 多维市场细分 　　　　　　　　B. 采用客户关系管理系统

C. 薄利多销 　　　　　　　　　　D. 顾客组织化

E. 风险控制方案

（2）方案营销的基本要素有（　　）。

A. 企业分析 　　　　　　　　　　B. 营销目标

C. 营销策略 　　　　　　　　　　D. 营销进程安排

E. 风险控制方案

（3）交叉销售的主要好处有（　　）。

A. 满足客户的个性化需求 　　　　B. 挖掘客户的潜在需求

C. 形成银行的品牌效应 　　　　　D. 业务的深层次拓展

E. 顾客忠诚度的提升

3. 判断题

（1）关系营销认为挖掘新客户比留住老客户更重要。　　　　　　　　　（　　）

（2）多维市场可以使营销人员与顾客进行接触时更有针对性，创建良好关系的成功率大大提高。　　　　　　　　　　　　　　　　　　　　　　　　（　　）

（3）交叉营销是一种发现顾客多种需求，并满足其多种需求，从纵向角度开发产品市场的营销方式。　　　　　　　　　　　　　　　　　　　　　　　（　　）

4. 简答题

（1）简述关系营销与传统营销的区别。

（2）简述交叉营销策略的作用。

5. 分析应用题

材料：某外国公司总经理史密斯先生在得知与新星贸易公司的合作很顺利时，便决定偕夫人一同前来中方公司进一步地考虑和观光，小李陪同新星贸易公司的张经理前来迎接，在机场出口见面时，经介绍后张经理热情地与外方公司经理及夫人握手问好。

（1）小李应该如何做自我介绍？

（2）小李为他人做介绍的次序应该如何？

（3）张经理的握手次序应该如何？

第7章

小微金融创新

学习目标

 知识目标

◎ 了解小微金融创新的主要内容

◎ 掌握互联网金融、金融科技及数字金融的内涵

◎ 熟悉互联网金融的发展模式

◎ 把握数字金融的发展特点

 能力目标

◎ 能区分互联网金融和金融科技

◎ 能举例说明互联网金融的发展模式

◎ 能诠释金融科技对小微金融创新的赋能作用

◎ 能比较分析商业银行的小微金融创新实践

◎ 能归纳数字金融和小微金融的互促发展

 素养目标

◎ 通过对技术驱动的小微金融创新演变趋势的追踪学习,鼓励学生积极开拓创新、奋发图强,成就出彩人生

◎ 通过对我国小微金融创新发展过程中典型风险案例的深入分析,引导学生树立正确的价值观

◎ 通过对负责任的数字小微金融内涵和理念的探讨讲解,教导学生坚守职业操守,诚信回馈社会,勇于承担时代所赋予的历史使命

思维导图

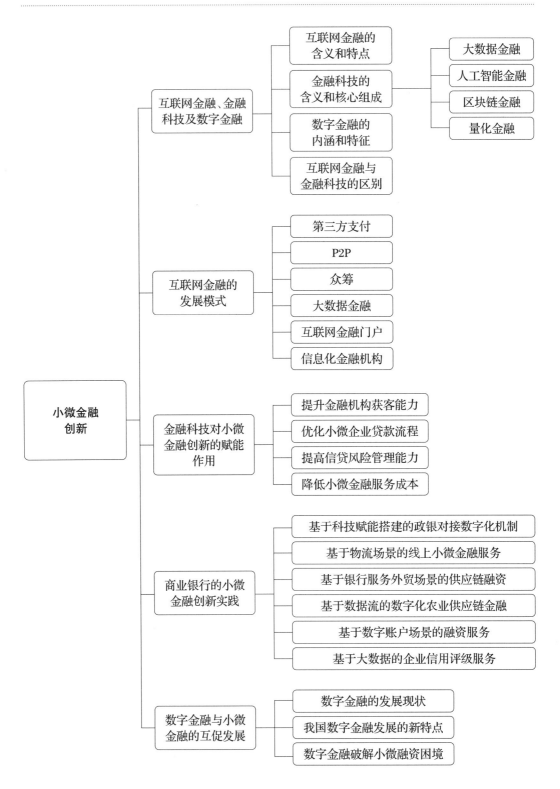

引导案例

微众银行依托数字金融破解小微企业融资难题

微众银行不仅是国内首家民营银行和互联网银行，也是一家数字银行，拥有先进的金融科技优势，以科技创新为驱动核心，通过实现效率、体验、规模的提升，降低风险及成本，以实际行动助力小微企业发展。

根据最新数据，我国小微企业数已超过 5000 万，但在金融方面的覆盖率只有 7%。微众银行始终将小微企业当作重点服务的客户群体，不断扩大普惠覆盖范围，助推小微金融高质量发展。微众银行通过"微业贷"模式，累计触达了 270 万家小微企业，累计授信客户超 88 万家，累计发放贷款金额超 1 万亿元。

小微企业融资有风险成本高、运营成本高和服务成本高的难题，微众银行认为可以从数字化的大数据风控、数字化的精准营销、数字化的精细运营方面来帮助解决小微企业融资难、融资贵的世界性难题。

微众银行通过坚持主体信用评估和双维度的大数据全流程的风控体系，更加灵敏地了解客户经营情况的变化；数字化精准营销方面，微众银行走出了一条专业且高效的"微众范式"。微众银行通过社交媒体搭建与企业主精准沟通的平台，推出更多企业主关心的内容。

在数字化精细运用方面，微众银行以企业经营为核心，服务小微企业全生命周期。在微众企业爱普 App 手机银行里精准分析客户的潜在需求，为其推荐贴现、现金管理、降息计划等产品，贴现产品也会针对不同渠道、不同客群定制不同优惠，主动把握客户需求，实现成本最小化和效益最大化。

微众银行依托数字金融，满足了更多传统金融无法覆盖的长尾小微企业的金融需求。今后，微众银行将持续优化数字化特色的小微金融服务，提升客户体验，推动实体经济稳步高质量发展。

（资料来源：https://baijiahao.baidu.com/s?id=1738408094013941985&wfr=spider&for=pc。）

◎ **你知道吗？**

小微金融创新的渠道和模式有哪些？它们又是如何赋能小微金融的良性发展的？在发展过程中，互联网金融、金融科技、数字金融等概念，在不同场合出现，这些概念

有哪些共性和差别？其演变背后的逻辑是什么？本章我们将学习小微金融创新的相关概念，互联网金融、金融科技及数字金融的内涵、区分方式及其模式，还有典型案例分析，以期为化解小微企业融资困境提供创新实践支撑。

7.1 互联网金融、金融科技及数字金融

以大数据、云计算、人工智能、区块链及移动互联网为引领的新的工业革命与科技革命，会导致金融学科的边界、研究范式不断被打破和被重构，金融行业传统发展模式受到颠覆性冲击。随着全球数据的海量积累存量和快速增长速度，以及人工智能等前沿科技在算法、算力方面的使用，科技深刻地改变了金融业态，并开始成为未来金融发展的制高点。依据科技对金融业的影响程度可以将其大致分为金融电子化阶段、互联网金融阶段和全面科技化阶段。尤其是从 2013 年互联网金融的爆发开始，随着金融科技的异军突起和数字金融的蓬勃发展，小微金融的数字创新步伐不断加快。

·｜知识链接｜·

从互联网金融到金融科技：演进与启示

第一阶段是互联网金融。根据《关于促进互联网金融健康发展的指导意见》，互联网金融主要包括互联网支付、网络借贷、股权众筹融资、互联网基金销售、互联网保险、互联网信托和互联网消费金融等六类业态。目前这六类业态都已经发生巨大改变，如对于网络小额贷款业务，我国发布《网络小额贷款业务管理暂行办法（征求意见稿）》，拟对小额贷款公司网络的小额贷款业务进行规范。

第二阶段是金融科技。根据金融稳定理事会的定义，金融科技是技术驱动的金融创新，这已经达成共识。而巴塞尔银行监管委员会将金融科技分为支付结算、存贷款与资本筹集、投资管理、市场设施等四类。这四类业务在发展规模、市场成熟度等方面存在差异，对现有金融体系的影响程度也有所不同。

第三阶段是数字金融。数字金融是与数字经济相匹配的金融业态，但目前数字金融存在不同的定义，还未形成共识。2021 年 7 月 6 日，国务院金融稳定发展委员会会

议要求加强对金融领域具有战略性、前瞻性、基础性、针对性问题的研究，"发展普惠金融、绿色金融、数字金融"。这是国务院金融稳定发展委员会第一次提及数字金融。

从互联网金融，到金融科技，再到数字金融，概念演变背后的逻辑有四点。一是价值回归，金融要把为实体经济服务作为出发点和落脚点。二是技术驱动，尤其是随着 5G 时代到来，物联网、虚拟现实、增强现实等将加速发展应用。三是风险防控，防止发生系统性金融风险是金融工作的永恒主题。四是监管趋紧，2016 年 4 月开始互联网金融风险专项整治，2020 年 11 月开始加强金融科技监管。与此同时，《中华人民共和国数据安全法》《中华人民共和国个人信息保护法》等法律的出台，将进一步促进金融科技、数字金融规范健康发展。

从互联网金融到数字金融，有几点启示。一是金融发展要不忘初心，回归本源；二是从业机构要持牌经营，恪守边界；三是监管部门要功能监管，创新监管；四是地方政府要客观理性，有序引导。下一步，金融管理部门要加强和完善对数字金融的监管，强化监管科技运用和金融创新风险评估，引导数字金融以服务实体经济为本源，确保数字金融提质增效、行稳致远。

（资料来源：第 16 期立言首都金融论坛主旨发言。）

7.1.1 互联网金融的含义和特点

互联网金融是依托于支付、云计算、社交网络及搜索引擎、App 等互联网工具，实现资金融通、支付、投资和信息中介服务等的新兴金融业务模式。互联网金融不是互联网和金融业的简单结合，而是在实现安全、移动等网络技术水平上，被用户熟悉接受后（尤其是对电子商务的接受），

互联网金融

自然而然为适应新的需求而产生的新模式及新业务，是传统金融行业与互联网精神相结合的新兴领域。

从狭义的角度来看，互联网金融应该定义在跟货币的信用化流通相关的层面，也就是资金融通依托互联网来实现的业务模式都可以称为互联网金融。从广义上来说，任何涉及广义金融的互联网应用，都应该是互联网金融，包括但不限于第三方支付、P2P 网贷、众筹、在线理财、在线金融产品销售、金融中介、金融电子商务等。

互联网金融具有成本低、效率高、覆盖广、发展快、管理弱及风险大等特点，其

诞生与小微金融有着密不可分的联系。互联网金融的本质还是金融，而互联网金融的目标群体就是过去被传统银行忽略的"劣势群体"。过去传统的银行不想做，也做不好，而互联网金融发展正好填补了这块空白。这恰恰与小微金融的初衷不谋而合。随着互联网金融的飞速发展，传统金融行业也纷纷加入互联网金融大军，这对小微金融的发展起到了极大的推动作用。

7.1.2 金融科技的含义和核心组成

金融科技英译为 Fintech，是 Financial Technology 的缩写，根据国际权威机构金融稳定理事会（FSB）的定义，金融科技主要是指由大数据、区块链、云计算、人工智能等新兴前沿技术带动，创新传统金融行业所提供的产品和服务，提升效率并有效降低运营成本，对金融市场及金融服务业务供给产生重大影响的新兴业务模式、新技术应用和新产品服务，

京东金融供应链金融模式分析（以京保贝为例）

主要应用于支付清算、借贷融资、财富管理、零售银行、保险、交易结算等六大金融领域。

狭义的金融科技是指非金融机构运用移动互联网、云计算、大数据等各项能够应用于金融领域的技术重塑传统金融产品、服务与机构组织的创新金融活动。从事金融科技的非金融机构普遍具有低利润率、轻资产、高创新、上规模、易合规的特征。广义的金融科技是指技术创新在金融业务领域的应用。

金融科技涉及的技术具有更新迭代快、跨界、混业等特点，是大数据、人工智能、区块链技术等前沿颠覆性科技与传统金融业务及场景的叠加融合。主要包括大数据金融、人工智能金融、区块链金融和量化金融四个核心部分。大数据金融重点关注金融大数据的获取、储存、处理分析与可视化。一般而言，金融大数据的核心技术包括基础底层、数据存储与管理层、计算处理层、数据分析与可视化层。大数据金融往往还致力于利用互联网技术和信息通信技术，探索资金融通、支付、投资和信息中介的新型金融业务模式的研发。人工智能金融主要借用人工智能技术处理金融领域的问题，包括股票价格预测、评估消费者行为和支付意愿、信用评分、智能投资顾问与聊天机器人、保险业的承保与理赔、风险管理与压力测试、金融监管与识别监测等。区块链技术是一种去中心化的大数据系统，是数字世界里一切有价物的公共总账本，是分布式云计算网络的一种具体

根植产业做小微 科技引领谋发展

应用。一旦区块链技术成为未来互联网的底层组织结构,将直接改变互联网的治理机制,最终彻底颠覆现有底层协议,导致互联网金融的智能化、去中心化,并产生基于算法驱动的金融新业态。区块链技术成熟落地金融业会形成生态业务闭环,金融交易可能会出现接近零成本的金融交易环境。量化金融以金融工程、金融数学、金融计量和金融统计为抓手开展金融业务,它和传统金融最大的区别在于其始终强调利用数理手段和计量统计知识,定量而非定性地开展工作,其主要金融场景有高频交易、算法交易、金融衍生品定价以及基于数理视角下的金融风险管理等。

比如,传统金融几乎无法建立起可持续的商业模式,因为风险定价和金融触达的成本太高。而对金融科技来说,在数据开发和应用的能力优势之上,通过叠加新技术,建立大数据风控体系,就能为更多的弱信用人群(毕业生、蓝领、农民)和中小微企业提供授信并提供贷款支持。正常情况下,放贷机构都会首先对贷款申请人进行征信查询,而金融科技则是可以实现从通信记录、过往购物信息和社交网络上的留存信息等,提取出海量数据,构建模型,对个人信用进行评估,准确判断贷款人的还款意愿能力。金融科技还可以利用数据积累和大数据技术建立有效的智能化风控体系,在贷中通过监控贷款人的行为数据来完善补充信用评分体系,及时发现客户的异常行为,并采取相应的措施。

7.1.3 数字金融的内涵和特征

当前,社会和经济发展运行的方式正在发生深刻的变革,数字经济成为继农业经济、工业经济后的新经济特征,已深刻融入国民经济各领域,成为把握新一轮科技革命和产业变革新机遇的战略选择。国家层面在不断推出数字经济发展政策,民众层面在不断体验被数字经济覆盖的生活场景。数字经济的蓬勃兴起为金融创新发展构筑广阔舞台,数字技术的快速演进为金融数字化转型注入充沛活力。

国务院印发《"十四五"数字经济发展规划》

数字金融是通过互联网及信息技术手段,与传统金融服务业态相结合的新一代金融服务,是以信息技术为核心的金融行业数字化的过程。数字金融包括互联网支付、移动支付、网上银行、金融服务外包及网上贷款、网上保险、网上基金等金融服务。数字金融本质是信息化、网络化、智能化。它既是新的金融业态、新的金融发展阶段,也是金融业持续发展的延续。

目前，数字经济和数字金融之所以引起重视，是因为互联网和手机移动终端积累了庞大的数据，依靠大数据能够分析客户行为（所谓的客户画像），预测行为模式，识别和预警风险，等等。如果数字化仅指将金融机构的线下业务放在互联网上，那么数字金融其实早就有了。因此，狭义的数字金融仅指以大数据和新技术（例如区块链、生物识别）为基础而产生的新产品、新服务和新业态。广义的数字金融包括了线下业务的互联网化。

数字金融的另一个层面是指金融支持或服务于数字经济。《二十国集团数字经济发展与合作倡议》中明确提道："数字经济是指以使用数字化的知识和信息作为关键生产要素、以现代信息网络作为重要载体、以信息通信技术的有效使用作为效率提升和经济结构优化的重要推动力的一系列经济活动。"《G20数字普惠金融高级原则》明确提出："通过提升数字金融服务推动包容性经济增长。"

G20 数字普惠金融高级原则：背景、框架和展望

与传统金融相比，数字金融具备审批过程的及时性、远程性、场景性、自动性等特征。例如，数字审批可以在短时间内完成贷款申请人的移动支付、消费和交易，并将这一过程产生的数字足迹记录保存，待数据积累到一定规模后，借助云计算等技术，提出相应的预测模型和风险控制策略，无须贷款申请人到网点申请，交易成本和风险进一步降低。又如，数字信贷决策的重要支持数据是数字足迹，而非征信体系中的历史信用信息，对于部分存在信用历史空白的人群而言，数字信贷决策具备天然优势。

7.1.4 互联网金融与金融科技的区别

（1）本质不同

金融科技是技术驱动的金融创新，指运用大数据、云计算、人工智能等新兴前沿技术，对传统金融服务或业务进行改造和创新所产生的新兴金融产品、金融服务或金融模式。互联网金融实际上是一个渠道的拓展，是通过互联网渠道实现商业模式的便捷化，利用互联网作为一个销售金融产品的渠道。举例来说，互联网金融最典型的代表是P2P（Peer to Peer）。P2P贷款是指个人与个人之间的小额信用借贷交易，需要借助专业网络平台帮助借贷双方确立借贷关系并完成相关交易手续。这其实就是把平时

的借贷款业务从线下渠道"上升"至线上。而金融科技的重点在于技术变革，是用大数据、人工智能、区块链等一系列技术，去为金融机构服务。

（2）概念不同

金融科技，主要是指那些可用于撕裂传统金融服务方式的高新技术，同时也是通过大数据、云计算、人工智能等高新技术，在复杂的金融场景下提升金融服务效率及更好地管理风险的解决方案；互联网金融则是指传统金融机构与互联网企业利用互联网技术和信息通信技术实现资金融通、支付、投资和信息中介服务的新型金融业务模式。

（3）背景不同

金融科技起源于国外，而互联网金融是国内独有，之所以有着这样的不同，主要是因为国外金融行业的先行，以及国内金融行业处于特定发展阶段。现阶段，国内金融行业已经在向金融科技方向发展。

（4）优势不同

金融科技可重塑金融服务消费者的路径，令全民畅享支付高服务体验，推动金融科技机构与传统金融机构形成优势互补的合作；互联网金融则拥有服务效率高和覆盖范围广的优势。不过值得注意的是，互联网金融具备较高的风险性。

7.2　互联网金融的发展模式

我国互联网金融的发展阶段大致可以分为三个：第一个阶段是 1990—2005 年的传统金融行业互联网化阶段；第二个阶段是 2005—2012 年的第三方支付蓬勃发展阶段；第三个阶段是 2012 年至今的互联网实质性金融业务发展阶段。在互联网金融发展的过程中，国内互联网金融主要包括第三方支付、P2P、众筹、大数据金融、互联网金融门户及信息化金融机构六种发展模式。

7.2.1　第三方支付

第三方支付是以帮助实现资金转移为特征的互联网支付工具，如支付宝、财付通等。

从严格意义上看，第三方支付只是一个支付方式和支付渠道，扮演

第三方支付

的是资金转移者的角色，本身并不参与金融运作。因此，第三方支付很难被称为金融，而应该归入金融服务的概念。在银行体系里，支付所形成的支付结算收入也被列为中间业务收入。可以看出，这个是服务性收入，不是风险性收入。

中国国内的第三方支付产品主要有支付宝、微信支付、百度钱包、PayPal、中汇支付、拉卡拉、财付通、融宝、盛付通、腾付通、通联支付、易宝支付、随行付支付、中汇宝、快钱、国付宝、物流宝、网易宝、网银在线、环迅支付 IPS、汇付天下、汇聚支付、宝易互通、宝付、乐富等。

传统金融作为相对高端的业态，一直是有基础性门槛的。这个门槛有两个方面：一是资金门槛，二是金融专业门槛。例如传统的借贷交易，对投资人的要求相对较高，存在"合格投资人"一说。小额借贷并不普及，而且小额投资比小额借贷更少见。信托、证券、保险等其他金融业态有更高的门槛，尤其私募股权等方式，一直被称为富人的游戏，大量人员无介入金融的机会。第三方支付的发展为我国普惠金融的发展做出了很大的贡献。因为创新性第三方支付机构的发展，为降低金融门槛提供了电子支付技术与平台组织支撑。

7.2.2 P2P

P2P，意即个人对个人（伙伴对伙伴），又称点对点网络借款，是一种将小额资金聚集起来借贷给有资金需求人群的民间小额借贷模式，本质上是民间小额借贷借助移动互联网技术，实现网络信贷平台的借贷、理财等金融服务。

P2P

·│ 知识链接 │·

国外农业供应链金融的 P2P 借贷模式

尽管国外在供应链金融方面起步较早，但具体到农业领域，对农业供应链金融的尝试并不是很多。截止到目前，国外形成了三种主流农业供应链金融模式。

第一种为农业供应链核心企业同 P2P 平台合作模式。丹麦食品零售商 COOP 同 P2P 平台 MYC4 的合作是这一模式的典型代表。COOP 旗下拥有五条相对较为成熟的生产供应链，而MYC4则是连接欧洲投资者同发展中国家农业小微企业的知名P2P平台。双方合作基本流程为：COOP在官网上放置MYC4链接，引导消费者进入P2P平台，使其可以观察并参与到MYC4上非洲项目的投资中；与此同时，MYC4联合非洲当地合作授信机构，实现贷款资质合格农户的有效筛选；农户获得融资后，所生产的农产品将直接供应至COOP，并用收益的一部分偿还贷款。

第二种为针对农户的公益P2P借贷模式。美国2005年创建的KIVA平台是这一模式的典型代表。其运作机理是：各小额贷款公司以走访调查等方式，获取申请贷款人的基本信息，包括照片、业务计划等关键事项，并将之公布到KIVA网站上；网站根据贷款申请者的贷款额度、经营时间、过往还款记录等将申请者分级；具体的放款人在浏览网站中申请方的信息后，选择合适对象，将资金转移至KIVA，再由KIVA将资金低息或无息借贷给相应小额贷款公司，最后由小额贷款公司负责具体贷款的发放。在借贷人员的选择上，KIVA联合当地已有的小额贷款机构进行筛选，有效保证了还款成功率。截止到2020年底，KIVA已累计借款超过7亿美元，且还款率高达98.25%。

第三种即普通商业P2P借贷模式。这种模式最为常见，但也缺乏一定的针对性，农业供应链仅为其众多涉及领域之一。典型代表是英国的Zopa及美国的LendingClub。该模式中，投资者可直接借款给从事农业有关行业的农户或企业，进而间接参与到供应链金融之中。相对来说，这一模式提供的借贷渠道更加快捷，但其背后要求的信贷资质也更高。如美国LendingClub要求的借款人信用分数需高于660分，并提供至少36个月的信用记录。

在我国，按照投资主体不同，P2P可以分为银行系、上市公司系、国资系、民营系四种类型。其中银行系有陆金所、民贷天下、开鑫贷、民生易贷等；上市公司系有海金所、宜人贷、银湖网、理财农场等；国资系有壹文财富、众信金融、麻袋理财等；民营系有拍拍贷、红岭创投、融360、微贷网、点融网、积木盒子等。按照保障程度不同，P2P又可分为以下三种模式：P2P1.0模式：类似拍拍贷这样提供P2P全流程服务，但不对出借人的收款提供保障的模式。P2P2.0模式：同样参与P2P全流程，但在"2"这端的交易平台上引入垫付机制，由平台的风险准备金或担保公司提供本金保障。国内P2P网贷平台95%以上采用这一模式。P2P3.0模式：借款业务及担保均来源于非关联的担保机构及小贷公司，整个流程为 P2N 的（"N"为多家机构，不是直接的个人对个人），称为 P2P3.0 模式。

自从 2018 年国家对 P2P 网贷行业正式出台了一系列的标准之后，P2P 网贷行业开始大洗牌。一方面，网贷平台不合理的高收益、提现困难、卷钱跑路等恶性事件的发生，使得整个 P2P 网贷行业蒙上了集资诈骗的头衔，失去了大量用户和投资人的信任，很多网贷公司都开不下去了；另一方面，随着国家监管政策的接连落地，对 P2P 网贷等野蛮生长、鱼龙混杂的局面进行了各种清理，大量的违规网贷公司被清退关门。

2019 年 11 月，互联网金融风险专项整治办、网贷风险专项整治办联合印发了《关于网络借贷信息中介机构转型为小额贷款公司试点的指导意见》，引导部分符合条件的网贷机构转型为小贷公司，主动处置和化解网贷机构存量业务风险。截至目前，我国现存的 P2P 平台已经清零，仅有 9 家头部 P2P 平台启动转型，2 家平台已拿到牌照。

7.2.3 众筹

众筹又称为大众筹资或群众筹资，是指用"团购＋预购"的形式，向网友募集项目资金。其利用互联网和社交网络传播的特性，让创业企业、艺术家或个人向公众展示他们的创意及项目，争取大家的关注和支持，进而获得所需要的资金援助。众筹具有低门槛、多样性、依靠大众力量、注重创意等特征。

我国众筹产业链

众筹模式众多，可以服务新产品研发和新公司成立，也可以应用于科研项目、民生工程、艺术设计等。目前，国内的典型平台有大家投、点名时间等。在我国，众筹模式主要分为股权式众筹、公益式众筹、产品式众筹和借贷式众筹。其中，股权式众筹如天使汇、天使街、天使客、众投邦等；公益式众筹如轻松筹、腾讯乐捐等；产品式众筹如苏宁众筹、淘宝众筹、京东众筹等。众筹存在非法集资风险、代持股风险、公开发行证券风险、知识产权风险、信用风险等多种风险。

7.2.4 大数据金融

大数据金融是指集合海量非结构化数据，通过对其进行实时分析，以及挖掘客户的交易和消费信息，来掌握客户的消费习惯，并准确预测客户行为，从而提升金融机构在服务、营销和风控方面的能力。

发展大数据金融需要两个前提条件：一是海量的、非机构化的、鲜活的数据，二是挖掘分析数据的技术和能力。目前，大数据金融领域内的创新主要集中于拥有大数据的机构，比如京东拥有电商数据，腾讯拥有社交数据，等等。大数据在金融行业中主要应用于如图7-1所示的领域。

图7-1　大数据在金融行业中的应用

大数据金融分为平台金融和供应链金融两大模式。

平台金融模式是平台企业通过互联网、云计算等信息化方式对其长期积累的大数据进行专业化的挖掘和分析。比如阿里小微金融集团提供的阿里小贷、担保、保险等金融服务，不仅给淘宝、天猫的商户提供了大量的资金融通机会，也改善了传统金融信用审核系统。依托于大量非机构化的大数据，平台商户可以在两分钟内收到申请的贷款。

供应链金融模式是核心龙头企业根据自身的产业优势地位，通过对上下游企业现金流、进销存、合同订单等信息的掌控，依托自己的资金平台或者合作的金融机构给上下游企业提供金融服务的模式。比如京东供应链金融利用大数据体系和供应链优势在交易各个环节为供应商提供贷款服务。其通过强大的数据能力为客户盘活了供应链条上的各个环节，让小微企业主从烦琐的企业金融事务中解放出来。具体可以分为六种类型：采购订单融资、入库环节的入库单融资、结算前的应收账款融资、委托贷款模式、京保贝模式、京小贷模式。

7.2.5 互联网金融门户

互联网金融门户是指利用互联网进行金融产品的销售，以及为金融产品销售提供第三方服务的平台。它的核心就是"搜索＋比价"的模式。其采用金融产品垂直比价的方式，将各家金融机构的产品放在平台上，用户通过对比挑选合适的金融产品。

我国互联网银行产业链

根据互联网金融门户平台的服务内容及服务方式的不同，可以将互联网金融门户分为第三方资讯平台、垂直搜索平台及在线金融超市三大类。第三方资讯平台典型代表有网贷之家、和讯网及网贷天眼等，垂直搜索平台的典型代表为融360、安贷客，在线金融超市的典型代表为大童网、格上理财、91金融超市等。互联网金融门户又可以根据汇集的金融产品、金融信息种类的不同，分为P2P网贷类门户、信贷类门户、保险类门户、理财类门户及综合类门户五个子类。

7.2.6 信息化金融机构

信息化金融机构是指在互联网金融时代，通过广泛运用以互联网为代表的信息技术，对传统运营流程、服务产品进行改造或重构，实现经营、管理全面信息化的银行、证券和保险等金融机构。金融信息化是金融业务发展趋势之一，而信息化金融机构则是金融创新的产物。金融行业正处于一个由金融机构信息化向信息化金融机构转变的阶段。总的来说，信息化金融机构有以下三个特点：金融服务更高效快捷、资源整合能力更为强大和金融创新产品更加丰富。

目前信息化金融机构主要运营模式分为以下三类：传统金融业务电子化模式、基于互联网的创新金融服务模式、金融电商模式。聚焦于银行业，目前主要存在三种模式。一是传统金融业务电子化模式。目前中国各个银行均涉猎了网上银行、手机银行、微信银行等，我国商业银行经历了信息化、电子化、智能化后步入了平台化阶段，现已进入全面数字化的"Bank4.0"时代。中国银行与京东金融在网络支付、网络营销、公司金融等方面开展深度合作，共同打造金融服务生态，中国银行可通过京东集团内的商户及物流等生态体系来扩大获客范围，促进精准营销。招商银行与腾讯携手共建互联网金融安

建设银行智能小微

全生态圈，基于腾讯金融反欺诈模型数据，完善自身对欺诈风险的精准量化分析。二是基于互联网的创新金融服务模式，如社区银行、直销银行等模式。三是金融电商模式，以建行善融商务、交通银行交博汇、工商银行融 e 购等为代表。

7.3 金融科技对小微金融创新的赋能作用

在新一轮科技革命和产业变革的背景下，大数据、云计算、人工智能、物联网、生物识别等信息技术与金融业务深度融合，金融科技蓬勃发展，正日益成为金融创新和金融竞争的制高点，小微企业无接触、全天候金融服务模式不断涌现，金融科技不断赋能小微金融的加速创新。

中国人民银行关于印发《金融科技发展规划（2022—2025 年）》的通知

7.3.1 提升金融机构获客能力

一是拓宽获客渠道。金融机构依托互联网的便利性，自建线上渠道平台，可随时随地为客户提供金融服务，并通过各类生活场景批量化、规模化获客。工商银行自主研发了"环球撮合荟"跨境撮合平台。该平台免费向全球企业开放，促进企业之间达成商品、服务、技术、项目、资本等领域跨境合作，平台支持线上线下全流程开展跨境撮合活动，覆盖企业招募、供需匹配、商务洽谈等各环节。二是高效筛选客户。各地利用互联网、大数据技术搭建金融服务信用信息共享平台，采集、整合分析包含企业舆情、股东信息等在内的互联网数据，以及税务、工商、电费、物流等外部数据，金融机构通过与平台对接获取信息，多维度了解小微企业经营状况，高效筛选优质客户，特别是挖掘一些潜在的首贷客户。苏州银行与当地政府部门共同建设运营"苏州综合金融服务平台"，集中归集 46 家政府职能部门掌握的企业信息，通过多维数据筛选小微客户。三是提高服务精度。金融机构根据不同场景挖掘客户金融需求，设计出符合特点和需求的金融产品，并进行精准推送，实现金融服务和金融对象的精准匹配。招商银行引入机器人流程自动化技术，"掌上生活" App 已有 15 个月活跃用户人数超千万的自场景，初步搭建了包括地铁、公交、停车场等便民出行类场景的用户生态体系，充分挖掘客户的信息和需求，不断提高服务精度。

光大银行金融科技

7.3.2 优化小微企业贷款流程

金融科技手段可以减少小微企业贷前审查环节，用机器审核代替人工审核，在线上完成从贷款申请、风险评估到审核批准等信贷服务的整个流程，加快了放款速度。在客户申请环节，客户可通过电子银行申请贷款，利用人工智能系统完成分类和开户。建设银行利用大数据、人工智能、生物识别等多种技术开发"惠懂你"App，支持线上贷款额度测算、预约开户、客户识别、在线授权、贷款申请、签约、支用、还款等功能在移动端的快捷办理，用户随时下载、随时可用，支持在政府机构、交易中心等网上平台部署入口，接入场景，提供全渠道、多触点、零距离的综合性服务。农业银行推出"普惠 e 站"，为小微企业提供 24 小时金融服务，实现贷款申请、额度测算、贷款查询、自助用款还款等功能。台州银行创建"数据驱动、线上流程、行业专家、现场交叉"小微金融模式，在授信放款环节，人工智能系统自动给予客户授信，客户自主取款，随借随还。西安银行推出"西银 e 贷"，整合小微企业主多维度数据源，通过风控模型在线循环授信，客户自主支付，随借随还。在贷后管理环节，利用多维数据建立预警机制，定期生成贷后报告，进行自动化贷后管理。

建行"惠懂你"
秒贷最懂你

7.3.3 提高信贷风险管理能力

金融科技赋能小微企业金融服务的基础在于数据，核心在于风控。数字经济背景下，数据对提高生产效率的作用日益凸显，数据也是金融风险管理过程中不可或缺的信息源，是风险甄别的基础。金融机构传统数据来源通常是基于单一场景下的交易类信息，而金融科技丰富了数据维度，提升了数据处理和分析能力，对解决金融机构与企业之间的信息不对称问题、提升金融机构风险管理效率具有重要作用。这主要体现在：一是广泛采用数量巨大、来源分散、格式多样、存取速度快、应用价值高的多维数据，并对文本、图像、声音等非结构化数据进行处理。二是深度挖掘和分析数据，去伪存真、找出规律，构建全方位立体的客户信息视图，为客户进行精准画像。三是建立风险评价模型，运用数据挖掘、机器学习、大数据建模方法，对贷款对象信用风险进行识别、评估和管理，精确量化客户违约概率。四是通过场景化有效识别和管控风险，根据具体场景的交易特点、资金流动情况，找到关键交易环节，利用金融科技手段分析核心主体履约能力，并有效控制回款路线，使贷款偿还的事后执行更为便捷。中信银行聚焦"算法、算力、数据"金融科技三大核心驱动因素，整合"小微企业＋小微企业主""基础数据＋行为数据＋交易数据"等多维数据体系，深入研究区块链、大数据、数据建模、规则引擎、电子认证、数字加密等金融科技在小微业务中的应用，打造数字化智能风控平台，实现风险早识别、早预警和早处置。

7.3.4 降低小微企业金融服务成本

金融服务成本主要包括资金成本、经营成本、风险补偿成本以及目标利润，金融科技深刻改变了金融机构从投入到运营、获客、风险甄别等方面的成本结构。一是金融服务线上化、批量化，可降低营业网点等基础设施建设成本，并减少基层客户经理工作量，缩减人员费用开支，降低运营成本。二是基于场景的自销平台渠道，大大节省了金融机构在小微企业目标客户准入环节的人工成本和时间成本。三是基于大数据的小微企业贷款风险评级模型，有效降低了人工审核、信息收集与整理、风险识别以及风险管理等流程成本。渤海银行与360金融科技公司合作，通过人工智能获客模型可以将获客成本降低一半以上，智能催收能够节省95%的人力成本。

7.4 商业银行的小微金融创新实践

7.4.1 基于科技赋能搭建的政银对接数字化机制

为确保政银企对接政策在河北迅速落地，中国人民银行石家庄中心支行设计开发了河北省企业融资对接监测分析系统打造对接流水线，以科技赋能打造政银企对接流水线，做到"企业经营状况清、银行对接进度清、融资不足问题清"，助力金融支持稳企保就业工作高效开展。一是科技赋能，搭建全省政银企对接数字化机制。中国人民银行石家庄中

商业银行的数字化战略

心支行设计开发河北省企业融资对接监测分析系统，该系统详细记录企业经营数据，授信、贷款、利率等信贷情况，以及股权、债权融资等89项指标，全流程记录银行对接进度和成效，自动实现数据校验和报表管理，实现政银企对接数字化监测统计。二

是交叉校验，准确反映政银企对接成效。综合运用人民银行内部系统数据，校验和筛选小微企业，实现了名单导入、筛选验证、银行匹配、自动推送、数据收回、台账生成、监测分析、报表生成的全闭环、自动化对接管理。三是加强运用，推动实现稳企业保就业目标。截至 2020 年末，河北省通过系统已累计向金融机构推介重点企业 2.14 万家，金融机构共对 1.07 万家企业给予授信支持，其中新增授信 4685 家，累计投放贷款 2174.7 亿元。

7.4.2 基于物流场景的线上小微金融服务

物流企业数量多、规模小、数据散、信用弱、担保缺，融资难融资贵问题比较突出。中信银行紧抓物流行业痛点，深度融合光学字符识别、机器人流程自动化技术等新技术，首创"物流 e 贷"产品体系，整合产业数据、挖掘场景生态、创新服务模式，通过交易结构设计、多维数据集成、风控模型构建、资金闭环管理等手段，将数据融资服务嵌入物流行业保费、运费、油费、ETC 等应用场景，实现"数据增信"和"交易变现"，为物

科技成就发展智慧共享未来——北京银行携金融科技提速全行数字化转型

流行业小微企业提供"额度高、利率低、全线上"的创新服务。客户从申请"物流 e 贷"到资金入账仅需 5 分钟，全程零人工干预。一是借助数字技术实现客户身份识别。中信银行"物流 e 贷"产品通过数字证书、电子签名以及客户手机号重复性校验等数字技术，建立兼顾安全与便捷的身份认证体系。二是借助移动技术实现客户便捷服务。中信银行以移动金融为中心，构建了以手机银行、网上银行等为主体的线上化客户服务体系，提升电子渠道服务能力，降低银行与客户沟通成本。三是借助 OCR（光学字符识别）技术实现保单自动识别。中信银行"物流 e 贷"产品引入 OCR 技术，自动识别物流企业保单和保险公司官网验证码，精准提取保单号、投保人、保险公司以及被保险人等信息，避免了人工审核的操作风险和道德风险，提高了运营效率。四是借助 RPA（机器人流程自动化）技术实现保单自动验真。中信银行"物流 e 贷"产品引入 RPA 技术，自动登录保险公司官网，自动填写用户名、密码和验证码，自动输入保单号等查询要素，自动获取保单信息，自动比对贷款申请信息，实现了全流程自动化操作和智能化风控。

7.4.3 基于银行服务外贸场景的供应链融资

为化解小微企业抵（质）押资产不足、担保手段较少的难题，福建海峡银行依托区块链、大数据等科技手段，利用供应链金融业务贸易自偿性特点，于2019年研发上线供应链e融资金融服务平台。截至2020年末，平台注册企业共计505户，融资余额超过14.7亿元，其中小微企业贷款余额13.5亿元，占比91.8%。一是金融科技赋能产业经济。供应链e融资金融服务平台是专门提供应收账款保理融资和财务管理的服务平台，其运用区块链技术，通过分布式记账体系，确保发票、单据信息不可篡改，实现资产实时清分、尽调信息保护、跨机构数据共享、线上存证及仲裁领域数据真实、完整、可信。二是提升金融服务便利化程度。平台使用基于活体检测的人脸识别技术，准确快速完成企业关键角色在平台线上开户的身份核实。此外，该平台直接对接商业超市及上游小微供应商，买卖双方注册认证后通过平台进行应收账款的转让确权，实现全流程线上对接，大大提升了融资服务效率与质量。三是强化融资风险监测预警。集合多重风控措施，通过对核心企业的尽调分析，综合评估核心企业的付款意愿与付款能力；通过购销合同、发票等交易凭证的审核，核实贸易背景的真实性；通过征信系统、汇法网等多方数据平台在线审核链属企业，严控准入门槛。截至2020年末，通过平台发放的贷款业务无逾期情况。

我国在线供应链金融产业链

7.4.4 基于数据流的数字化农业供应链金融

就供应链金融发展的过程来看，银行一直承担着金融资源释放主体的角色。在数字科技时代，传统银行能够凭借自身资金优势及技术优势，在已有的网上银行、手机银行及银行电商的基础上，设立并不断升级自身交易平台，为客户提供线上支付结算服务。具体到农业领域，2020年10月，中国邮政储蓄银行四川省分行联手四川乡同信息技术有限公司，共同推出基于"零售信贷前置系统"的数字化供应链金融，这也是商业银行为数不多的专门针对农业领域的数字化供应链金融模式。

中国邮政储蓄银行四川省分行主导的数字化农业供应链金融模式如图7-2所示。

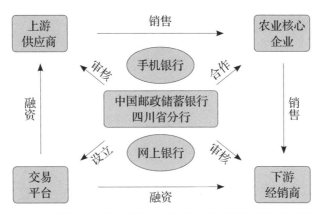

图7-2　邮储银行四川省分行主导的数字化农业供应链金融模式

　　首先，位于供应链上下游的农户或者经销商与农业核心企业之间达成合作协议，借助签订契约等方式，上下游的农户及经销商需与核心企业预先签订订单。这一过程中，农业核心企业需为上下游主体融资贷款行为做担保。银行与农业核心企业之间同样需要建立合作关系，银行承认其担保作用，但农业核心企业必须要提供相应的材料，包括被担保方情况、担保质押物等基本信息。与此同时，该银行联合四川乡同信息技

2021—2022数字化转型下银行发展供应链金融研究报告

术有限公司创立交易平台，实现了供应链中企业、农户及银行三方的"直连"。按照二者签订的中国邮政储蓄银行股份有限公司四川省分行零售信贷前置系统接口技术服务协议，基于零售信贷前置系统的数字化供应链金融交易平台正式成型。农户及经销商可借助交易平台中的"乡同助农"小程序，按照自身特点将经营情况数字化，不断累积"数字信用"。最终得到的"数字信用"将被用作其申请贷款时的重要参考。银行收到申请后，按照系统中的"数字信用"及农业核心企业提供的相关资料进行审核，最终完成贷款。如农户或者经销商未能如期归还贷款，银行有权向担保方核心企业索取相应赔偿。目前来看，以银行为主导的数字化农业供应链呈现出两个特质：一是审批环节大幅精简。银行本身就是贷款释放方，借助数字化技术形成无纸化申贷和系统自动审批功能后，农户经营性贷款申贷时间得以缩短，由原先的15天以上减至3天之内。二是银行风控能力大幅增强。传统模式下，银行之所以对农户或者小微经销商惜贷，很大程度上是由于其可质押物偏少，且征信信息本身也存在不健全的问题。在银行主导的数字化供应链金融模

中国银行在线供应链金融

式下，一方面由具备更强资金实力的农业核心企业为农户与小微经销商做担保，银行对于坏账风险的担忧大幅降低；另一方面，银行可借助其设立的交易平台完成农户及供应链中企业的数据提取，积累行业数据的同时对其进行分析，逐步缓解征信空白问题，进而从源头把控放款风险。

 案例剖析

电商平台主导型和核心企业主导型数字化农业供应链金融模式

一、电商平台主导型数字化农业供应链金融——以蚂蚁集团为例

2016 年，蚂蚁金服正式开始布局农村金融市场。按照贷款规模及用途，农村金融客户被分为三种类型，分别为消费者、小型生产经营个体以及规模农业经营主体。通过采用农业供应链金融的方式，蚂蚁金服利用淘宝网、天猫商城等成熟电商平台同农业核心企业建立供应链，农业核心企业同上游农户之间的契约关系可作为"农资专款"。农产品生产加工完成后可在电商平台上线销售，进而帮助上游农户偿还贷款。现阶段，蚂蚁金服已先后与蒙羊集团、易果生鲜等农业龙头企业展开供应链金融合作。依托蚂蚁金服驱动的数字化农业供应链金融运作模式如图 7-3 所示。

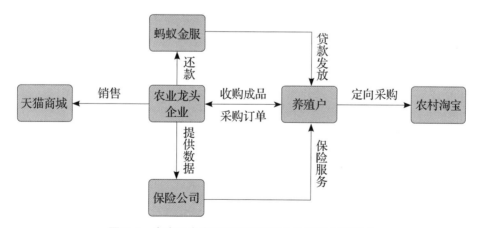

图7-3 电商平台主导型数字化农业供应链金融模式

以科尔沁牛业为例。上游养殖户与科尔沁牛业首先签订订单合同，约定科尔沁牛业需为养殖户提供饲养标准、兽药、饲养技术等支持，养殖户的成品牛养成后则要由科尔沁牛业收购。这一过程中，科尔沁牛业可凭借过往年份已经积累下的订单关系及

完成情况筛选优质养殖户，并将相关信息推荐给蚂蚁金服。蚂蚁金服需对信息进行进一步的核实，评估释放贷款的风险。通过考察养殖户的现有生产规模、基本信用情况、个人资产负债、互联网数字足迹以及科尔沁牛业反馈的订单契约稳定性，完成最终放款额度的确认。在放贷过程中，蚂蚁金服创新性研发了定向支付管理系统，将传统单纯的"融资"变为"融物"。贷款资金虽然会从蚂蚁金服转移到上游养殖户的支付宝账户中，但对应的余额却不支持提现，仅可用于在淘宝平台上购买特定农资、农具等生产物资。如此，一个支付、融资、购买闭环系统得以形成，养殖户转移资金用途的道德风险大幅削弱。值得一提的是，这一数字化供应链金融模式还采用了"信贷＋保险"的风险控制机制。中华保险公司可为养殖户提供贷款履约保证保险，如果贷款到期时，借贷人无法偿还，保险公司可补齐差额部分。养殖周期完成后，科尔沁牛业在收购过程中，一部分资金将跳过养殖户环节，优先提供至蚂蚁金服用作养殖户贷款偿还。而且，科尔沁牛业在天猫商城上开设了网店，如果养殖户或者科尔沁牛业在偿还贷款时出现问题，蚂蚁金服可通过线上扣减科尔沁牛业销售额的方式增加可置信威胁，进而确保贷款契约准确执行。

同传统农业供应链金融模式相比，蚂蚁金服主导的数字化农业供应链金融突出特点有三：第一，贷款审核环节缩减。蚂蚁金服贷款虽然同样要进行审批，但审批流程却大幅缩减，且申请方式和审批均在线上完成，各方交易成本随之降低。第二，风险控制深度融入各个环节。在贷前环节，蚂蚁金服主动对接科尔沁牛业及上游养殖者，了解其对生产资料的具体需求，进而在电商平台上完成招标，确定供应商、养殖者能够以合理成本获取优质生产资料。在调查审批环节，蚂蚁金服广泛搜集供应链订单、养殖者征信情况、数字足迹等各维度信息，建立数字化信贷评分模型，并借助机器学习技术不断提高模型预测结果的准确性，进而降低不良贷款率。第三，交易数据可视化推动过程管理效率提升。蚂蚁金服借助天猫商城、支付宝、农村淘宝等电子平台，实现交易数据的可视化。在资金使用环节，蚂蚁金服推出"融物"要求，规定借贷方只能在核心企业的电商店铺中完成生产资料购买。这一规定使得蚂蚁金服能够实时监督资金具体流向，提高过程管理的效率与质量。

二、核心企业主导型数字化农业供应链金融模式——以大北农为例

1994 年成立的大北农集团是一家以饲料、动保、种业、植保为主要业务的高科技

企业，也是中国为数不多的农业产业化重点龙头企业。2015年，大北农旗下子公司北京农信互联网科技有限公司（以下简称"北京农信"）正式成立。依托大北农集团在中国农业领域的丰厚资源，北京农信建立"数字＋电商＋金融"三大核心业务平台，涉及公司包括农信小额贷款公司、重庆农信生猪交易公司、农村金融信息公司、智农科技公司等企业。三大核心业务平台中，数据平台是基础平台，其原始数据主要来源于过往农村种养户及企业在生产、销售过程中形成的数字足迹；电商平台是核心平台，依托电子商务市场，将包含农资、农产品销售等在内的业务统一上线，有效缩短了交易链条；金融平台则更侧重于强化对上游种养户的金融支持，借助电商平台以及数据平台中积累的信息，构建数字化信用评估模型，进而完成相应的信用评价及风险评估。借助三大核心业务平台，大北农集团形成了以自身为核心的数字化农业供应链金融模式。本课程以其与重庆农信生猪交易公司相关部分为案例。依托大北农驱动的数字化农业供应链金融运作模式如图7-4所示。

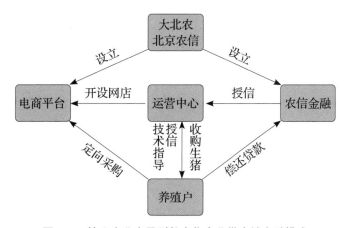

图7-4 核心企业主导型数字化农业供应链金融模式

该模式采用的机制是"线上""线下"相结合方式。"线上"部分主要依托电商平台和金融平台完成农资销售及有关的金融服务。"线下"部分则重点依靠农资经销商与位于供应链中的其他核心企业（如动保、饲料等）来实现。从具体运作流程上来看，北京农信首先需去当地寻找具备一定影响力的农资经销商或其他核心企业作为线下合作机构，即成立联合运营中心。所选核心企业须在农业领域有丰富的经营经验和服务资源，熟悉供应链中各类相关经营主体，且核心企业还需缴纳一定的合作保证金确保运营中心运作规范，避免委托代理问题出现。运营中心成立后，可根据物联网记录的生产环节信息、生猪销售信息、第三方应用评级等信息筛选潜在贷款养殖户，并为每一位养殖户设置授信额度。在此基础上，北京农信根据养殖户所得授信额度为其担保，下发的贷款只能在北京农信的电商平台上使用，用于购买饲料等投入品。在生产环节，北京农信设计了基于物联网技术的管理平台——猪联网，为养殖户猪场管理的标准化、可视化、流程化打下基础。养殖户生猪养成后，向运营中心输送成品猪，并将收益偿还给北京农信。据北京农信官网统计，截止到 2020 年 9 月，猪联网平台涵盖市场覆盖 28 个省，共聚集了 150 万个生猪养殖户，涉及生猪规模更是超过 5000 万头。

在大北农驱动的农业数字化供应链金融中，运营中心同时拥有信息中介和风险中介的双重身份，是这一模式的核心所在。该模式的突出特色主要体现在三方面：一是线上线下高度结合，既可以借助大数据等数字技术控制风险与成本，又能够利用线下运营中心提供担保，解决数字化金融服务难以履行契约的难题。二是带动生产智能化。借助物联网、电商平台、数据平台，农业生产及交易环节呈现出数据化特征，辅以云计算等技术，整个生产过程更加智能化。养殖户在获得所需资助的同时，也收获了技术指导和支撑，这又反过来推动生产智能化发展，最终使得交易环节大幅缩减，养殖户盈利水平提升。三是推动过程管理效率提升。其采用的手法与蚂蚁金服相类似，即定向限制资金去向，避免部分养殖户发生道德风险。

请思考：

1. 数字化农业供应链金融主要有哪三种模式？
2. 请分析三种模式的相同点和不同点。

7.4.5 基于数字账户场景的融资服务

平安银行基于区块链、物联网、大数据等技术，创新打造数字账户产品，给予客户唯一的数字身份，将其账户支付体系、资金流、信息流、物流等信息进行安全有效的链上化管理，让数据真正属于客户，并创造价值。企业客户注册数字账户即可获得唯一数字身份，并将经营相关的信息保存在数字账户，将数据信息资产化，可以对外授权和交易，其中包括软件著作权、商标、专利等知识产权信息。基于企业的数据资产情况，平安银行为企业提供融资，同时还为具备高科技知识产权的企业对接投资机构。一方面，数字账户通过定制化的"场景＋数据＋融资"服务，帮助小微企业融资。如在物流领域，通过 GPS（全球定位系统）获取货车行驶记录，通过 ETC 设备记录过路、运行数据等，基于这些数据的模型分析，可以精准定位物流公司、货车司机的真实资金需求、经营状况，从而更加精准地提供融资、保险等综合金融服务。另一方面，数字账户通过"商行＋投行＋投资"服务，提供贯穿企业全生命周期的金融服务。2019年 7 月，平安银行联合平安证券推出"数字投行"产品，为小微企业完善投资者关系，规范财务制度，帮助小微企业不断增强自身经营管理能力。

7.4.6 基于大数据的企业信用评级服务

为推动普惠小微信用贷款政策落地生效，人民银行宿迁市中心支行依托自行开发的企业信用等级认证管理系统，实现涉企信用信息共享，以"信"换"贷"，加大信用贷款投放，帮助解决小微企业抵押担保难题。2020 年，宿迁市累计发放小微企业信用贷款 2026 户，金额 110.7 亿元，同比分别增长 113.3%、21.9%，全市每 3 户有贷企业中就有 1 户获得信用贷款。一是建设系统，实现跨部门企业信息"联网"共享。系统设置信息采集、信用等级认证、信用报告查询、统计监测等模块，打通了部门数据"壁垒"，与宿迁市公共信用信息平台、企业征信系统和税务信息系统三大平台实现直连，整合共享了 60 多个政府部门和事业单位的涉企公共信用信息、金融信贷信息以及财务报表数据。截至 2020 年末，入库信息 2 亿条，实现对全市 12.8 万户正常经营企业全覆盖，全市 28 家银行机构全部接入系统，累计查询量超过 10 万次。二是搭建评级模型，实现企业信用等级精准"画像"。参照银行信贷评价指标，结合系统已共享数据，设定了社会信用评价、财务评价、银行信贷评价等指标，将企业信用等级分为"高级""中级""一般""备选"四类，实现对全市所有纳税企业的精准"画像"。截至 2020 年末，系统已对全市有纳税信息的 6.5 万户企业进行了认证评级，其中高级、中级信用等级企业分别为 4069 户、15650 户。三是聚焦重点企业，实现多维度企业数据一键查询。人民银行宿迁市中心支行依托系统，结合当地产业实际，筛选稳企业保就业重点企业名录，及时推送给金融机构，督促加大融资对接力度。2020 年累计通过系统推送 17 批次、3887 户重点企业。金融机构通过系统，可一键查询重点企业的公共信息、信贷信息，以及财务报表等生产经营数据，让数据"多跑路"，企业"少跑腿"，降低了贷前、贷中、贷后管理成本，大大提高了银企对接效率。

7.5 数字金融与小微金融的互促发展

金融数字化是未来发展的重要趋势，具有便利性、低成本、无歧视性的特征，而小微企业融资难、融资贵是当前面临的突出问题，规模较小、信用偏低是典型特征。为此，金融数字化可以有效弥补小微企业的不足，为破解其融资困境开辟新的可行路径。

7.5.1 数字金融的发展现状

数字经济时代预示数字金融发展前景广阔。数据显示，2021年中国数字经济规模超过45万亿元，稳居全球第二。我们能深切感受到数字化金融时代已经到来，线上支付极为普遍，现金运用频率显著下降，可以说，持有一部手机就可以走遍全国，未带手机很可能寸步难行。

（1）数字金融成为小微金融创新的有力支撑

数字化代表广泛性，不仅成本很低，而且具有便利性。小微金融只有在数字化背景下才更易实现。从全球的视角来看，数字金融体现了以人为本的原则，与全球的包容性相一致，与联合国普惠金融发展的相关要求一致。数字普惠金融让金融变得更加全面，使金融既可以服务高端客户、中级客户，也可以很好地服务广大民众和小微企业，因而，数字普惠金融体现了全人类命运共同体的理念，有力地支撑着小微金融创新。

（2）数字与普惠金融结合，引领金融的未来

从技术视角看，包括大数据、云计算和人工智能相关方面的发展与运用将越来越广泛。从金融视角看，有网络支付、网络理财、网络信贷等各种各样的创新。由于手机银行的快速发展，现在持有一部智能手机，就相当于有一家小型银行跟随着你，能够办理各种各样的业务，提供"随时、随地、随心"的金融服务。未来在这方面做得好的银行，就能在竞争中处于有利地位。

（3）全球银行业数字化转型方兴未艾

全球领先银行将税前利润的17%至20%用作研发经费，布局数字化转型。根据美国咨询公司 Celent 估算，2019 年美国银行业用于信息技术的支出超过 1000 亿美元，其中金融科技支出占比约为 37%，2020 年这一比例进一步增长至 40%，2022 年该比例达到 50%。花旗银行、摩根大通银行以及中国的工、农、中、建四大银行等都十分重视数字化转型。

（4）数字银行正在成为全球金融科技发展的典型代表

全球数字银行呈现快速发展的态势。这种发展不仅体现在发达国家，在发展中国家或新兴经济体也都取得了很快的发展。以 2020 年相关数据为例，欧洲地区占 43%，北美地区占 17%，拉美地区占 18%，亚太地区占 13%，甚至在非洲、中东也都取得了一定的发展。

7.5.2 我国数字金融发展的新特点

（1）参与主体多样化

全国已有建设银行、兴业银行等 12 家银行成立了金融科技子公司，金融科技公司嵌入金融服务流程，为传统金融机构提供数据、技术甚至获客、风控方面的解决方案，互联网合作贷款模式不断兴起。

（2）金融业务线上化

金融机构借助技术手段将金融业务由线下转移到线上，并推动业务全流程自动化、批量化处理，有效降低小微企业融资成本，实现商业可持续。

（3）数据挖掘海量化

传统信贷主要使用历史借贷数据和财务数据来判断借款人的信用风险，并据此做出贷款决策。大数据技术的成熟与应用，有效降低了小微企业融资过程中的信息不对称程度，金融机构借助金融科技深入企业生产经营各个环节，广泛挖掘与企业经营活动密切相关的海量替代数据。

（4）技术应用前沿化

金融科技底层技术创新能力不断增强，"ABCD ＋"（人工智能、区块链、云计算、大数据）技术正在逐步完善，满足了金融机构对数据处理在规模、速度和精度等方面的需求。

（5）金融服务场景化

依托客户端应用软件、软件开发工具包等科技手段，金融服务从传统的物理网点加速"走出去"，作为底层服务和触角，广泛深入住房、交通、教育、医疗、养老等各种生活场景，从而更加准确地匹配企业和个人的金融服务需求，促进金融服务与实体经济更紧密地融合发展。

7.5.3 数字金融破解小微融资困境

（1）金融机构加快数字化转型，引领数字金融的未来

巴塞尔银行监管委员会曾就商业银行发展提出两种比较理想的模式：一种是优化银行，即现有银行实现现代化和数字化；另一种是基于金融科技发展而来的新银行。推进数字化转型可以参照国际先进银行案例，摩根大通就是非常好的案例。它采取四种途径进行数字化转型，包括与

浦发银行
数字银行

科技公司合作、自主开发、投资金融科技公司、收购金融科技公司等，每年投入大量的资金。具体产品有企业快贷、车贷直通车、数字房贷等。为此，金融机构可以利用金融科技搭建数字普惠贷款平台、推动区块链技术发展，发展数字普惠贷款，解决中小企业融资难、融资贵问题。从战略层面高度重视自身数字化转型定位，因地制宜打造强有力的战略支撑体系，以金融科技和业务创新为驱动，用数字思维重塑业务和服务流程。结合自身"基因"确定具体的数字化转型步伐、节奏、目标和重点，推进产品、营销、渠道、运营、风控和决策等全面数字化转型与线上线下一体化深度融合，把数字化贯穿到银行变革与发展之中，实现数字化的自我赋能。

（2）金融科技助力小微金融数字化转型

长尾理论指出，由于成本和效率的原因，传统企业一般只能关注重要的业务和客户，而在数字化时代，由于关注的成本大大降低，企业有可能以很低的成本关注从前不重要的正态分布曲线的"尾部"，关注"尾部"产生的总体效益甚至有可能超过"头部"。就金融业而言，由于单笔

民生银行数字
小微金融

贷款业务人工审贷成本过高，传统商业银行只能关注大中型企业等优质客户，而不愿意惠及贷款金额小、没有信用基础、运营风险高的小微企业。商业银行传统手段制约了收益、成本与风险的平衡，而小微金融的数字化转型有利于解决严重信息不对称问

题，降低银行的小微信贷成本，并进一步降低小微贷款的高风险。进入数字经济时代，包括小微企业的信用可以通过云计算技术、数据挖掘技术、人工智能分析技术等手段，通过对用户所在社交网络记录、社保信息、纳税记录等信息进行自动收集并完成分析，不仅从根本上摆脱了借贷审核环节对人工的依赖，而且由于获取信息的广度和维度都得以低成本扩大，多重数据的交叉检验可以确保信用评价的结果的可信度。借助金融科技可以有效解决银企信息不对称带来的"不敢贷"和难以匹配小微企业融资需求的传统银行服务模式带来的"不能贷"的问题。

（3）打造数字小微金融场景

推动产品服务场景化建设，梳理电商平台等应用场景，打通场景对接与功能开发绿色通道。提高服务综合化水平，以客户需求为导向，以场景服务为载体，加快构建全渠道产品和服务高度融合的金融生态；提升普惠小微贷款业务数字化、智能化水平，实现智能营销、智能运营、智能风控、智能管理；推动授信审批数字化、智能化，优化配置客户关

中国数字化小微金融创新实践报告（2021）

系图谱、反欺诈检查、负面筛查、信用评分等能力模型，实现审批、估值、抵押、签约、风控、运营管理等流程数字化、智能化。

（4）稳步发展数字银行

未来数字银行探索有比较广阔的发展空间。有两个案例可以参考。一个是微众银行，主要服务的是小微企业客户群，具有"50、30、20"的小额特征，即户均授信50万元、户均余额30万元、笔均借款20万元。微众银行于2017年正式推出的"微业贷"是国内首个线上、无抵押的企业流动资金贷款产品，其服务主体是以往难以获得贷款的小微企业。这种金融服务的支持稳住了大量从事实体经济的企业，间接支持了近400万人口的就业。当然，作为数字银行也有其特殊的激励机制，奖金差异很大，一般企业难以做到。另一个是百信银行，是通过人工智能、大数据、云计算等技术，改变传统金融工具的方式，持续强化产品或服务的创新。截至2021年末，该行服务的客户达到6900多万人，覆盖面也很宽，小微金融方面，含制造、餐饮等行业占比84%，首次获得银行信贷服务的小微企业和个体工商户占比42%。

（5）搭建中小企业合作平台，支持小微企业的发展

2013年中国银行在全球首家推出"中小企业跨境撮合服务"。截至2021年9月，

中国银行已累计在全球举办了81场跨境撮合活动，吸引来自五大洲125个国家和地区的4万家中外企业参加，降低了企业对接成本，提升了中外企业合作成功率，有力支持了中小微企业融入全球产业链。中小企业不仅需要资金，更需要走进国际市场，融入全球供应链、资金链和价值链。中小企业需要好的技术、产品和管理经验，比单一获得贷款更为重要。

· | 知识链接 | ·

湖州"绿贷通2.0"

湖州市绿色金融数字化改革推进会暨湖州绿金发展中心有限公司揭牌仪式于2022年4月29日举行。会上，打造了四个"智能"场景，实现了四项"智能"变革的湖州"绿贷通2.0"正式发布。

绿色低碳智能画像。在湖州融资主体ESG评价系统的基础上，聚合政务、金融、第三方机构等数据，依托能耗核算、碳效评价、碳汇计量等算法，打造信贷资产碳核算系统，按季开展碳核算，实现企业"绿色画像"向"绿色低碳画像"变革。已为1.6万家企业建立碳账户。依托碳账户，湖州制定全国首个转型金融支持目录，打造全国首个区域性碳中和银行体系，上线碳账户金融应用场景，创新开发"碳效贷""碳汇贷""碳价贷"等10多款碳减排金融产品，累计发放贷款53.4亿元，支持减碳技改项目547个。

融资需求智能感知。创新推出"智能感知需求"模式，从订单、缴税、用工、能耗等数据维度，开发10多个算法模型，智能感知不同类型企业的融资需求，引导银行主动靠前服务。另外，还开发了"白名单"推送模式，比如重点项目、专精特新企业等名单，"绿贷通"会以"白名单"的形式向金融机构推送，推动银企对接，实现融资需求从"企业发布"向"智能感知"变革。

银企对接智能派单。通过大数据技术，复现全市36家银行、514个服务网点、3926名客户经理"服务全景"。感知企业融资需求后，即刻启动订单"智能诊断"，从响应速度、服务质量、利率水平等11个数据维度分析，自动匹配合适的银行、主动上门服务，实现融资需求订单从"层层下发"向"智能派单"变革。比如，"绿贷通2.0"通过智能感知，预测某企业可能存在融资需求，智能推荐吴兴农商行上门服务。该行通过对接了解到企业受疫情影响，应收账款无法及时收回，急需资金周转。通过"绿贷通2.0"数据赋能，不到一天时间该行就向企业发放了300万元信用贷款，缓解了企业的资金压力。

信贷风险智能预警。依托"金融数据引擎"预测预警能力，建立涉企金融风险预警和早期干预机制，寓风险防控于精准服务之中，实现信贷风险防控从"注重抵押物和事后处置"向"智能预警和事前干预"变革。

 延伸阅读（思政）

打造负责任的数字小微金融　坚定职业操守诚信回馈社会

随着互联网金融逐渐兴起并被赋予普惠期望，传统金融机构也积极顺应金融科技创新潮流，加快向轻型化、数字化和智能化方向转型。互联网金融企业和传统金融机构借助金融科技优势，为解决普惠金融双重目标（商业性与社会性、商业可持续与成本可负担）冲突探索新的途径。数字普惠金融逐渐引起了国际社会的广泛关注。根据2016年G20全球普惠金融合作伙伴组织（GPFI）制定的《G20数字普惠金融高级原则》，数字普惠金融可以理解为"一切通过使用数字金融服务促进普惠金融的行为"，该定义强调利用数字技术推进普惠金融发展。从提供服务的主体来看，数字普惠金融既包括传统金融机构的数字化服务，也包括狭义互联网金融企业所提供的服务。数字普惠金融借助先进的数字技术手段，为那些被传统金融机构所排斥的弱势或特殊群体提供金融服务，不仅更加注重金融消费者的成本可负担，也充分考虑金融供给者的商业可持续。数字普惠金融具有共享、便捷、低成本、高效率等特点，可以有效增强金融服务的可及性，降低交易成本，提高风险控制能力，将金融服务边界拓展至更广泛的"长尾市场"，降低金融门槛和缓解金融排斥效应，改善城乡经济金融二元分割性，缩减城乡收入差距，助推贫困减缓。

数字小微金融应该是一种发挥市场主体力量的负责任金融，这是由小微金融服务对象弱势性、金融强专业性以及商业性与社会性双重目标等因素共同决定的。作为数字小微金融的供给商—要提供适当、有效的金融服务。建立"适当、有责"的信贷体系，放贷人要采取负责任的贷款行为，对借款人的信用能力进行谨慎、科学的评估，不发放不适当的信贷产品，避免借款人遭受掠夺性贷款所导致的财务危机和经济窘境。二要开展负责任的数字化金融创新。数字化金融创新的边界要以合法合规为基础，不能脱离实体经济，必须依托实体产业的深厚基础，更不能侵害金融消费者权益。金融领域从来不是完全自由的市场，金融机构不能简单套用"满足用户需求"的金融创新逻辑，陷入"唯用户论"的泥潭，也不能仅仅为了自身利益而创新，不负责任地把风险转嫁给其他利益相关者，妨碍金融消费者追求公平、公正收益的自由。不能层层嵌套、乱搞资金空转、玩体内自我循环、拉长交易链条，更不能故意抬高资金成本，加剧农户、小微企业融资困境。要创新"接地气"的金融工具，让人们看得懂、用得上、安心用。

在新冠疫情期间，小微企业生产经营遭受严重冲击，更加凸显了打造负责任的数字小微金融的紧迫性。在政府层面，政策合力有效发挥。完善监管考核机制，强化分类考核督促，巩固减费让利成效，加大对小微企业和重点群体税收优惠力度，完善金融支持科技创新政策体系，贯彻实施优化营商环境条例，优化政务服务环境，营造公平竞争的市场环境，提升融资增信能力，加强金融信用信息基础数据库建设。在商业银行层面，商业银行小微企业金融服务能力持续提升。国有大型商业银行积极发挥"头雁效应"，主动增量让利；股份制商业银行采取综合化服务模式，多渠道全方位服务小微企业；地方性商业银行回归本源，不断提升市场竞争力。银行机构加快构建专业化组织体系，加大内部资源倾斜力度，优化政策制度安排，创新金融产品和服务方式，运用金融科技赋能小微企业金融服务，小微企业金融服务的质效不断提升。

 实训探究

小微金融创新破解融资困境

在 2022 年 4 月 29 日举行的湖州市绿色金融数字化改革推进会上，"绿贷通 2.0"

正式推出。作为全国首批绿色金融改革创新试验区，湖州早在 2017 年便启动开发"绿贷通"平台，力图用数字化手段帮助解决企业"融资难""融资贵"、银行"获客难""尽调难"等问题。经过 4 年的探索实践，"绿贷通"成为全国绿色金融改革的标志性品牌，并在 2021 年获得了"保尔森可持续发展奖"提名。"绿贷通"已累计帮助超 3 万家企业与银行对接，获得银行授信超 3000 亿元。下一步，湖州市将打造"绿贷通 2.0"，对企业进行全面的"绿色低碳画像"，从订单、缴税、用工、能耗等数据维度，智能感知不同类型企业的融资需求，并通过大数据技术，引导银行主动靠前服务，建立涉企金融风险预警和早期干预机制等，这些变革将进一步推动金融服务低碳化、金融业务数智化，强化金融助企纾困解难。

请结合小微金融创新的主要模式、技术支撑及发展趋势，查找相关资料，关注国家对数字经济、金融科技等的政策支持，追踪商业银行数字化转型的最新动态，学习小微金融创新发展案例，探究数字金融如何更好地破解我国小微企业的融资困境，并完成一篇实训探究报告。

课后习题

1. 单选题

（1）下列不属于小微金融创新的主要内容的是（　　　）。

A. 互联网金融　　　　　　　　　B. 普惠金融

C. 金融科技　　　　　　　　　　D. 数字金融

（2）我国最大的第三方支付平台是（　　　）。

A. 微信支付　　　　　　　　　　B. 支付宝

C. Apple Pay　　　　　　　　　　D. 财付通

（3）数字化农业供应链金融模式不包括（　　　）。

A. 商业银行主导型　　　　　　　B. 电商平台主导型

C. 贷款公司主导型　　　　　　　D. 核心企业主导型

2. 多选题

（1）下列属于金融科技的核心部分的是（　　　）。

A. 大数据金融   B. 互联网金融

C. 人工智能金融   D. 区块链金融

E. 量化金融

（2）数字金融的特征有（　　　）。

A. 及时性   B. 远程性

C. 场景性   D. 自动性

（3）互联网金融和金融科技的主要区别表现在（　　　）。

A. 本质不同   B. 概念不同

C. 背景不同   D. 优势不同

3. 判断题

（1）数字金融是指以依托于支付、云计算、社交网络以及搜索引擎、App 等互联网工具，实现资金融通、支付、投资和信息中介服务等新兴金融业务模式。

　　　　　　　　　　　　　　　　　　　　　　　　　　　　（　　　）

（2）我国现有的 P2P 平台已经清零。　　　　　　　　　　　　（　　　）

（3）我国小微金融创新的主力是金融科技公司。　　　　　　　　（　　　）

4. 简答题

（1）互联网金融的发展模式有哪些？

（2）金融科技对小微金融创新的赋能作用主要表现在哪些方面？

5. 分析应用题

　　中国担任 G20 主席国期间提出制定《G20 数字普惠金融高级原则》，倡导利用数字技术推动普惠金融发展，接受以客户为中心的产品设计理念，关注客户的需求、偏好、行为，并且促进无法获得和缺乏金融服务的群体获取与使用数字金融服务。结合所学知识，根据你对数字金融的理解，谈谈数字金融创新如何聚焦小微融资困境和客户有效诉求，提升对小微企业的金融覆盖面和可获得性。

第 8 章
国际小微金融

学习目标

 知识目标

◎了解国际小微金融的产生与发展

◎掌握不同类型的小微金融

◎熟悉国际小微金融发展的现状

◎了解国际小微金融发展的经验和启示

 能力目标

◎能理解不同国家小微金融的特征

◎能举例说明不同国家小微金融发展的路径

◎能辨识不同国家小微金融的类型

◎能理解国际小微金融发展的经验

 素养目标

◎通过对国际小微金融发展历程的学习，培养学生的辩证思维

◎通过对国际小微金融发展现状和我国小微金融发展情况的了解，培养学生的大局观

◎通过学习国际小微金融发展的特点和经验启示，拓宽学生的眼界，树立国家发展的使命感

思维导图

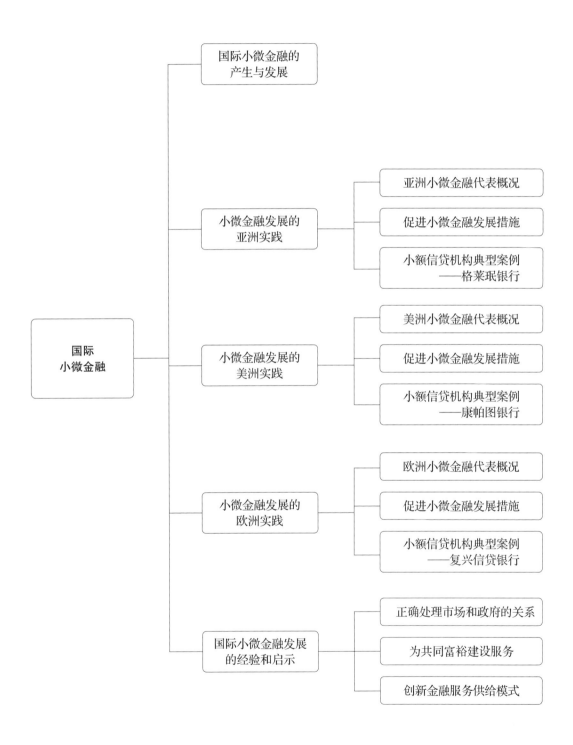

引导案例

《推进普惠金融发展规划（2016—2020 年）》

2016 年 1 月 15 日，国务院印发《推进普惠金融发展规划（2016—2020 年）》（以下简称《规划》）。《规划》将普惠金融定义为："立足机会平等要求和商业可持续原则，以可负担的成本为有金融服务需求的社会各阶层和群体提供适当、有效的金融服务。"并进一步指出，"小微企业、农民、城镇低收入人群、贫困人群和残疾人、老年人等特殊群体是当前我国普惠金融重点服务对象"。

《规划》指出，中国的普惠金融发展仍面临着诸多问题和挑战，包括普惠金融服务不均衡（如缺乏适合普惠金融目标群体的金融产品，市场上一些金融产品并不一定适合这些群体的需要），金融基础设施建设有待加强，普惠金融服务的商业可持续性有待提升等。

《规划》明确了中国普惠金融的总体目标：建立与全面建成小康社会相适应的普惠金融服务和保障体系；有效提高金融服务可得性，明显增强人民群众对金融服务的获得感，显著提升金融服务满意度；满足人民群众日益增长的金融服务需求，特别是要让小微企业、农民、城镇低收入人群、贫困人群和残疾人、老年人等及时获取价格合理、便捷安全的金融服务。

《规划》明确指出实现这些目标的具体举措，包括：健全多元化广覆盖的机构体系；创新金融产品和服务手段；加快推进金融基础设施建设；完善普惠金融法律法规体系；发挥政策引导和激励作用；加强普惠金融教育与金融消费者权益保护。

《规划》还指出，应正确处理政府与市场的关系，尊重市场规律，使市场在金融资源配置中发挥决定性作用；更好发挥政府在统筹规划、组织协调、均衡布局、政策扶持等方面的引导作用。

◎ 你知道吗？

国际小微金融是怎样产生和发展的？国际小微金融的特征和分类有哪些？世界上有发达国家和发展中国家，不同国家的发展程度和先进程度不同，小微金融在不同国家的发展演变进程是如何的呢？对于中国来说，其他国家的发展模式和特点又有哪些方面的借鉴意义？本章我们将通过比较不同国家的小微金融发展情况，学习国际小微金融。

8.1 国际小微金融的产生与发展

小微金融主要是指专门向小型和微型企业及中低收入群体提供小额度可持续的金融产品和服务的活动。根据服务对象、机构性质、运行机制、金融环境等因素的差异，国际小微金融发展模式主要分为依靠政策支持的非营利性模式，具有私人银行性质、保持一定商业利润的营利性模式，以及会员制自助小组形式的可持续自我经营模式等。

2013 年，世界银行国际金融公司（IFC）与世界银行扶贫协商小组（CGAP）共同发布了《2012 年普惠金融：加深全面了解》。报告显示，全球约 75% 的贫困人口无法获得正规的金融服务，并提出各国应该建立普惠金融体系，开发低成本、多样化的金融产品，支持金融基础设施建设，并出台政策措施保护和支持普惠金融发展。二十国集团（G20）成立了普惠金融专家组，从而进一步推动成立了全球普惠金融合作伙伴组织（GPFI），在世界范围内成立了普惠金融联盟（AFI）等专门性国际组织，这些组织构建了普惠金融指标体系，评估各国普惠金融推进的程度和服务覆盖范围。

·｜知识链接｜·

微型金融的代表模式

根据运营目标的差别，微型金融的制度模式主要有制度主义、福利主义和混合主义。

制度主义微型金融模式以印度尼西亚人民银行乡村信贷部为主要代表。其理论基础是基于制度分析的规则公平的价值观，其最重要的原则是非歧视原则，即通过非歧视规则对个体行为加以约束，在保障个体自由的基础上实现过程公平。根据该理论，规则公平先于结果公平，对分配正义的追求并不在基本价值上优先于自由和平等，致力于缩小结果和起点不公平的责任主体应是政府而非民间机构。因此，以 BRI-UD 为代表的制度主义微型金融机构大多通过市场价格机制运作，通过自身加强管理实现收支平衡进而获取利润。此类模式特别强调微型金融机构在操作上和经济上的可持续性，认为只有依赖深度和广度拓展实现微型金融机构的可持续性，才能确保有不断满足需要的资金被导入贫困群体中。其缺点包括：一是在社会分化约束下，资源分配规则不能消弭主体差别，而资源在主体间的分布失衡可能加剧社会分化；二是对商业利益的追逐可能使微型金融机构出现"使命漂移现象",即微型金融组织为确保自身的持续性和经济利益,促使资金安排追逐中高收入群体。

福利主义微型金融模式以孟加拉乡村银行为代表。其理论基础为平等的福利权益价值观,即每个公民不因其主体差异而享有差别性福利权益。福利主义追求的社会公正不仅是规则公平,更多是通过为社会不同个体提供必要与及时的生活和发展支持来减少贫困、消除差距,充分体现了经济社会发展观和人本思想的内在统一。福利主义微型金融机构的资金主要来源于政府和国际机构,资金成本低,以相对合理的低利率就可实现机构在经济上和操作上的可持续。在 GB 的运行中,穷人贷款不需提供任何抵押品,贷款给予个人,但小组成员对全体成员的贷款负有责任,这种集体责任可看作对贷款的担保。在这种模式下,对金融服务深度的追求优先于广度。因此,福利主义微型金融机构的发展关心广大贫困人口的存款和贷款,强调改善其社会和经济地位,认为社会扶贫比商业化演进和可持续性发展更为重要,从而将保持机构的持续性归于次要地位。这种模式的主要缺点在于缺乏具体的激励主体,微型金融产品创新、运营方式创新和组织模式创新动力不足。

混合主义微型金融模式可看成制度主义模式和福利主义模式的有机结合,发展到基本演变为普惠性金融制度安排。它以福利主义为宗旨、以制度主义为手段,其价值观在于确立社会个体享受金融服务的基本平等权利,强调要能有效、全方位地为社会所有阶层和群体提供服务,尤其要为金融体系还没有覆盖的社会人群提供服务。该模式认为只有将贫困群体融入金融体系的各个层面,才能根本改变其被排斥于金融服务之外的现实,因此贫困人口在服务主体中应处于中心地位,微型金融服务要能在规模上提供高质量的金融服务满足大范围贫困人口的金融需求,同时能以更高效率将金融服务向最需要金融支持的极端贫困人群延伸。

8.2 小微金融发展的亚洲实践

8.2.1 亚洲小微金融代表概况

小微金融在亚洲的实践,主要是通过小额信贷方式开展实施的。通常认为,小额信贷项目的发源地是孟加拉国。亚洲经济发展落后的国家普遍有丰富的小额信贷实践经验和制度经验，亚洲小额信贷机构大多以增加社会福利、扶贫助困为机构发展目标。亚洲小额信贷项目大多在人口集中的农村地区开展金融服务。

8.2.2 促进小微金融发展措施

一是孟加拉国的小微金融实践集中于小额信贷领域。20 世纪 70 年代，穆罕默德·尤努斯开创了小额信贷项目，为农村等贫困地区人群提供小额无抵押贷款，并创建了以贷款小组为核心的风险控制模式，贷款小组成员间承担连带保证责任，减少了贷款风险。1983 年，尤努斯创建了全球第一家专门为贫困人群发放小额贷款的乡村银行——格莱珉银行。这种无抵押的小额贷款项目，以足量、小额、价格合理的信贷，为传统金融制度下无法获得贷款的贫困阶层人群提供了起步发展资本，改善了他们的经济状况。目前，格莱珉银行的小额信贷项目模式被世界公认为最成功的信贷帮扶模式之一，帮助了孟加拉国数百万贫困人口实现了经济的初始发展。格莱珉银行的成功经验为墨西哥、巴西、中国等发展中国家所学习借鉴，引起了全球范围内的关注。

二是孟加拉国金融机构坚持公益性的小微金融理念。格莱珉银行致力于为特殊群体尤其是妇女提供小额信贷服务，让金融的理念和相关金融服务真正深入需要帮助的穷人群体。结合孟加拉国乡村农业的具体情形和金融发展状况，格莱珉银行确立了专门服务穷人的理念和针对贫困家庭的妇女群体开展业务的具体措施。秉持金融普惠服务的初心和使命，是格莱珉银行发展运营的立足之本。格莱珉银行自建立之初便以服务"穷人中的穷人（Poorest of the Poor）"，即以服务最贫困人口为己任。因此，在格莱珉银行业务发展中，不存在做普惠金融难以下沉的情况。尤努斯教授认为，他们的模式是"由下而上"，而非"由上而下"。同时，格莱珉银行将目标客户定位于贫困家庭的妇女群体。这主要有以下原因：世界上大约 70% 的贫困人口是女性，低收入的女性比男性更难获得金融及其他服务；与男性相比，女性面临更恶劣的饥饿和贫困境况，因此女性会牢牢抓住任何可以帮助她们改善生活的途径；女性普遍工作勤劳，也更关心孩子的现在和未来，愿意为孩子的幸福牺牲一切。格莱珉银行的经验表明，贫困女性确实是比男性更好的贷款客户。

三是孟加拉国小额信贷项目因地制宜提供产品与服务。专注于服务贫困女性这样的客户定位，要求格莱珉银行设计完全符合客户实际需求和特点的产品与服务。格莱珉银行的金融产品与服务处处以其客户根本需求为出发点，并在走向新的国家和地区时因地制宜，充分考虑当地金融与文化环境。1998 年孟加拉国经历了巨大的洪涝灾害，给格莱珉银行和数百万客户带来了沉重的损失。但格莱珉银行没有被压倒，而是开始反思如何进一步改进、创新和完善自身规则与制度，并于 2000 年着手进行变革，对"格莱珉一代"模式即格莱珉经典体系（Grameen Classic System）做了很大改变，从更加便利客户的角度出发，经过多年的反复实践、纠错、创新，形成了"格莱珉二代"模式，即格莱珉广义体系（Grameen Generalized System）。第二代格莱珉银行的贷款产品的发放方式、贷款额度上限、期限、分期付款额度、还款形式更加灵活；对没有足额偿还完现有贷款者的新申请更加宽松；对违约和违约者的限制更加严格。

四是社会型企业形式推进高效发展。格莱珉银行属于社会型企业，有独特的所有制结构，即借款人拥有银行 95% 的所有权，政府持有其余 5%。企业建立的目标并非营利，而是服务社会底层的贫困人群，通过为贫困人口提供金融服务这一方式帮助他们实现更好的生活。这是其社会意义所在。同时，社会型企业又不是慈善组织，而是以企业方式高效运营。自 1995 年起格莱珉银行就已经实现了盈亏平衡，而其银行盈利还会源源不断地返回到银行运营中，为更多的贫困人口提供金融服务。公司化运营方式相较于纯粹的公益性捐款，运营效率更高，且资金利用效率更高，更能起到防止不公平分配、杜绝懒汉行为与鼓励就业的作用。虽然格莱珉银行已有 40 余年的历史，但它创新的运营模式仍然是小额信贷类普惠金融业务的灯塔和标杆。目前，格莱珉银行已经是孟加拉国最大的银行之一。截至 2019 年底，格莱珉银行已拥有 2568 个支行，137141 个中心，1398370 个小组；覆盖了 81678 个村庄，约占孟加拉国全国村庄总数的 93.48%；累计发放贷款 295 亿美元，拥有会员 926 万人，其中 896 万为女性会员。同时，格莱珉银行还款率达 99%，成为金融界的奇迹。

8.2.3 小额信贷机构典型案例——格莱珉银行

孟加拉国的乡村银行（又称格莱珉银行）是当今规模最大、运作最成功、影响力最大的小额贷款金融机构之一，其运营模式被众多发展中国家模仿和借鉴。格莱珉银行源于 1976 年穆罕默德·尤努斯教授在孟加拉国吉大港乔布拉村的小额信贷实验。其主要目标是为特殊群体尤其是妇女提供小额信贷服务，即从"低收入—低储蓄—低投资—低收入”，转变为“低收入—贷款—投资—更多收入—更多储蓄—更多投资—更多收入”的良性循环。

格莱珉银行一直坚守着服务穷人的使命，不断践行以“让所有人在有需求的时候能够以合适的价格，方便快捷并有尊严地享受金融服务”为原则的普惠金融。根据孟加拉国国家统计局的数据，在孟加拉国政府、孟加拉国人民和格莱珉银行的共同努力下，孟加拉国绝对贫困率从 1972 年的 82% 下降到 2018 年的 11.3%，孟加拉国乡村发生了翻天覆地的变化。格莱珉银行模式被复制到全球包括美国、墨西哥、土耳其等 41 个国家，惠及全球 1688 万个低收入家庭，在世界范围被证实为一种具有可持续性并能有效消除贫困的模式。

格莱珉银行的创新点体现在以下方面：从贷款对象上看，关注社会金字塔最底层的贫困女性，并以此为主要目标；从产品和服务上看，为特殊客户群设计了适合的产品与服务，向穷人提供信用贷款，鼓励储蓄，分期还款；鼓励客户能力建设，通过“十六条公约”为客户建立良好价值观，并培养客户理财和生活能力；在风险控制方面，以“小组＋中心”模式，培养人与人之间的信任和团结，让客户拥有集体的荣誉感，进而从客户内心激发还款的意愿和能力，使得贷款成为改善客户生活的初始动力，通过自立、团结、互助，以精神和团队的力量引导客户积极还款。

 案例剖析 ⋯⋯⋯⋯⋯⋯⋯⋯⋯⋯⋯⋯⋯⋯⋯⋯⋯⋯⋯⋯⋯⋯⋯⋯

格莱珉银行的关系融资模式

1998 年，孟加拉国遭遇了史无前例的大洪水，很多会员终止了还款。格莱珉银行认为，这是由于借款人自身以外的环境因素造成的，穷人迟早会归还贷款，但可能会推迟还款。在危机中，尤努斯与格莱珉银行从内部找原因，第二代格莱珉银行由此出现。

第二代格莱珉银行是建立在第一代格莱珉银行相信穷人的革命性理念基础之上的，并把它制度化。如“灵活贷款”安排，还建立了贷款保险体系，不再采用小组贷款的做法，而是针对个人放贷。格莱珉银行的业务继续蓬勃发展，其模式已经被全球 40 多个国家复制。格莱珉银行用自己的实践证明了穷人同样具有良好的信誉。

一、员工的工作理念：相信穷人、关爱客户、以人为本

格莱珉银行成功的根本基础是以人为本，其对穷人充满了信任和关爱。格莱珉银行相信穷人有还钱的能力和意愿。正是基于这种预期，格莱珉银行才会大胆开创对穷人的贷款，而关系融资就是基于一种预期。青木昌彦给关系融资下的定义是："关系融资是这样一种融资形式，出资者在一系列事先未明确的情况下，为了将来不断获得租金而增加融资。"

二、基本的管理思路：从穷人的需求和能力出发来安排与调整贷款计划

为了使穷人有能力承受还款压力，格莱珉银行制订了每日或每周还款计划，将贷款切割成穷人可以接受的小块。考虑到穷人的负债压力，格莱珉银行还提出了联保债务担保、贷款保险，开发出保险基金，用来偿还未清偿的贷款余额以及支付养老金，甚至开发出适合乞丐需要的贷款业务。关系融资就是考虑到每一个借款人的实际需求，充分开发借款人的私人信息，并对信息进行加工，使信息不对称问题得到逐步解决，最终提高对借款人的信贷额度。

三、基础是信任而非抵押品或法律可强制执行的合同

经典的格莱珉银行模式是基于无抵押贷款。格莱珉银行还考虑到借款人难以一下子筹集到应偿还的全部款项，所以在合同的执行期间将贷款的偿付设计成每周一次的分期付款，没有使用强制执行的合同。可见，格莱珉银行的模式是与借款人建立长期的关系，而关系融资的一大优势就是降低了借款人的抵押品要求，并且关系融资强调的就是关系的持续期。

四、管理结构与组织设计：扁平化

格莱珉银行的组织结构是扁平化的，它的总部只有 264 名员工，36 个大区部，每个大区部只有 15 名员工。员工都在业务的第一线。格莱珉银行通过培训给每一个员工以业务实践和创新的权利。同时，格莱珉银行不断简化贷款程序，使信贷偿付机制易于理解和操作，这就是关系融资中所探讨的"小银行优势"理论。格莱珉银行遵从了关系融资的组织形式：小银行因组织结构简单，在处理信息不对称问题时能够更深层地介入借款人之中了解软信息，降低了处理贷款的信息成本和代理成本，同时还减少了寻租的可能性。

五、商业化运作

格莱珉银行坚持商业化运作。只有坚持商业化和市场化的原则，才能充分提高信贷市场上借款者和贷款者双方的市场意识和信用意识，才能调动经营管理者的积极性和创造性，才能实现经济效率和经济上的可持续发展。

六、关系融资是格莱珉银行所遵循的融资制度安排

从以上格莱珉银行成功的五项基础可以看出，格莱珉银行模式从穷人的实际需求和能力出发，基于穷人未来的还款预期，相信穷人的创造力，采取扁平化的组织模式，与穷人建立长期的合作关系，虽然是基于信任的无抵押品贷款，但仍然获得了很好的发展。关系融资模式强调，在与借款者的长期接触中，金融中介通过提供多种金融服务或者从企业的利益相关者和企业所在的社区得到借款者的信息；借款者可以不提供标准化的信息就可以得到贷款，并且关系融资对出资者也有利。格莱珉银行所遵循的融资制度安排正是关系融资模式。

请思考：

1. 格莱珉银行的关系融资模式成功的原因是什么？
2. 格莱珉银行的关系融资模式对中国农村金融有何启示？

8.3 小微金融发展的美洲实践

8.3.1 美洲小微金融代表概况

墨西哥拥有近 1.3 亿人口，拥有丰富的文化历史和多样性，拥有丰富的自然资源，是世界上 15 个最大经济体之一，也是拉丁美洲第二大经济体。墨西哥有强大的宏观经济制度，并且对贸易开放。在过去 30 年中，墨西哥在增长、包容和减贫方面的表现与类似国家相比都不佳。1980 年至 2018 年期间，其经济年均增长率仅略高于 2%，限制了与高收入经济体相比在趋同方面的进展。

墨西哥在金融深度、金融宽度等金融服务能力上与发达国家和其他发展中国家仍存在较大差距。早在 20 世纪 90 年代，墨西哥政府就曾积极探索小微金融的实践方式。

但是在 2005 年后，墨西哥小微金融才在政府的主导下呈现迅猛的发展态势。

墨西哥的经济在 2020 年萎缩 8.2% 后，于 2021 年增长了 4.8%。在流动性增加和美国需求的支持下，服务和制造业在 2021 年上半年表现稳健。然而，由于供应链短缺、疫情影响和投资低迷，复苏在 2021 年下半年失去了势头。为了在中期实现更好和持续的复苏，墨西哥还需要应对危机前的更多紧迫挑战。

8.3.2 促进小微金融发展措施

一是将小微金融融入国家发展战略设计。2005 年以来，墨西哥政府积极推进政策和法律法规改革。将增强金融机构透明度、加强金融消费者保护、广泛提升金融知识水平作为缓解贫困的重要途径。墨西哥政府制定的"2007—2012 国家发展规划"要求进一步推进银行业法律体系改革，为民众提供多元化的金融服务。2007 年，墨西哥央行与证券业委员会将建立"健全的包容性银行体系"纳入职能范围，成立金融部，专门负责提升金融服务的可获得性，并实施了一系列具体措施。

二是加强金融监管，保护消费者权益。墨西哥实行了非常严格的资本充足率监管，并在《墨西哥银行法》中加入快速修正体系，使银行和监管者可以在银行资本低于法定资本时迅速采取应对措施。在保护消费者方面，墨西哥对银行存款实行明确的存款保险制度，设立了构架保护金融服务用户委员会，对各类金融机构和金融服务进行严格的监督和管理。在普及金融知识方面，通过对贫困地区人民进行金融知识宣传，增加人民对金融领域知识的学习，以小微金融助力地区经济发展。

三是加强金融产品与服务创新，提高金融服务的便利性。墨西哥在推动普惠金融发展方面的努力提升了其金融基础设施水平和金融服务便利程度。2000 年到 2011 年，墨西哥的银行分支机构数量增长了六成以上，POS 机数量增长了四倍，ATM 机数量翻了一番，代理银行数量从 2009 年的 9429 家上升到 2011 年的 2 万多家。墨西哥通过电子支付渠道发放社会福利、开设存款账户和办理工资业务等。

8.3.3 小额信贷机构典型案例——康帕图银行

康帕图银行前身是成立于 1982 年的墨西哥青年组织，旨在通过社区行动和卫生食品计划改善墨西哥一些被边缘化的农村及社区人们的生活质量。1990 年，为了给这些农村和社区中的家庭微型企业和其他创收活动提供支持，康帕图作为乡村银行的试点项目正式启动，为贫困地区的人民和家庭提供资金。随着乡村银行项目的不断扩大，这个机构的盈利能力逐步提高。

由于非政府组织并不是真正的金融机构，无法开展存款和其他金融服务，因此越来越多的非政府组织开始转变为正规金融机构。2000 年，康帕图采取了金融公司的组织形式，从非政府组织转型为金融公司。完成转型之后，康帕图获得商业银行等资本融资 600 万美元的股权投资，并且具有自由发放农业贷款和其他抵押贷款的资格。2006 年，康帕图又申请了银行牌照，经过墨西哥财政部批准，正式成为商业银行，获得吸收存款、经营保险等金融服务资格。2007 年康帕图银行成功上市。康帕图从传统的乡村扶贫项目转变成真正的商业银行，并成长为墨西哥最大的微型金融银行，也是世界上盈利能力最强的小额贷款银行之一。

康帕图银行主要为个人尤其是妇女提供小额无担保贷款，其超过 90% 的客户为妇女。在小额贷款风险方面，康帕图银行与格莱珉银行的风险控制模式相似，要求贷款人结为贷款小组，采取风险共担的激励机制，小组内如有成员未能按时还款，那么其他成员也将失去贷款机会。这样的监督方式减少了银行审查和评估风险的时间，提高了运营效率。同时银行作为全球第一家上市的小额信贷机构和卫星金融银行，曾向贷款客户收取超过 80% 的利率。康帕图银行的商业模式引起了社会公众和学术界的广泛争议。格莱珉银行的创始人尤努斯教授认为，小额信贷机构应该以增进社会福利、改善民生为目标，财务自负盈亏，以低利率、低盈利实现机构可持续发展。但是康帕图银行严重违背了小微金融实践的社会目标和实现共同发展的目标。

 实训探究

与穷人做生意公平吗

穆罕默德·尤努斯教授由于创立了格莱珉银行而获得诺贝尔和平奖，这一光环目前仍然具有全球影响力；而 Michael Chu 代表的商业微型金融机构——墨西哥康帕图银行全球 IPO 获得的空前成功，则让整个行业看到了微型金融不同模式的存在。服务于贫困群体的微型信贷或微型金融，应该是格莱珉的社会企业模式，还是康帕图银行的商业可持续模式？到底哪个模式更符合微型金融的本质？2008 年 10 月 1—2 日，在日内瓦世界微型金融论坛举办的第一届国际研讨会上，尤努斯和 Michael Chu 就这一问题进行了辩论。这样的争论在我们大力推动普惠金融发展的今天仍然有启发和借鉴意义。

2008 年日内瓦世界微型金融论坛 Michael Chu 与尤努斯辩论实录

> **请思考：**
>
> 　　请阅读2008年日内瓦世界微型金融论坛Michael Chu与尤努斯辩论实录内容，并就"服务于贫困群体的微型信贷或微型金融，应该是格莱珉的社会企业模式，还是康帕图银行的商业可持续模式？到底哪个模式更符合微型金融的本质？"提出观点并分析。查找相关资料，完成一篇报告。

8.4 小微金融发展的欧洲实践

8.4.1 欧洲小微金融代表概况

德国是世界第四大经济体，也是欧盟经济核心。奔驰、大众、西门子等著名跨国公司是德国经济的重要支柱。但是，大量小微企业依然占据着德国的经济主体地位，解决了德国本国大部分的就业，起到了不可或缺的作用。

参照欧盟委员会的建议，德国通过定量和定性相结合的方式对企业进行划分。定量标准是：将雇员人数在 10 人以内，且年营业额在 200 万欧元以下或者公司资产总额在 200 万欧元以下的公司视为微型企业；将雇员人数在 50 人以内，且年营业额在 1000 万欧元以下或者公司资产总额在 1000 万欧元以下的公司视为小型企业。定性标准为，小微企业的所有权和经营权需高度集中，且具备一定的业务创新能力、管理结构简单等。

德国联邦统计局 2018 年的统计数据显示，德国有 252 万家小微企业，占到德国企业总数的 82% 以上。在 2018 年的统计中，创业期的小微企业贷款户数占 23%，成长期和成熟期的小微企业贷款户数占 34%。45% 的小微企业靠自有资金解决资金需求问题，银行贷款融资占比约为 30%，各类政策补助贷款占比约为 15%。

8.4.2 促进小微金融发展措施

一是设立专门机构负责推动小微企业发展。德国的小微企业局隶属于联邦经济和劳动部，其职能主要是制定联邦赞助资金援助的有关政策和具体规则，为中小微企业提供联邦资金支持。而在具体的执行层面，德国复兴信贷银行和德国平衡清算银行，则是专门支持中小企业进行融资的政策性金融机构，可以很好地贯彻联邦政府有关中小企业金融支持的各项政策。

二是立法支持小微企业发展。德国通过制定一系列法案来扶持小微企业，帮助其融资。1957 年，德国制定《反限制竞争法》，到 2005 年，该法共修订 7 次，通过限制大企业来保护小微企业的发展。此后，德国国会相继通过《改革中小企业结构的基本纲领》（1970 年）、《联邦政府关于中小企业研究与技术政策总方案》（1977 年）、《中小企业促进法》、《中小企业研究和研制工作基本设想》（1978 年）、《中小企业增加就业法》、《标准化法》、《中小企业减负法》等。通过以上法律法规的实行，德国小微企业的产业竞争秩序得到了规范，德国小微企业建立起了合理的企业规模结构，这些法律法规为小微企业的良好发展做出了重大贡献。

三是构建小微企业社会化融资体系。形成了以德国联邦政府和州政府、政策性银行、州担保银行、商业银行、工商业协会等风险共担、收益共享的小微企业社会化融资体系。例如，德国政府和银行合力出资组建企业发展基金，资金来源主要是财政补贴。符合政府补贴的中小企业可在所属财政局申请贷款，评估检验通过后可得到基金的资助。因此德国商业银行机构和各类中介机构可在优势互补、风险共担、降低信息不对称的大环境下，共同服务于中小企业发展。由此德国的商业银行小微金融业务模式可依照银行自身特点，在风险可控的前提下积极吸引中小微企业，并大力开展金融业务服务。

8.4.3 小额信贷机构典型案例——复兴信贷银行

德国复兴信贷银行（KFW）成立于 1948 年，是德国在马歇尔计划下组建的政府所有的开发性银行，也是"二战"后第一家公共部门银行。成立之初，德国复兴信贷银行主要为重建"二战"后联邦德国提供融资援助，促进出口、管理援助资金等，业务相对简单。

德国复兴信贷银行中心议题为全球化，主要致力于确保德国和欧洲的市场竞争力，促进其技术进步，业务领域包括住房金融、中小企业融资、出口融资、进口金融、外商投资融资、发展援助等。

德国复兴信贷银行总部位于德国的法兰克福，其分布在全球的办事处超过80个。德国复兴信贷银行的股份由德国联邦政府（占比80%）和各州政府（占比20%）所拥有，联邦政府对其业务提供补贴和担保，并对其营业收入免征所得税，股东中没有个人或私人机构。

如今，德国复兴信贷银行代表德国政府经济合作与发展部，不受德国中央银行（德意志联邦银行）监管，而是依照法律受财政部和经济与技术部监管，逐步扩大其职能与作用，不断支持德国的国家发展重大项目，有效利用商业性金融资源为政策性金融服务。

 案例剖析

德国复兴信贷银行支持创新型中小企业发展

德国复兴信贷银行（以下简称"KFW"）成立于1948年，由德国联邦政府和州政府分别持有80%和20%的股份，是一家开发性银行。20世纪90年代特别是21世纪以来，KFW通过发放优惠利率贷款、组建投资基金等方式优化政府职能，对支持德国创新型中小企业发展发挥了撬动作用。

一、发放差异化贷款，支持创新型中小企业融资

《德国复兴信贷银行法》对KFW的政策性功能与任务进行了界定，其中明确包含支持"中小企业和初创企业""技术进步和创新"融资。2019年，KFW投入中小企业（含个体户）领域的资金约为360亿欧元，接近其全年总投入（773亿欧元）的一半。2020年，为支持受疫情影响的中小企业，KFW总贷款额度进一步增加至1353亿欧元。

KFW在为创新型中小企业发放贷款时注重提供差异化产品。例如，针对经营时间不超过3年的初创企业提供"欧洲复兴计划（European Recovery Program，以下简称"ERP"）创业贷款"，单项支持金额不超过100万欧元；针对有较大创新潜力的中型企业提供"ERP数字化和创新贷款"，旨在促进其将新技术、新产品、新流程转化为产业

化生产能力，单项支持金额不超过 2500 万欧元。

这些贷款在促进创新型中小企业发展方面发挥了重要作用。2017 年至 2019 年间，KFW 通过"ERP 数字化和创新贷款"向 1164 家公司发放了 1603 笔贷款，总金额达到 35.8 亿欧元，有力地支持了因年销售额相对较高而很难参与其他中小企业资金支持计划的中等规模创新型企业。据统计，受资助公司每年约增加 12 亿欧元的额外创新支出，创新支出在销售中的占比平均达到 4.6%，比未通过该贷款获得资金时高出 1.6 个百分点，销售额两年内增加了 9.7 个百分点。

在贷款利率方面，受资助企业可以获得不超过 20 年的长期补贴利率和一定额度的贷款免偿等优惠，通常比市场利率低 2 个左右的百分点。KFW 之所以能够提供长期低息贷款，主要源于其低成本的资金来源，除德国联邦政府每年提供约 10% 的资金支持外，剩余 90% 主要来源于 KFW 在资本市场的融资。由于有国家信用背书，KFW 在国际金融市场上发债成本较低，2019 年以 12 种货币发行了 157 只债券，总筹集额约为 806 亿欧元。

二、通过"转贷"机制兼顾政策性目标与市场化运作

在业务模式上，KFW 不设分支机构，不直接面向中小企业，而是通过"转贷"机制委托商业银行发放贷款，即企业只能向商业银行（包括德国储蓄银行、合作银行等）提出贷款申请，商业银行对申请人信息初步分析后提交 KFW 共同进行风险评估，申请通过后再由商业银行发放贷款（见图 8-1）。

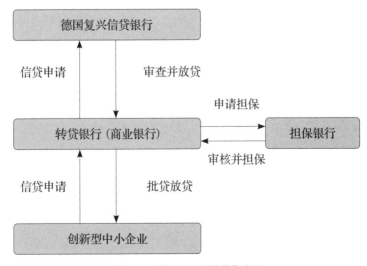

图 8-1　德国 KFW"转贷"流程

"转贷"机制在一定程度上解决了开发性银行与商业银行的定位和竞争问题，至少从以下三方面提升了政策效果。一是"转贷"有利于提高商业银行参与创新型中小企业融资的积极性。由于 KFW 贷款利率低于市场利率，转贷银行可以获得部分利差收益，且能够通过"转贷"获得信息租金，形成稳定的中小企业客户群，激发其参与积极性。二是"转贷"有利于提高 KFW 优惠贷款发放效率。当地商业银行对企业了解程度更深，弥补了 KFW 没有商业网点的不足，有利于其更快、更精准地找到资助对象，提高了信贷效率。三是"转贷"有利于降低政府资助项目的道德风险和成本。在风险分担方面，KFW 一般只承担转贷银行的信用风险，贷款企业风险由转贷银行自行承担或通过担保分担，降低了道德风险。相关实证研究也表明，与德国联邦政府的其他创新支持计划（如中小企业创新核心计划 ZIM 等）相比，"转贷"项目在节约资金成本和促进企业发展方面成效更为显著。例如，"ERP 数字化和创新贷款"的总成本（包括 KFW、转贷银行和收益企业的成本）还不到其承诺信贷额的 1%，远低于其他资助项目。

请思考：

德国复兴信贷银行在支持中小企业发展中，最重要的作用是什么？

8.5 国际小微金融发展的经验和启示

国际小微金融的发展在促进金融改革、维护金融体系平稳发展、减少贫困现象等方面发挥了积极作用。亚洲的孟加拉国、美洲的墨西哥、欧洲的德国等国家和地区的小微金融实践经验都对我国推进小微金融发展具有重要的借鉴意义。

一是正确处理市场和政府的关系。在小微金融发展中，不仅要正确发挥政府的经济调控职能，同时也要优化市场经济的协调发展。在市场扩张性的发展中，政府调控机制需要避免扩张行为的产生，避免政府的越位管理和缺位管理。政府在协调整个市场的同时，应该结合国家强制力的结构，充分发挥市场调节作用，实现经济的一种强制性控制。政府的作用应该体现在基础设施的建设、法律法规的制定、相关政策的出台、金融消费者的教育和保护等方面。

二是为共同富裕建设服务。通过学习孟加拉乡村银行的经验，突出小额贷款在支持弱势群体、推进共同发展中的作用，建立福利性和营利性兼得的小额贷款机构。小额信贷机构可以逐步开展吸收存款、发放保险、进行金融教育和技术咨询等综合业务，提高贷款者还贷意识和能力的同时，扩大小额信贷机构的资金来源。小额信贷机构的运作和管理应遵循市场化原则，充分激发小额信贷机构的市场竞争意识和贷款人生产积极性，提高小额信贷在小微金融发展中的作用，助力共同富裕建设。

三是创新金融服务供给模式。国际社会上成功的小微金融发展模式普遍避开了竞争激烈的传统金融市场，在分析本国需要小微金融服务的群体的需求特点和偏好的基础上，进行金融创新，设计出新型小微金融产品和服务。当今科技的发展，为我们提供了创新金融服务供给模式的新方案。如何利用科学技术手段，有效降低金融服务成本、扩大金融服务半径是我们应该面对的新情况和新挑战。我国应该不断吸收科技发展的最新成果，不断将金融服务惠及更广大的人群。要鼓励金融机构运用大数据、云计算、区块链等信息技术成果，提高为落后地区的群体服务能力。严格做好创新与风险防范，使数字金融健康发展，使金融创新服务实体经济和大众。

 ## 延伸阅读（思政）

互联网金融引领世界潮流　践行普惠金融坚定民族自信

互联网金融在西方发达国家早已兴起，但不温不火。而在中国，互联网金融势不可挡，并且已经超越了西方发达国家。人们不禁要问：中国互联网金融为何能够领先世界？追本溯源，中国的互联网金融发端于网络购物，中国网购交易商品的80%要通过实物递送。

中国电子商务发展之所以如此迅猛，基础在于中国高密度的人口分布为物流配送创造了前提条件。中国一栋20层的高楼里面可以居住上百户人家，一个小区至少有三四栋楼，人口达几千，更不用提北京天通苑、回龙观等超级社区。一个小区就成为规模大、成本低的物流配送终点的格局。一名物流配送人员负责一个小区便可获得可观的收益。这就不同于西方发达国家。西方发达国家大多人口少，居住分散，无法形成规模效益，导致物流配送成本过高。这就是中国的电子商务迅猛发展的根本原因所在。

当电子商务发展到一定程度，就必然聚集大量小微企业和创业者，相伴随的便是庞大的融资需求。正是这种需求的存在与膨胀，催生了中国的互联网金融。先是有了阿里金融，后来有了吸收社会闲散资金的余额宝。随后就产生了第三方支付、P2P、大数据金融、众筹、信息化金融、互联网金融等六大金融模式，面向电子商务平台上的小微企业、个人创业者提供订单借款、信用借款等多种微贷产品。

课后习题

1. 单选题

（1）小额信贷诞生于（　　　）。

A. 印度 　　　　　　　　　　B. 孟加拉国

C. 中国 　　　　　　　　　　D. 埃及

（2）下列不属于世界银行在全球范围内开展普惠金融全球倡议项目的试点国家的是（　　　）。

A. 中国 　　　　　　　　　　B. 埃及

C. 墨西哥 　　　　　　　　　D. 印度

（3）从非政府组织转型为金融公司的银行是（　　　）。

A. 格莱珉银行 　　　　　　　B. 康帕图银行

C. 德国复兴信贷银行 　　　　D. 以上都不是

2. 多选题

（1）按照制度模式的不同，小微金融可以分为（　　　）。

A. 借贷主义 　　　　　　　　B. 制度主义

C. 福利主义 　　　　　　　　D. 混合主义

（2）下列哪些国际组织对小微金融的倡导、研究与实践推动，有力地促进了全球范围内小微金融的发展？（　　　）

A. 联合国　　　　　　　　　　　B. 世界银行

C. G20　　　　　　　　　　　　D. 国际货币基金组织

3. 判断题

（1）格莱珉银行是当今规模最大、运作最成功、影响力最大的小额贷款金融机构之一。

（　　　）

（2）德国制定《反限制竞争法》，到 2005 年共修订 5 次，通过限制大企业来保护小微企业的发展。　　　　　　　　　　　　　　　　　　　　（　　　）

4. 简答题

（1）概述国际小微金融发展所历经的阶段。

（2）国际小微金融发展有哪些成功的案例，取得成功的原因是什么？

5. 分析应用题

结合所学知识，根据你对国际小微金融的理解，谈谈国际小微金融领域的经验及对我国的启示。

参考文献

［1］萨缪尔森,诺德豪斯.经济学［M］.萧琛,译.北京:人民邮电出版社,2008.

［2］希尔.金融科技16讲:从发明数字货币到重塑金融机构［M］.曾子轩,吴海峰,译.北京:
机械工业出版社,2021.

［3］雷曜.小微企业融资的全球经验［M］.北京:机械工业出版社,2020.

［4］李斌,邓亚平,刘小二,等.我国小微企业融资模式研究［M］.北京:中国金融出版社,
2021.

［5］金天,杨芳,张夏明.数字金融:金融行业的智能化转型［M］.北京:电子工业出版社,
2021.

［6］王松奇.银行数字化转型:路径与策略［M］.北京:机械工业出版社,2020.

［7］杨菁.农村数字普惠金融创新发展研究［M］.北京:中国金融出版社,2021.

［8］中共浙江省委党校.共同富裕看浙江［M］.杭州:浙江人民出版社,2021.

［9］中国人民银行,中国银行保险监督管理委员会.中国小微企业金融服务报告:2019—
2020［M］.北京:中国金融出版社,2021.

［10］李镇西.微型金融:国际经验与中国实践［M］.北京:中国金融出版社,2011.

［11］何晓媛,许丽娜.浙江中等收入群体消费状况对产业结构的影响［J］.经济论坛,
2010(1).

［12］韩长赋.农业部部长:正确认识和解决当今中国农民问题［EB/OL］.(2014–01–16)
［2023–01–06］.http://www.gov.cn/jrzg/2014–01/16/content_2568298.htm.

［13］中国国家统计局.2021年居民收入和消费支出情况［EB/OL］.(2022–01–17)［2023–
01–06］.http://www.gov.cn/xinwen/2022–01/17/content_5668748.htm.

［14］中国银监会.中国银监会关于印发《农户贷款管理办法》的通知［EB/OL］.(2012–
10–19)［2023–01–06］.http://www.cbirc.gov.cn/cn/view/pages/ItemDetail.html?docId=175
21&itemId=928&generaltype=0.

［15］陈文文，王世琪，邵晨婵.我愿做一辈子个体户：访中国第一位个体工商户章华妹［EB/OL］.(2018-08-08)［2023-01-06］.https://baijiahao.baidu.com/s?id=1608184277091119409&wfr=spider&for=pc.

［16］小丫.案情分析：个体户为什么贷款那么难［EB/OL］.(2017-06-21)［2023-01-06］.https://gl.rongzi.com/detail/36275.html.

［17］中国银保监会.银保监会全面加强金融政策帮扶　缓解个体工商户融资难融资贵显成效［EB/OL］.(2021-04-30)［2023-01-06］.http://www.cbirc.gov.cn/cn/view/pages/ItemDetail.html?docId=980965&itemId=915&generaltype=0.

［18］李文娟.践行普惠使命　达州农商银行助个体工商户发展［J］.当代县域经济,2022(2).

［19］盘和林.以服务实体经济为遵循　推动金融支持共同富裕［EB/OL］.(2022-04-01)［2023-01-06］.https://baijiahao.baidu.com/s?id=1728883166251407295&wfr=spider&for=pc.

［20］齐稚平.泸州银行：践行普惠金融　精准对接小微企业融资需求［EB/OL］.(2019-10-11)［2023-01-06］.https://baijiahao.baidu.com/s?id=1647107792263816459&wfr=spider&for=pc.

［21］中国人民银行,中国银行保险监督管理委员会.中国小微企业金融服务报告：2018［M］.北京：中国金融出版社,2019.

［22］俞滨.小微金融研究［M］.杭州：浙江工商大学出版社,2019.

［23］陈学彬.金融学［M］.2版.北京：高等教育出版社,2012.

［24］周科成,柯希均,罗宇,等.金融学基础［M］.北京：清华大学出版社,2018.

［25］黄达,张杰.金融学［M］.5版.北京：中国人民大学出版社,2020.

［26］郭福春,吴金旺.金融基础［M］.2版.北京：高等教育出版社,2019.

［27］孙天宏.小微金融管理［M］.北京：经济管理出版社,2015.

［28］娄飞鹏.加强金融产品创新才能更好支持小微企业[N].经济参考报,2020-11-26(A1).

［29］中科e票通.商业银行供应链金融类型化（一）［EB/OL］.(2021-07-27)［2023-01-06］.https://baijiahao.baidu.com/s?id=1706403080961546642&wfr=spider&for=pc.

［30］陆岷峰.小微企业金融产品准入设计研究［J］.成都行政学院学报,2020(4).

［31］陆岷峰.提升小微金融服务质效,产品设计怎么做［EB/OL］.(2020-11-22)［2023-01-06］.http://www.360doc.com/content/20/1122/12/44704639_947207022.shtml.

［32］银通智略.互联网＋背景下小微金融产品创新路径选择［EB/OL］.(2016-09-12)［2023-01-06］.https://www.sohu.com/a/114178783_481495.

［33］刘晓曙,朱连磊.工业互联网给银行业小微金融发展带来的机遇与挑战［J］.国际金融,2022(7).

［34］盘和林.深化小微金融服务 夯实共同富裕基础［N］.城市金融报,2022-04-06(4).

［35］黄隽.小微金融服务市场分析［J］.中国流通经济,2013(5).

［36］凌海波,邱俊如.小额信贷实务［M］.2版.北京:中国金融出版社,2020.

［37］郭天宇.从"试验区"迈向"示范区":小微金改的"台州经验"［N］.台州日报,2022-02-13(1).

［38］胡晓峰.农业供应链金融数字化转型的实践及其推进思路［J］.西南金融,2021(4).

俞　滨

　　俞滨，浙江杭州人，浙江金融职业学院金融管理学院副教授、共同富裕与普惠金融研究所秘书长，澳大利亚阳光海岸大学访问学者，浙江省高等学校国内访问工程师，国家级精品资源共享课"现代金融基础"项目建设核心成员，全国高水平专业群核心课程"小微金融"课程负责人，浙江省软科学研究基地浙江金融职业学院中东欧研究基地研究员。主要讲授"小微金融""现代金融基础""'三农'经济""农村金融基础"等课程，主要研究方向为农业经济、区域金融。主持参与各类科研项目20余项，其中，主持省部级课题5项、厅局级课题5项，参与省部级课题5项。在《浙江社会科学》《农村经济》（CSSCI来源期刊）、《浙江农业学报》（CSCD来源期刊）、《武汉金融》《中国经济导报》《浙江教育报》、《浙江金融》等刊物上发表论文30余篇；主持、参与的10项研究成果获浙江省委、省政府、省人大领导肯定性批示；主持浙江省省级教研项目1项；出版著作3部，主编、参编教材4部；主持研发国家实用新型专利1项；曾获建设全国统一大市场暨第五届乡村振兴高峰论坛论文评选二等奖、全国高职高专党委书记论坛征文比赛二等奖、浙江省职业教育与成人教育优秀教科研成果奖二等奖等荣誉10余项。

史真真

史真真，河南洛阳人，浙江金融职业学院金融管理学院副教授。2009 年毕业于西安交通大学国际经济与贸易专业，获应用经济学硕士学位。长期以来致力于金融科技、农村金融、数字普惠金融等方面的研究，公开发表专业论文 10 余篇，参编教材、著作等 5 部。主持浙江省省级教改项目 2 项、厅局级课题 4 项，获得厅局级科研成果奖 2 项。